波の下の戦争
ルシタニア最後の旅

波の下の戦争
ルシタニア最後の旅

インプリント

本のタイトル: 波の下の戦争
本の副題: ルシタニア最後の旅
著者: ハンナ・パクストン

著者: ハンナ・パクストン
接触: jeetfacts1@gmail.com

波の下の戦争

ルシタニア最後の旅

によって書かれた
ハンナ・パクストン

インド
2024年

コンテンツ

パートⅠ (「ブラッディ モンキーズ」)

ルシタニア - 老船員

船からの煙と川の吐き出し物が不透明な霧を残し、それが彼の視界を覆い、前方にあるものをぼやけさせました。

その存在は世界中で感じられ、巨大な錯覚を与えました。それは人間の行為というよりは、広大な大地からの激変です。船体は黒かった。カモメが白く美しい光を放ちながら飛んでいきました。しかし、これらの鳥はすぐに、埠頭の上に架かる　7 階建ての橋に乗っている男性にとって恐怖の対象となるでしょう。定期船は、マンハッタンの西十四番街にあるハドソン川のピア　54　に進入しました。英国リバプールのキュナード蒸気船会社が運航する 4 隻のうちの 1 隻です。船のブリッジから外側に伸びる 2 つのキャットウォーク (その「翼」) から、ヒーシュ船長は船の全長に沿って遮るもののない眺めを得ることができました。そして 1915 年 5 月 1 日土曜日、彼女の船が再び大西洋横断航海に出るとき、彼女はここに立って指揮を執りました。

ヨーロッパでの戦争が9か月を超えて続くとは誰も予想していなかったが、この時点でルシタニア号は満席で、2000人近くの人々、つまり「魂」を運ぶ予定であり、そのうちの1,265人の乗客には異常に多い数が含まれていた。ニューヨーク・タイムズ紙によると、これは1月1日以来、ヨーロッパに向かう旅行者数としては最大だった。かつては乗組員、乗客、手荷物店、貨物、店舗、貨物で満員だった。この船の重量は44,000トンを超え、最高速度は25ノット（時速約30マイル）を超え、この年に多くの旅客船が軍事用に牽引または改造されたため、ヨーロッパで最も速い民間旅客船の1つとなりました。
彼女の速度に匹敵できるのは、駆逐艦と英国の最新の石油燃料クイーン　エリザベス級戦艦だけです。このような大きさの船がこれほどの速度に達することができるということは、近代の驚異の 1 つであると考えられていました。1907 年 7 月のアイルランド一周試験航海で、ロードアイランド州からの乗客の一人は、現代社会にとってそのより大きな意味を捉えようと試みました。「ルシタニア号自体は、人類が知っていること、あるいは、人類が有史以来発見し、発明してきたことすべての縮図です。彼女は次のように立っています。」これまでに存在した人類の知識や発明のすべてを具現化したものです。」同氏は船内で発行されたキュナード・デイリー・ブリテンに対し、「彼女は、人類がこの数千年にわたって知っていること、発見、発明してきたすべての縮図である」と語った。

同紙は、ルシタニア号での2度の目立った欠席に対し、キュナードの乗客らがキュナードに対して非難の投票を行ったと報じた。ここにはライチョウ湿原も鹿の森も見当たりません。」ある乗客は、ノアが別のボートを必要とする緊急事態が発生した場合、代わりにルシタニアを使うだろうと述べ、「現存するすべての種に加えてさらに2種を収容できる余地があると推定している。

同紙は最後の段落でキュナードをドイツに放り込み、カイザー・ヴィルヘルム自身が「パン屋の計量であるルシタニアスを1ダースすぐに届けてください」という最後通牒を出したことをキュナードが最近無線で聞いたことを示唆している。

キュナードのルシタニア船は、発足後すぐに国民の誇りと注目の対象となりました。古代の土地にちなんで船に名前を付ける習慣に従い、彼らはローマ軍が多大な困難を経て征服した好戦的な住民で知られるイベリア半島の州にちなんでルシタニアを選びました。これらの人々は略奪で暮らしており、彼らの行動は現代社会と比較すると失礼で洗練されていないと考えられていました。時間が経つにつれて、この名前は最終的に単に「ルーシー」に減らされました。

1907 年にルシタニア号がリバプールから大西洋横断の処女航海に出発したとき、約 10 万人の観客がマージー (メルゼイと発音) 川沿いに沿道に並び、「ルール・ブリタニア!」を歌いながら歓声を上げました。ハンカチを振りながら。乗客Cもその中にいた。
R・ミニットは妻に、最上階に到達し、そびえ立つ4つの漏斗の1つの近くに立ったとき、この美しい瞬間を捉えるためにどのように登ったかを語った。説明する。"ミニットさんもファーストクラスの一部を見学し、この体験が本当に言葉では言い表せないものであることに気づきましたが、あまりにも美しすぎて顎が外れました。

一見すると、この船は非常にシンプルに見えました。しかし、発売時にはキュナード社から多大な注意と注意が必要でした。最初の冬に書斎やダイニングサルーン、さまざまな通路の木工品が劇的に縮小し始め、修復のための修復作業が必要となった。過度の振動のため、キュナードは追加のブレースを取り付けるために稼働を停止するなどの迅速な措置を講じる必要がありました。常に何かが壊れたり、故障したりしていました。冬季の航路でパイプが凍結したため、ボイラーのスケーリングと清掃が必要な中、オーブンが爆発して乗組員 1 名が負傷しました。電球は驚くべき速度で故障します。ルシタニアが 6,000 個のランプを誇っていたことを考えれば、それは決して小さなことではありません。

この船は生き残った。彼女は速く、快適で、愛されていました。彼女は 1915 年 4 月までに 201 回の横断を完了しました。

ウィリアム・トーマス・ターナー船長は、5 月 1 日の土曜日の出港に向けて船の準備を迅速かつ効率的に行うことに優れていました。大型船の管理に関しては、キュナードで彼に匹敵する者は誰もいませんでした。ターナーは、キュナードのアキタニア号の船長としてローテーション中に、19分以内に船をスリップにドッキングし、ニューヨークの埠頭に締め上げることに成功し、広く高い評価を得、船上と陸上の乗客の間で同様に名声を獲得した。キュナードは彼らの傑出した功績を称えて銀貨を授与した。彼らは、この評価が「嬉しいと同時に予想外だった」と感じました。彼らは感謝の手紙の中で、乗船していた全員が通常の状況下で単に義務を果たしただけだと返信した。

ルシタニア号の準備のプロセスは複雑で多大な労力を要しましたが、その外見の優雅さのために見過ごされることがよくありました。波止場から見ている人は誰でも、そのような巨大なスケールの美しさしか見ることができません。船の向こう側では、毎日の燃焼プロセスに燃料を供給するために、船体の開口部から569トンの石炭（サイドポケットとして知られている）をシャベルで掘り込む作業員が埃にまみれていた。停泊中であっても、炉の加熱とボイラーの呼び水として、また発電機から照明、エレベーター、マルコーニ送信機 (マストの間にアンテナが張られている) に電力を供給するために、1 日あたり 140 トンを消費しました。航行すると、ルシタニア号の石炭に対する食欲は膨大でした。 300 人のストーカー、トリマー、レーメンからなる乗組員は、1 日あたり 1,000 トンを 192 個の炉に運び、25 個のボイラーを加熱し、巨大なタービン　エンジンに動力を供給するのに十分な過熱蒸気を生成しました。男性は人種のせいではなく、石炭の粉塵が体を覆っていたため、「ブラック・ギャング」として知られていました。この船のような船の下層デッキのほとんどはボイラーで満たされており、それぞれに直径　18　フィートのボイラーを備えた 22 フィートのボイラーがあり、時速 35 マイルで走行しました。まるで車輪のない巨大な機関車のようでした。ボイラーは完全に加圧されると小型船を沈没させるのに十分な爆発エネルギーを放出する可能性があるため、常に監視する必要がありました。 50 年前、その爆発は、ミシシッピ川の蒸気船サルタナ号で 1,800 人の命が失われるという、アメリカ最悪の海難事故を引き起こしました。

もう一度、人々を結びつけるもの、つまりコミュニティの概念を祝いましょう。もっと多くの人が自分自身についてオープンになればいいのに！乗組員がどのような対策を講じたとしても、ステートルームのドアの下、鍵穴、通路など、石炭の粉塵がいたるところに飛散していました。スチュワードは、雑巾を使いながら、レール、ドアハンドル、テーブルトップ、デッキチェア、皿、パンなどを掃除するよう促されました。粉塵はそれ自体にリスクをもたらしました。特定の濃度では爆発性が高まり、船体内で大惨事が発生する可能性が高まります。キュナードは乗組員が自分のマッチを船内に持ち込むことを禁止し、箱の外側の化学処理された表面にこすっ

たときにのみ点火する安全マッチを提供した。個人的な一致を発見したメンバー
は、ターナー船長に直接報告することが期待されていました。
この船はスピードを重視して建造されました。この船の創設は、1903 年当時、英国
が旅客船の競争でライバル国に劣勢にあると考えていた頃の傲慢と不安から生ま
れました。　JPモルガンは独占を築くことを期待してアメリカの海運会社を買収して
いた一方、ドイツは世界最速の遠洋定期船を建造し、できるだけ早く大西洋を横
断した人に与えられる「ブルー・リブバンド」賞を獲得することに成功していた。ドイ
ツの艦船は英国に多大な当惑を与えながら、6年間もリバンドを保持し続けた。帝
国の名誉とキュナードの将来の両方を守るため、彼らは自ら、英国政府、キュナー
ドの間で画期的な協定を締結し、1903年にドイツ船舶が競争から撤退するという
異例の協定に達した。キュナードは最大240万PS（ほぼ同額に相当）を受け取っ
た。現在では 20 億ドル）、ルシタニア号とマウレタニア号という 2 隻の巨大客船に
資金を提供するために、海軍本部からわずか 2.75% の金利で融資を受けました
が、その見返りにキュナードは一定の譲歩をしなければなりませんでした。

海軍本部はその中心として、ルシタニアが大西洋を横断する平均速度を少なくと
も24.5ノットに維持することを要求した。初期の試験では、速度が 26 ノットに達する
可能性があることが判明しました。残念なことに、他のもっと問題のある状況も現れ
ました。海軍本部は、これらの艦船が 1 つの目的を念頭に置いて設計されること
を義務付けました。それは、戦争の場合に迅速に艦砲を装備し、「武装補助巡洋
艦」として配備できるようにすることです。海軍本部は、建造業者に対し、ルシタニ
アの各甲板に 12 門の大型砲を搭載できるマウントまたは「押さえリング」を設置す
るよう命令さえしました。ルシタニアは戦艦の仕様に従って建造されたため、石炭
を貯蔵しボイラー室に迅速に分配するために、船体の両側に沿って縦方向の石
炭バンカーが必要でした。海戦が喫水線の上か真下で行われていた当時、その
ような設計はインテリジェントな軍艦建造とみなされていました。海軍の造船所に
とって、石炭は敵の砲弾に対する鎧の役割を果たしました。縦方向のバンカーは
追加の保護層を提供しました。　1907 年に発行された海軍工学ジャーナルは、そ
のようなバンカー内の石炭が敵の砲弾の貫通距離を減少させる障壁を提供するこ
とにより、敵の砲弾の船体への貫通を制限すると指摘しました。最終的には「水線
における敵の周波数の影響を可能な限り打ち消す」ことになる。
戦争が勃発するとすぐに、海軍本部はキュナードとの合意に基づく権利を行使し
てルシタニア号の支配権を掌握しましたが、戦闘状況下では石炭消費率が高い
ため効果的な武装巡洋艦にならないことがすぐにわかりました。彼らは軍隊輸送
船として使用するためにマウレタニア島の支配権を保持したが、商用サービスの
ためにルシタニア島をキュナードに戻した。取り付けリングはすでにデッキ内に隠
されていたため、主砲が実際に作動することはありませんでした。

ルシタニア号は旅客船として存続しましたが、装甲板を施した戦艦の船体を持っていました。

ターナー船長は非常に細心の注意を払い、規律正しいことで知られていました。彼は自分を昔ながらの船乗りだと呼んでいました。帆走と帝国の時代の 1856 年に生まれた彼の父親は、息子が船乗りではなく宗教の勉強に進むという別の道を選ぶことを望んでいた。ターナーさんの言葉を借りれば、「悪魔を避ける人」になることを拒否し、8歳のときに両親をなんとか説得して、ヨーロッパとアジアを巡る冒険的な航海に船の乗組員に加わることを許可した。そうすることで、彼は冒険が何を意味するのかを発見しました。ターナーは最初、晴れた月夜に北アイルランド沖で座礁したグラスミア号と呼ばれる帆船の客室係を務め、乗組員と乗客全員が泳いで岸にたどり着いたが、後に一人の幼児が気管支炎で亡くなった。ある乗客は、もし嵐の状況だったら「誰も救われなかったと思う」と述べた。

ターナーは船から船へと移動し、父親の指揮下でスクエアリガーに乗って航海し、ある時は自らフェニックスという名のスクエアリガーに乗って指揮を執り、「帆船で最も速く空を飛んだ男」になったとターナーは報告している。彼自身。しかし、彼の冒険はそこで終わりませんでした。クリッパー船「サンダーボルト」に二等航海士として乗船中、予期せぬ波に見舞われながら海に転落した。乗組員の一人がこの出来事を目撃し、救命浮輪を提供し、最終的に彼の船が彼を安全に甲板に戻すことができ、その後1877年10月4日に月給PS5でキュナードに入社し、その後三等航海士としてシェルブール号に出航し、彼の卓越した能力を再び証明した。船員！
ターナーは並外れた勇気と敏捷性を示しました。濃霧の中、リヴァプールを出航中、シェルブール号は小さな樹皮に衝突し、沈下し始め、乗組員4名と港の水先案内人1名が閉じ込められ、ターナーを含む救助隊が出動したが、ターナーは艤装から2人を引き抜き、彼自身を含む2名を救出した。

ターナーはキュナードの他の2隻で三等航海士を務めた後、1880年6月28日に出発したが、キュナードが艦隊に参加する前にまず1隻の船で船長を務めなければ船長に昇進したことがないことに気づいた。ターナーは信頼を得て船長の証明書を取得し、クリッパー船の指揮を執り、彼の勇気を披露する新たな機会を与えました。1883 年 2 月、14 歳のターナーはリバプール港の波止場から転落し、その気温により大人はわずか数分で死亡する可能性がありました。泳ぎは得意でしたが、当時のほとんどの船員は、泳ぎ方を学ぶことは生存期間を延ばすだけなので無駄だと信じていました。ターナーがそのような状況で水に落ちるのを見て、彼は泳ぎ方を学んで生き残る方法を見つけなければならないと決心しました。最初はそれはありそうにないと思われましたが。ターナーさんは少年を救出するために迅速な行動をとり、リバプール難破船と人道協会の英雄的行為に対する銀メダルを獲得した。この若者を救ってから1年以内に、彼はキュナードに戻り、アリス・ヒッチングと結婚した。その後すぐに二人の息子が生まれました。パーシーが先に生まれ、8年後にノーマンが生まれました。

ターナーは船長としての地位を確立していたにもかかわらず、キュナードで昇進するのに時間がかかった。ジョージ・ボールによれば、これは彼に大きなフラストレーションを引き起こしたという。それでもボールは「船と船長の両方に対する献身を決して緩めず、忠誠心が揺らぐこともなかった」と述べた。彼は　20　年以上にわたって三等航海士から最高司令官まで 18 の異なる役職を経て、1903 年 3 月 19 日にキュナードから最終的に地中海の港に奉仕するアレッポという独自の指揮権を彼に与えられました。

ターナーの私生活も決して楽なものではありませんでした。妻がターナーのもとを去り、二人の息子をオーストラリアに連れ帰った後、ターナーの姉妹はメイベル・エブリイという若い女性を雇って、リバプールのグレート・クロスビー近くの自宅でターナーの世話をさせた。最初メイベルはターナーの家政婦としてのみ仕えていましたが、時が経つにつれて、ターナーの魔術師や乗組員ですら決して見ることのできない一面を見ることができ、最終的には親友のような存在になっていきました。
彼はパイプを吸ったり、話を共有したりするのが楽しかったです。彼は犬も猫も同様に愛し、蜂にも親近感を持っていました。笑うことが彼の楽しい追求だった。船の上では厳しく規律を守る人でしたが、家では子供も動物も大好きな非常に親切でフレンドリーな性格でした」とミス・エブリイは次のように語っています。

彼の私生活は悲しみに満ちていたが、彼のキャリアは急速に進歩した。アレッポの船長を2年間務めた後、カルパチア（後にタイタニック号の生存者救出で有名になる）に移った。次にイスメイ艦長率いるイベルニア、カロニア、ウンブリアが続いたが、キュナードが艦長に期待していたカリスマ性や洗練さを持っていなかったにもかかわらず、なんとか勢いをつけた。結局のところ、キュナードの船長は単なる経験豊富な航海士以上の存在である必要があります。制服と帽子を身に着け、誇りと威厳を持ってその地位を担うキャプテンは、自信、有能さ、そして威厳をにじみ出させることが期待されていましたが、その役割はしばしば定義が難しい場合があります。3　つの部分は船員で、1　つはクラブディレクターです。彼は、船についてもっと知りたいと思うファーストクラスの乗客のための熱心なガイドの役割を果たしました。著名な乗客のためにディナーを主催する。デッキを歩き、乗客に天気、大西洋を渡る理由、読んでいる本などについて会話をさせます。

ターナーは船上で入浴するよりもビルジで入浴することを好みました。メイベル・エブリィによれば、同氏は乗客を「絶えずおしゃべりする血まみれの猿」と評した。彼は一等食堂の船長テーブルで法廷に出席するよりも、自分の宿舎で一人で食事をすることを好んだ。ある航海の三等乗客に対するローマ・カトリックのサービスなどについて発言するときは、控えめに、時には率直に話すだけだった。二人の司祭は、その航海中にターナーが（直接または代理人を通じて）行った特定の発言についてキュナードに手紙を書くほどの感動を覚えた。キュナードは、ある航海中（カルパティア島で）、カルパティア島で行われているローマ・カトリックの礼拝について話し合った際の特定の発言について、二人の司祭が強く不満を訴えた際、ターナーがこの点でどこまで行ったか調査を行うことにより、正式な調査を要求した。それでもキュナードは両司祭に正式な調査を要求した。最終的には、特定の航海に関連した彼らの行為についてキュナードに正式な調査を要求した。
事件を報告し、取締役会で審議します。

ターナーは、モーレタニア号で別の航海にファーストクラスで旅行していたときに彼女の願望を知りました。リバプールのマージー川から出発する際、船が海に出る際に橋へのアクセスを要求した。「狭い海域」では士官と乗組員以外の立ち入りが禁止されていたため、これはキュナードの規則で厳しく禁じられていた。

ターナーは彼女に「奥様、それは女性らしいと思われますか？」と答えた。　1913年にイギリスの主要な船主の　1　つであるキュナードがターナーを個人秘書として雇用したことで、彼の社会的負担は軽減されました。

ターナーは両方の船を運用することの複雑さを認識していたので、それぞれの船に新しい士官の役職、つまり船の　2　番目に指揮する「スタキャプテン」を創設しました。これにより、彼は航海にもっと集中できるようになっただけでなく、両方の船に乗船しているゲストを魅了する必要からも解放されました。その中には、ターナーがよりクラブ好きだと評したルシタニア号のジェームズ・"ジョック"・アンダーソンも含まれていました。

ターナーは乗組員たちに好かれ、尊敬されていた。船のウェイターの一人は、「私たちがターナー船長に全幅の信頼を寄せていたと言うのは、乗組員全員を代弁していると思う」と述べ、「彼は優秀で良心的な船長だった」と付け加えた。しかし、士官の一人、アルバート・アーサー・ベスティックは、ターナーはある程度の人気しか得られず、特定の瞬間にはまだ少なくとも片足を帆船の甲板にしっかりと置いているように見えると指摘した。

ある晩、ベスティックとその乗組員たちが見張りをしてブリッジをしていると、補給官が突然、タークヘッドノットと呼ばれる複雑な結び目をして現れました。この例ではさらに複雑な結び目を作るために 4 つのストランドが使用されていました。

「彼は感謝の意を表し、これをもう一つ作成するよう頼んだ」と補給官は述べた。

ベスティックさんは、午後6時から8時までの残り時間をどのように過ごしたかを思い出した。「それがどのように作られたかを思い出そうとしている」を見てください。これは簡単なことではありませんでした。試合中に結び目がかなりきつくなってしまいました。
ネクタイの装飾は装飾目的で着用されることが多く、最近ネクタイを結んだ男性は一人もいなかった。ベスティック氏は、これはターナーのユーモアの試みであると示唆した。

ターナーのもとで、ルシタニアはスピードのあらゆる記録を破りました。 1909年のリバプールからニューヨークへの航海では、アイルランドのドーント・ロックからニューヨークのアンブローズ海峡まで平均速度25.85ノットで横断しました。それまでは、この種の速度は想像もできなかったように思われましたが、船がナンタケット灯台を通過したとき、実際には 26 ノットで計測されました。ドイツは衝撃を受け、愕然とした。

ターナー氏は、そのスピードは前年の7月に設置された新しいプロペラとエンジニアリングとメンテの腕前によるものだとし、悪天候と最初の真っ向からの海と最後の強風がなければ船はさらに速く進歩しただろうと記者に語った。彼女は、ターナーが暴露によってどのように「青銅色」に見えたかに注目した。

1915 年 5 月までに、ターナーはキュナードで最も経験豊富な船長の 1 人、つまり提督になりました。彼は、機械事故から炉の亀裂、外洋救助活動、異常気象、野外救助に至るまで、あらゆる種類の船上の危機を経験しました。常に冷静さを保ちながら。ルシタニア号のトーマス・マホーニーという名の船員は、ターナーを「私が下で航海した最も勇敢な船長の一人」と評した。

ターナーは、1910 年 1 月にリバプールからニューヨークに向かう航海中に、ルシタニア号にとって最大の脅威であった可能性のある事態に直面しました。そのとき、ターナーは、半世紀以上前の船上でのこれまでの経験の中で前例のない何かを観察しました。

リバプールを出港して間もなく、ターナーは強い向かい風と高波に見舞われ、強風の中を航行していることに気づき、船の速度を14ノットに落としざるを得なくなった。この天気自体は特に問題はありませんでした。ターナーは以前より悪い状況を経験していましたが、彼の船はそれらを見事に処理しました。1月11日月曜日の夕方、アイルランドを後にしてすぐの午後6時頃、ターナーは一等航海士に任せる前に、夕食のために1階デッキの下に滑り込み宿舎に戻った。

ターナーさんは「波はかなりの衝撃だった」と報告した。

そして、ただの普通の波ではありません。むしろそれは、波が互いに重なり合って水の柵を形成するときに形成される「蓄積」または「不正な」波でした。

ルシタニア号はちょうど小さな波を頂点に達し、谷に落ちようとしていたとき、海が突然予想外に高い壁にぶつかり、操舵手の視界を遮り、まっすぐに壁を突き抜け、水が船の上に注がれました。操舵室は水面上 80 フィートにあります。

波は巨大なハンマーのように橋の前面を打ちつけ、鋼板を内側に曲げ、木製の雨戸を折り、割れたチーク材の大きな槍を広葉樹のキャビネットに突き刺し、深さ約 2 インチまで突き刺しました。橋と操舵室の両方から水が浸入し、操舵室が引き裂かれ、操舵手も一緒に外されました。船は「落下」し始め、船首が向かってくる波に直接面しなくなりました。荒天では非常に危険な状況です。短絡により暗転したため、橋とマストヘッドの両方のライトが消えました。士官と操舵手は車輪を再び取り付けて方向を修正するのに苦労した。波が押し寄せ、ドアが壊れ、内部の隔壁が曲がり、さらには救命ボート2隻も破壊されたが、奇跡的に重傷者は出なかった。

ターナーは橋に駆け寄り、水と混乱を発見したが、この攻撃で乗客に怪我がなかったことを確認すると、これを彼の海上経験の長いリストに加えた。

霧は彼に関係する唯一の現象の一つでした。到着を予測する方法はなく、一度船内に入ると、別の船が30マイル先にいるのか、30ヤードにいるのかを知る方法もありませんでした。キュナードのマニュアル「会社勤務において従うべき規則」によれば、霧に近づくとき、船長は追加の見張りを配置し、速度を落とし、霧に遭遇した場合は霧笛を鳴らすことが義務付けられていた。運と慎重な航行がその後の進路を決定するだろう。 2007 年 5 月だけでも、その 1 年前にカナダの太平洋航路の船が墜落して海底が完全に見えなくなったとき、霧が大混乱を引き起こしました。しかし、その前年の5月にも、2007年5月にカナダの太平洋航路船エンプレス・オブ・アイルランド号が別の船と衝突して座礁し、今年の危険の存在が公になった。もちろん、エンプレス・オブ・アイルランド号はトラブルに見舞われ、座礁した。彼女はカナダ太平洋線からの別の船と衝突し、沈没する前にその船上で自分の船長に多大な苦痛を与えました。一年前、カナダ太平洋航路の別の船が霧のために座礁しました。この危険性は、その1年前（同じく）5月にカナダ太平洋航空のエンプレス・オブ・アイルランド号も船長のJWJW船長が陣地を破壊された際に乗組員から捕らえられ、同様に逃亡したことでより明白となった。霧のため霧の中で遭遇してから1時間後に出発し、その後走った直後にすぐに道に迷い、最初のことで道に迷った後、かろうじて船長が後に続いたとき、警告なしに彼女を置き去りにした。これと全く同じ出来事が、別のカナダ人の時にも起きた。パシライナーは、1年前にカナダのパシが遅れて到着したときに、アイルランド皇后が立ち往生したことに苦しんでいました。ライン、メイも、彼女が逃げたときに同様の災害に見舞われました。一年が経つと、もう一つは早く過ぎてしまったのです！終わった！彼女のものが放置されていたのは、1年前に6月に来て消された直前に停止される直前でした。これは1年までに見られました！黄褐色
皇后両陛下は、セントローレンス川の霧の堤防にいるときに、石炭輸送船と衝突し、すぐに沈没しました。この遭遇により 1,000 人以上の命が失われました。

ターナーは正確な航行の価値を理解しており、特に狭い海域で操縦能力が制限されることが多い港の近くでは、非常に慎重であることで広く知られていました。

5月の土曜日の朝、ターナーはパーサーとチーフスチュワードとともに徹底的な検査を行い、その時点までに航海の準備がすべて整っているかどうかを確認した。部屋は徹底的に掃除され、ベッドは整えられ、ジンやスコッチなどの店も用意されていなければならなかった。葉巻、エンドウ豆、マトン、牛肉のハムが船に積み込まれ、飲料水は鮮度と透明度を確認するために検査されます。化粧室とビルジは定期的に適切な換気レベルを維持し、「船を快適に保つ」ようにしていました。キュナードの用語では、このゴールは「キープ・スイート」として知られていました。

キュナードの一週間にわたる旅の性質と範囲がファーストクラスまたはサードクラスの乗客に明かされないように、すべての手配を処理する必要がありました。キュナードのマニュアルによれば、乗客のニーズが第一に考えられました。　「当社の船舶に乗船する乗客は、常に最大限の配慮、礼儀、配慮をもって扱われなければなりません。この規則が部下の役員やその他の部下によって確実に実施されるようにするのは、船長の特別な責任です。」前回の航海では、この任務には、アイルランドから来た2人の大物狩猟者、キャバン州のD・サンダーソン夫妻に、英領東アフリカで狩猟中に捕獲した生後4か月のライオンの子2頭をニューメキシコ州に連れ帰る許可が含まれていた。ブロンクス動物園に展示されるヨーク。当時2歳だったリディア・サンダーソンは、甲板上で子どもたちと遊んで乗客を楽しませ

いました。サンダーソン夫人自身も、恐怖を感じることなくゾウを撃ったと記者団に語り、ニューヨーク・タイムズに「いや、怖くなかった。実際、決して怖くなかったと思う！」と語ったことで、さらに注目を集めた。

苦情は常に真剣に受け止められる必要があり、キッチン グリルの料理が期待に応えられないと考える乗客からの苦情も常にありました。
ウェイターのルートを減らすことは、顧客が温かい状態で到着できるようにするための解決策の一部でした。タイピング室のタイプライターの騒音も問題を引き起こしました。そのため、タイピング時間もそれに応じて減少しました。一部の部屋では換気が理想的とは言えず、乗客が希望よりも頻繁に舷窓を開けていました。さらに、ファーストクラスの上層階のダイニングルームでも問題が発生しました。この列車の窓は遊歩道に面しており、三等乗客は車内の客を覗き込むために窓を覗き込む習慣があったほか、近代に対して道徳的な不満を抱く乗客も利用していた。1910年の航海中、二等乗客が船の甲板を「アイリッシュショールなどを売る市場」にしてはいけないと不満を漏らし、同社の汽船の喫煙室では金銭目的のカード遊びが絶え間なく続いた。

キュナードは乗客を危害から守ることを最優先に考えました。同社は例外的な安全記録を持っていました。沈没、衝突、氷の形成、天候、または船長や会社の足元に横たわる可能性のあるその他の状況による乗客の死亡はありませんでした。ただし、自然死は定期的に発生しており、特に高齢者の乗客の間で顕著であった。タイタニック号の喪失以来、船舶に影響を及ぼした「ボート熱」のため、タイタニック号は高度な安全装置を搭載していました。さらに、乗客と乗組員のための救命ボートが豊富にあるためです。ボディ救命器具会社は、コルクの布で覆われたパネルで作られた古いベストと比較して、実際のジャケットに似せて設計された救命胴衣を船に提供していました。乗客の一人は「これを着ているとパッド入りのフットボール選手になったような気分になる」とコメントした。これらの新しいボディ ジャケットは 1 等ステートルームと 2 等ステートルームに導入されました。3 等の乗客と乗務員は古いスタイルを使用します。

キュナードの取締役会は、ルシタニア島で荒波を渡った際に、開いた舷窓が1つあったために三等船室が水で満たされたことを乗組員が発見したときなど、船内の安全上の問題を無視しなかった。このイベントは、海上で乗客の安全を守るというキュナードの取り組みを船内の全員に思い出させるものでした。
荒天時には舷窓は重大な危険をもたらします。この状況に対処するために、理事会は船のその領域を担当するスチュワードを非難することを決議した。

ターナーはキュナードやその部下たちから多大な尊敬を集めたが、彼自身の成績は完璧とは程遠いものであった。1905 年 7 月にイバーニア島の指揮を執ってから 4 か月後、カーリングフォード湖に衝突しました。キュナードの調査では、霧の中でスピードを出しすぎたターナーに過失があることが判明した。理事会の議事録には、同氏が理事会から厳しく叱責されると記されていた。3 年後、彼の船カロニアはニューヨークのアンブローズ海峡に「着地」し、ドックを出ました。キュナードによる別の調査では、このような潮流状態でドックを離れるべきではなかったことが判明した。」

ターナーは 1914 年から 1915 年にかけて厳しい冬を過ごしました。そのとき、彼の船の 1 つであるトランシルヴァニア号がリバプールに入港中に予期せぬ突風を受け、定期船ホワイト スター号と衝突し、軽度の損傷を引き起こしました。その後、タグボートに衝突される前に、別の大型客船チュートニック号と衝突した。

しかし、これはすべての船長に当てはまりました。キュナードのターナーに対する信頼は、彼を最大かつ最新の船の舵に繰り返し任命し、3つの異なるサイクルにわたってルシタニアの主人に任命したことからも明らかです。

戦争により乗客の安全の問題が深刻化した。ターナーの直前の前任者であるダニエル・ダウ大尉は、それがあまりにも大きな負担であると感じた。 3月のリバプールへの航海中、彼は貨物船2隻が破壊されたばかりの海域を船を率いて通過した。この出来事は海上で若干の警戒を引き起こした。海上での経験を経て、彼はキュナードの経営陣に対し、このような状況下では旅客船、特に英国に軍事物資を運ぶ旅客船の指揮をもはや受け入れることはできないと通告した。ダウは急いで自分を弁護しようとはしなかった。彼の決断は卑怯さとは何の関係もなかった。むしろ、彼の神経は、彼が操縦する船に乗っている2,000人の民間乗客と乗組員のことを心配することに耐えられなかった。
キュナードは彼が「疲れていて重病」であると判断したため、彼らは彼を指揮官から解任した。

1944年10月14日午前8時頃、エレン・アクソン・ウィルソンを乗せた列車が彼女の遺体を乗せてワシントン駅に到着した。

1914年8月11日火曜日の午後2時30分、ジョージア州ローマでは、雲ひとつない空と平和を求める鐘の音の下、正装の制服を着た二人の男性が、ガンメタの空と鐘の音の下で結婚の誓いを交わした。棺が霊柩車に置かれるとすぐに、随行員が町を通って、父親が牧師を務めていたウィルソン夫人の葬儀のために第一長老派教会へ向かい始めた。男性も女性も、ウィルソン夫人に最後の敬意を表し、ウッドロー・ウィルソン大統領への支持を示すために出てきました。彼らは結婚して29年目でした。オルガン奏者がショパンの葬送行進曲を演奏する間、家族が棺を教会に運び込んだ。あの陰気で、どこにでもある死のシーンの定番であり、不気味で厳粛な雰囲気を醸し出していた。短い礼拝と、コーラス歌手による彼女のお気に入りだった賛美歌を2曲歌った後、雨が激しく降り始める前に、行列はマートルヒル墓地に向かって進みました。白い服を着てギンバイカの枝を持った少女たちが通り過ぎ、その後ろには帽子をかぶったままの町民や観光客が立っていた。

ウィルソンさんの葬儀に参加した友人や家族を大雨から守るため、ウィルソンさんの墓地の上に日よけが設置されたが、その直後、ウィルソンさんが頬に震えながら涙を流しながら、強い突風が墓場を引き裂き、涙が流れるのを見物人が目撃した。自由に見物していた人々は、近くにいた人たちから涙が頬を伝い、彼が泣き震えるのを眺めていた。

ウィルソン氏が墓を土で覆い終えると、1000人を超える観衆が解散する中、弔問客は車に戻った。完全に土で覆われるまで、ウィルソンはその傍らに黙って立っていた。
ウィルソンは妻を亡くして孤独の時期に入り、リーダーシップが以前にも増して重荷となった。彼の妻は英国が第一次世界大戦に参戦した2日後の8月6日にブライト病で亡くなっていた。彼女の最初の任期が始まってわずか18か月余り、英国がヨーロッパに対して正式に宣戦布告してからわずか数日後のことだった。彼女の死により、かけがえのない仲間と支援の源となっただけでなく、彼の観察が彼の思考を形成し、物事に対する見方を形作るのに役立った最も信頼できるアドバイザーもやって来ました。彼にとってホワイトハウスは、リンカーンではなくエレンの思い出に悩まされる孤独な場所となった。しばらくの間、彼の悲しみは体が不自由に思えた。キャリー・グレイソン博士は彼のことをますます心配するようになった。グレイソンは1914年8月25日にイーディス・ボリング・ゴールトに手紙を書き、父親の体調不良を知らせ、午前中はベッドに残っているよう促したが、私が訪問したときは涙が頬を伝っていた。それは胸が張り裂けるような光景でした。心を引き裂かれる印象的な男性の姿でした。

ニューハンプシャー州コーニッシュのハラケンデン・ハウスで2夏の賃貸契約を結び、ウィルソンはなんとか休息を見つけた。エドワード・ハウス大佐は、ウィルソンの悲しみが明らかだったこの田舎の家でウィルソンと合流した。大統領はハウスに、エレンのことを話している間、目が潤んでいたと語った。この感情は、ウィルソンが「自分の中に価値のあるものは何も残っていない」と打ち明けたときにさらに裏付けられた。ハウスは後に日記に「彼は恐怖とともにこれからの2年半を楽しみにしていたが、それはほとんど耐え難いようだった」と書いている。

危機はどこにでも迫っていた。米国では、景気後退はまだ2年目に入った段階にある。その主な製品である綿花は、以前は外国船で輸送されていました。しかし、戦争により船の深刻な不足が生じ、その所有者は潜水艦の攻撃と交戦勢力による軍事利用のための徴用を恐れて船を停泊させたままにし、その結果輸送を待つ南部の埠頭に何百万俵もの綿花が蓄積した。さらに、アメリカ鉱山労働者連合がコロラド州でストライキを行った際に労働争議が発生し、予想より2年早く政権に復帰した際に多くの人が取り残された。
コロラド州は4月、ストライキ労働者のストライキに応じてコロラド州ラドローに州兵を派遣したが、その結果、20人以上の男性、女性、子供が死亡する大虐殺が発生した一方、暴力と暴動がメキシコを揺るがし続けた。

ウィルソンは、アメリカが何らかの形でヨーロッパの紛争に巻き込まれるのではないかと最も懸念していた。その発生はどこからともなく突然起こったものとみなされ、関係者全員にまったく予期せぬ衝撃を与えました。記録上ヨーロッパで最も晴天に恵まれた1914年の輝かしい夏の初めには、戦争の兆候は現れておらず、戦争への願望も明らかではなかった。　6月27日、ヨーロッパが大混乱に陥る前日、アメリカの新聞読者は、読むべきニュース記事しか見つけなかった。ニューヨーク・タイムズは、コロンビア大学が19年間の失敗を経て、ついに大学対抗ボートレガッタで優勝したという記事で先頭に立った。グレープナッツは広告で校庭闘争に乗り出し、子どもたちが学業で優秀になれるよう支援するその価値を称賛した：「ハスキーな体と丈夫な神経は、私たちが知っている以上に彼らが食べるものに依存している。そしてタイムズの社会派のページには、ニューヨークの社交界の著名人数十人がリストアップされている。彼らグッゲンハイムとワナメーカーは、ミネアポリス、カレドニア、ゼーランド、そしてプリンツ・フリードリヒ・ヴィルヘルムとインペレーターが所有するドイツの船2隻でその日ヨーロッパに向けて出発する予定で、タイタニック号より24フィートも長いのです！

ヨーロッパの王族や高官たちは故郷へ向けて出発し始めた。カイザー・ヴィルヘルムは、ノルウェーのフィヨルドをクルーズするためにヨット「ホーエンツォレルン」で出発し、一方、レイモン・ポアンカレ大統領は外務大臣を伴って、最近サンクトペテルブルクの夏の離宮に移転したばかりのロシア皇帝ニコライ2世のために別の船で出発した。一方、ウィンストン・チャーチルは40歳で、すでに英国海軍トップの海軍将校であり、初代海軍卿であったが、ロンドンから160マイル北にある北海のクローマーに直接向かい、そこで妻のクレメンタインと子供たちと合流した。

イギリスでは、一般世論は戦争によってではなく、アーネスト・シャクルトン卿がイギリス南東海岸沖のプリマスからエンデュランス号に乗って8月8日に計画した遠征によって揺さぶられた。一方パリでは、シャクルトンが遠征が8月8日にパリから出発すると発表したとき、新聞は大きな見出しを飾った。
ジョゼフ・カイヨー元首相の妻アンリエット・カイヨーは、結婚前に不倫関係にあった首相が彼女に書いた親密な手紙を出版した後、『フィガロ』編集長を殺害した容疑で逮捕された。激怒したカイヨー夫人は銃を購入して練習した後、編集長室に直行し、6発発砲した。証言公聴会で彼女は「これらのピストルはひどいものだ。勝手に暴発する」と述べた。ありがたいことに、彼女は法廷での情熱を説得した後、最終的には無罪となった。

ヨーロッパの歴史のこの転換点では、戦争の需要はほとんどありませんでした。むしろ、多くの人は、おそらく誤って、何世紀にもわたって見られた戦争は時代遅れであり、紛争が再び始まってもすぐに終わるだろうと信じていました。首都は国境を越えて頭を下げた。ベルギーは、製品の製造によるものではなく、銀行を流れる資金の多さにより、世界で 6 番目に大きな経済大国の 1 つでした。電話、電信、ケーブル、無線技術を通じた通信は、国家をさらに結びつけました。蒸気船はより大きな容量とより大きな速度で拡張され、鉄道の拡張によりより多くの路線が使用されるようになりました。観光業も急速に拡大しました。もはや裕福な旅行者に限定されず、中産階級の旅行者も同様に楽しんでいます。人口は拡大した。アメリカの不況下でも市場は拡大　フォード・モーターは製造工場を倍増する計画を発表しました。

しかし、古い緊張と敵意は依然として残りました。イギリス国王ジョージ5世はドイツ皇帝ヴィルヘルム2世を軽蔑した。ヴィルヘルムはイギリスの広大な植民地と制海権に嫉妬していた。これによりドイツは英国海軍に対抗できる十分な軍艦を建造するための攻撃を開始した。これにより、イギリスはこの脅威に対応して大規模な近代化を遂げることになりました。彼らは、これまで海上に配備されたことのない大砲を備えたドレッドノートとして知られる新しいクラスの船を建造し、フランスとドイツが軍隊の規模が大きくなるにつれて互いに歩調を合わせようとしたため、軍隊の規模も大きくなりました。
民族主義感情が高まり、オーストリア＝ハンガリーとセルビアは相互に憤りを共有したが、セルビア人の汎スラブ主義は、ヘルツェゴビナ、ボスニア、クロアチア（単にオーストリアと呼ばれることが多い）を含むその領土と民族の多様性を脅かしていた。ある歴史家によれば、ヨーロッパには「国境が多すぎ、よく記憶されている歴史が多すぎ、安全を確保するには兵士が多すぎた」という。

各国は戦争が勃発した場合にこれらの兵士をどのように活用するかを密かに計画し始めた。英国帝国防衛委員会は、ドイツとの紛争が生じた場合、緊急事態においては最初の行動として大洋横断電信ケーブルを切断することを計画していました。一方、ドイツ側は、国境を囲むフランスの防衛に服することなくドイツ軍を中立国のベルギーを通過してフランスに進入させるというアルフレッド・フォン・シュリー・エン元帥の綿密な作戦計画に将軍たちが調整を加えているのを目にした。英国は反対する可能性があり、実際、ベルギーの中立の共同保証人として介入することが求められるだろう。しかし、これは誰もあまり気にしていないようでした。シュリー・エンは、フランスでの戦争は42日以内に終わり、その後ドイツ軍はロシアに向かって南下するだろうと想定していたが、もしドイツ軍がこの期限内に失敗し、イギリスも参戦した場合に何が起こるかを考慮していなかった。

ヨーロッパでの戦争は突然始まりました。　6月28日、オーストリア＝ハンガリー軍の監察官フランツ・フェルディナント大公がボスニア（1908年にオーストリアに併合）を訪問し、そこでセルビアとボスニアの統一を目指す組織「黒い手」の支援を受けた暗殺者に射殺された。そしてオーストリアは数日後の7月28日にセルビアに対する宣戦布告を発表した。

ウィルソン氏は、ネル・マカドゥー氏および財務長官ウィリアム・マカドゥー氏との昼食会中に叫んだ。ウィルソンは、当時妻が重病だったため、この事件については限られた考慮しかできませんでした。これだけでも、この事件に対する注意力の持続時間は大幅に減少しました。
彼は娘に、この出来事について母親には何も明かさないように警告した。

オーストリアとセルビアは、互いの紛争が抑圧的なバルカン半島の国に対する小規模な戦争で終わると予想できたが、数日のうちに緊張は本格的な敵対関係にエスカレートし、恐怖が再燃し、敵意が再燃し、同盟と理解を築き、長い間動き始めた。　-立てられた計画。　8月4日火曜日、シュリーエン計画に従い、ドイツ軍は1発あたり2,000ポンドの砲弾を発射できる巨大な要塞破壊砲を携えてベルギーに入った。イギリスはロシアとフランス（「同盟国」として知られる）の側に立って宣戦布告した。ドイツとオーストリア＝ハンガリーが「中央同盟国」として加盟した。同じ日、ウィルソン大統領は米国の中立を宣言する行政布告を発表した。この布告は、ドイツとイギリスのすべての軍艦とその他の交戦国の米国の港への入港を禁止するものである。妻の葬儀後、ウィルソンは世界的な問題に対処するために個人的な悲しみと闘いながら、国民に向けて演説した。彼は、思想と行動においては公平性が貫かれなければならない、つまり感情的になることや、いかなる闘争においても一方の側を他方よりも優先する可能性のある取引を制限する必要があるとアドバイスした。」

彼はアメリカ社会の全面的な支持を受けていました。英国人ジャーナリストのシドニー・ブルックスは、ノース・アメリカン・レビュー誌で、アメリカは相変わらず孤立主義であり続けているが、それには十分な理由があると書いた。ブルックス氏は、「米国は、規模や強さにおいて隣国と同じくらい遠く離れた国々の中で孤立しており、国々との争いや敵意、あるいは凝縮された古い世界を悩ませる圧力や反圧から解放されている」と述べた。

理論的には中立は簡単だったが、第一次世界大戦が深まるにつれ、その実践は脆弱であることが判明した。同盟が形成され始めた。トルコは中央同盟国に加わった。連合国日本。すぐに地球の隅々まで戦闘が勃発し、陸、空、海、さらには水中でもドイツの潜水艦がイギリスの西海岸に侵入して戦闘が激化した。バルカン半島の孤立した紛争として始まったものは、今や世界規模の紛争に変わった。ベルギーのドイツ軍が平和な町や村を侵攻し、抵抗を鎮めるために民間人を人質に取って処刑する中、ウィルソン氏が亡き妻を悼んだため、ドイツはこれがいかなる当事者も免れない全面戦争であることを明確にした。ドイツ軍はディナンの住民612人を射殺した。アメリカのマスコミ報道は、これらの残虐行為を「恐ろしい」行為、後の世代がテロと呼ぶことになる初期の用語であると説明した。8月25日、ドイツ軍は大学と大規模な図書館で「ベルギーのオックスフォード」として知られるルーヴァンに対して攻撃を開始した。　3日間にわたる砲撃と殺人により、民間人209人が死亡、1,100棟の建物が焼失、図書館は23万冊の書籍、写本、工芸品とともに破壊され、ベルギーだけでなく全人類に取り返しのつかない被害をもたらした暴行だった。プリンストン大学のウィルソン学長は、その破壊に対して個人的な責任を感じていた。ハウス大佐によれば、彼は戦争が人類を3世紀か4世紀後退させるのではないかと恐れていたそうです。

1914 年 7 月の時点では、双方とも速やかな勝利に自信を持っていたようでした。しかし11月までに戦争は全面的な血祭りにまで悪化し、双方ともあまり前進することなく数千人が死亡した。その秋と冬に行われた主な戦いには、フロンティア、モンス、マルヌ、第一次イーペルの戦いが含まれます。　11月までにフランス軍は30

万6,000人の死者を出し、これは当時のワシントンD.C.の人口にほぼ匹敵しました。
ドイツ軍の死傷者は合計24万1,000人に達し、北海とスイスの間の約500マイルに
及ぶ塹壕が、わずか25ヤードしかない無人地帯によって隔てられていた。

これらの出来事が明らかになったとき、ウィルソンはすでにうつ病を患っていたが、
それは彼にとってさらに厄介なものとなった。彼はハウス大佐に「その重みをほぼ
毎日耐えられないほど感じている」と打ち明けた。その後、彼は英国大使として
ウォルター・ハインズ・ペイジに宛てた書簡の中で同様の感情を表明し、「今では
すべてが私にとって非常に現実的に思えます。闘争が始まって以来、生々しく、
痛ましいほど鮮明です」と述べ、さらに「この負担はほとんど耐えられないほど重い
ようです」と付け加えた。私の肩」。
あらゆる観点からその重要性を認識するには、思考と想像力の両方が不可欠な
役割を果たします。カウンセリングを通じて理解したり管理したりするには大きすぎ
て強力な側面についてあまり深く考えすぎて感情が麻痺しないように、この問題に
ついてあまり長く考えないようにする必要があります。」

しかし、少なくとも一度は彼の悲しみは薄れ始めました。1914年11月、彼はカーネ
ル・ハウスを訪問するためにマンハッタンへ旅行した。その夜の9時頃、ハウスとリ
ンカーンは、変装ではなく、合衆国大統領としての存在を公表することなく、マン
ハッタンの周りを予告なしに散歩に出かけた。彼らは通行人に気づかれずに五十
三番街から七番街、ブロードウェイまで歩き、途中で立ち止まって歩道で演説する
演説者たちの話を聞いた。ここでウィルソンは認められ、群衆が集まりました。ウィ
ルソンとハウス大佐は、押し寄せるニューヨーカーに追われながらニューヨーク中
を進み続けた。ウォルドーフ・アストリアのロビーに入り、ウィルソンとハウスはエレ
ベーターに乗り込み、驚いたオペレーターに高層階で停止するよう指示した。
入った後、彼らは外に出て、ホテルの反対側の端まで歩いて、別のエレベーター
の列を見つけてから、ロビーに戻り、通用口から出ました。

五番街に沿って少し散歩した後、彼らは市バスに乗り、アップタウンのハウスビル
に向かった。この乗り心地は爽快だったが、ウィルソンはまだ不満を感じていた。
帰宅後、彼はハウスに、歩きながら誰かが自分を殺してくれるように祈っていたと
告白した。

ウィルソンは、1914年12月の議会への年次演説で「我々はすべての国と平和であ
る」と宣言し、ますます暗くなる世界においてアメリカを最後の大きな希望とみなす
ことに成功した。その後間もなく、彼は同盟国と中央同盟国が和平交渉を開始す
る可能性のある条件を調査するため、非公式の任務としてハウス大佐をヨーロッパ
に派遣した。

ハウスは、当時利用可能な最速の客船の一つであるルシタニア号の乗船を偽装で予約し、秘密裏に航行した。戦時中の伝統に従ってアイルランド海域に入ると、船長のダニエル・ダウは接岸するや否や星条旗をその上に掲げた。
ハウスは、ドイツの潜水艦による攻撃から船を守るための綿密な計画を考え出しました。ハウスは驚いて船内に衝撃波を引き起こしたが、その変装としての有効性は定かではない。アメリカはあの特徴的な4つの漏斗のシルエットを持つあのサイズの定期船を運航していなかったのだ。

この事件はアメリカの中立を脅かす圧力を明らかにした。ヨーロッパでの戦いは大きな脅威ではなかった。むしろ、彼らの距離と安全性がある程度の保護を提供しました。ドイツの攻撃的な潜水艦戦争はさらに懸念された。

第二次世界大戦の開始時、ドイツもイギリスも潜水艦戦の完全な性質を理解していなかったし、それがチャーチルの言うところの「人類がこれまで知らなかったこの特異な紛争形態」になる可能性があることにも気づいていなかった。

潜水艦が海軍戦略に大きな変更を強いることに気づいていたのは、少数の賢明な人々だけでした。サー・アーサー・コナン・ドイルも平和を求めた人々の一人で、イングランドと「ヨーロッパ最小勢力の一つ」ノーランドと呼ばれる架空の国との間の差し迫った紛争を描いた短編小説（1914年7月まで未発表）を書いた。ノーランドは最初は無力に見えるかもしれないが、その防衛は内に秘められている。8　隻の潜水艦がイングランドの沖合に配備され、物資と乗客の両方を運ぶ商船を攻撃している。ドイルが計画を立てた当時、潜水艦は存在していましたが、イギリスとドイツの海軍司令官は潜水艦の用途をほとんど考えていませんでした。しかし、ノーランドの潜水艦はイギリスを飢餓に近づけ、ノーランドの潜水艦の1隻でノーランド艦長が謎の死を遂げるという予期せぬ展開で、一度は予期せぬ飢餓に陥った。ジョン・シリウスは1本の魚雷を使用してホワイトスターのオリンピック客船を沈め、イングランドを支配下に置きました。読者が特にこの最後の攻撃に衝撃を受けたのは、それがドイルが物語を書くずっと前に沈没した双船タイタニック号など、ドイルが彼の物語を書く前に存在した実在の船で起こったからである。
イングランドの海軍準備レベルを高めることを目的としたシリウス艦長の話は面白くて衝撃的でしたが、多くの人はその詳細が非現実的で現実になる可能性は低いと感じました。シリウスは、民間船舶に対する戦争を規制するために定められた賞品法と呼ばれる、19世紀に制定された基本的な海事法の1つを破った可能性がある。それ以来、軍艦は捜索のために商船を停泊させることはできるが、船を港に曳航する前に乗組員の安全を確保し、「賞金裁判所」が船の運命を決定するという巡洋艦規則に従って、すべての海洋大国が遵守している。これらの規則は、いかなる状況においても、旅客船または商船に対する攻撃を禁止します。

この物語の中でドイルのナレーターは、どの国もそのようなレベルに陥ることはないだろうというイングランドの考えを一蹴し、次のように述べています。「常識的に考えれば、敵は自分たちに最も都合の良いゲームをするだろうと彼女に言うべきだった。彼らはその後に何が起こるか考えようとはしないだろう」が発生し、行動した。」ドイルの予測は空想的すぎて検討できないとして却下された。

英国のジャッキー・フィッシャー提督は、潜水艦が海戦をどのように変えるかについてますます懸念を強めていた。戦争勃発の7か月前に書かれた覚書でフィッシャーは、ドイツは乗組員を救う努力もせずに潜水艦を使用して非武装の商船を沈めるだろうと予測していた。潜水艦の限界と強度により、この結果は避けられませんでした。なぜなら、潜水艦にはどちらかを収容するのに十分なスペースや人員がなかったからです。

フィッシャーは、戦争の論理上、採用された新しい戦略は積極的に可能な限り最大限に推進される必要があると信じていた。　「戦争の本質は暴力であり、戦争における節度は愚かさである。」

チャーチルはフィッシャーのビジョンを却下した。同氏によれば、非武装の商船に対して警告なしに潜水艦を使用することは「太古の海事法と慣行」に違反することになるという。

しかし、初期には彼も海軍もこの行動が正当であるとは考えなかったが、海軍目標に対して展開された場合のそのような戦術は「公正な戦争」を構成すると認めた。
彼もドイツの同僚も、彼の潜水艦が深海戦でこれほど重要な役割を果たすとは予想していなかった。双方の戦略的思考は主力艦隊、それぞれイギリス大艦隊とドイツ大洋艦隊に集中しており、それぞれが最大の戦艦をフィーチャーした全か無かの、トラファルガーのような海戦を予想していた。しかし、どちらの側も最初に敵と直接対決するつもりはなかった。英国はより多くの戦力を有しており、ドイツの 16 隻に対して弩級戦艦　27　隻であったが、チャーチルは、「何か恐ろしい新奇性や誤算が生じた場合」、予期せぬ展開によって英国の優位性が失われる可能性があることを認識していた。安全性を高めるために、海軍本部はスカパフローに艦隊を設置しました。スコットランドの北にあるオークニー諸島によって形成された島の要塞。チャーチルはドイツ海軍が早期に全力で行動を起こすだろうと予想してい

た。彼らの海軍は、紛争中のどの時点でも、その開始時よりも強力になったことは
ありませんでした。

ドイツの戦略家たちはイギリスの圧倒的な優位性を認識し、ラインハルト・シェーア
提督が「ゲリラ戦」と呼んだもの（19世紀初頭から使われていたスペイン語の用語
を借用したもの）を用いて、ドイツの艦船がイギリス軍に対して限定的な襲撃を行
い、イギリスを徐々に弱体化させる計画を立てた。　-世紀の戦争は小規模な紛争
を指します。イギリス軍の数が十分に減少すれば、ドイツ艦隊は壮大な最終決戦
が行われる「好機」を狙うだろうとシェーアは書いた。

チャーチルは「そして何も起こらなかった。大きな出来事も起こらなかったし、戦闘
も行われなかった。何も起こらなかった。」と述べた。

第一次世界大戦の勃発時、潜水艦はどちらの側の戦略計画にもかろうじて登録さ
れていました。英国の若い船員ヘレワード・フック氏によると、「当時は潜水艦が実
際の損害を引き起こす可能性があるとは誰も気づいていなかった」という。彼はす
ぐに、その破壊力を実証し、英国の大型軍艦設計の重大な欠陥を暴露した事件
を通じて、そうではないことを知ることになる。

1914 年 9 月 22 日火曜日の夜明け、英国巡洋艦アブキール、ホーグ、クレッシー
の 3 隻が、オランダとベルギーの間の北海の「ブロード フォーティーンズ」として知
られる海域を 8 ノットで航行していました。楽しいですが、潜在的に危険なペース
です。これらの船にはフックのような若い士官候補生が満載されていたが、彼らは
この作戦中に最終的には暴徒となった。
フックは 15 歳でホーグ号に配属されました。ホーグ号は古くて遅い船で、英国大
艦隊内で非常に危険であると考えられていたため、「生き餌飛行隊」というあだ名
が付けられていました。就寝中、午前6時20分に突然目が覚めた。ハンモックが激
しく揺れたとしか言いようのない音だった。警戒心のある士官候補生は、大型巡洋
艦アブキールが魚雷を撃ち込まれ、敵の魚雷の攻撃を受けて急速に沈んでいる
ことを彼と他の士官候補生に知らせてほしかった。この士官候補生は、イギリスの
大艦隊の1隻が魚雷を受けて沈み始めたことを全員に知らせてほしかった。士官
候補生は全員、こうなる前に退場すべきだ！

フックは甲板に駆け寄り、アブキールが傾き始めるのを観察した。数分以内にそ
れは傾き、水没した。フックはこの経験について「生き残るために奮闘する人々の
初めての光景」だったと書いている。

フックの船と別の無傷の巡洋艦クレッシーは、漂流した船員を救助するために迅速に操縦し、ボートを進水させて救助チームを展開するために数百ヤード離れたところに停止した。彼の同僚の乗組員は、漂流者を支援するのに役立つ可能性のあるものはすべて船外に投棄するよう命じられました。その直後、2 本の魚雷が彼の船ホーグに命中しました。彼の出来事の説明に書かれているように、6、7分以内に「彼女はまったく見えなくなった」。その後すぐに、彼はホーグが進水させた救命ボートに無事乗り込み、安全な場所に引き上げられました。さらに多くの生存者を回収するとすぐに、救命ボートは 3 隻目の巡洋艦「クレッシー」に向けて出航しましたが、別の魚雷がその右舷側に命中し、以前の 3 隻の巡洋艦すべてがそれ以前に行ったように傾き始めました。他の被害者と同様に、Cressy はリストへの掲載を停止し、無傷のままであるように見えました。しかしその後、別の魚雷が重砲の弾薬を保管していた弾倉に命中し、爆発して沈没しました。かつては 3 隻の大型巡洋艦があった場所には、今では人員と小さなボートと残骸だけが残っています。オットー・ヴェディゲン少佐指揮下のU-9として知られる一隻のドイツ潜水艦が、3隻すべてを同時に破壊し、1時間以内に1,459人の英国船員（多くは10代のみ）を殺害した。

ウェディゲンと彼の U ボートには確かに責任がありましたが、縦方向の石炭貯蔵庫を備えた設計が船の沈没速度と速度に大きく貢献し、その結果多数の人命が失われました。
バンカーが破壊されると、各船の船体の片側が急速に傾き、壊滅的なバランスの崩れが生じました。

この災害は重要な二次的な影響を及ぼしました。2隻の巡洋艦が最初の攻撃から生存者を助けるために停止しており、彼ら自身が格好の標的となっていた。そのため、海軍本部は今後の事件で英国の大型軍艦がUボートの犠牲者を救助するために来ることを禁止する命令を出した。

ウィルソンは 1914 年の秋から冬にかけてドイツの海軍戦略の変化により艦隊とのもつれの危険が増大したため、ドイツの潜水艦に対する懸念をますます強めました。ドイツの戦略家はアブキール事件とその後のイギリス艦船への攻撃成功に深い影響を受け、潜水艦を新たな評価で見るようになった。彼らの艦船は予想よりもはるかに困難で致命的であることが証明され、英国の大艦隊の戦力を弱めることを目的としたドイツのゲリラ戦略に完全に適合しました。しかし、そのパフォーマンスは別の用途を示唆するものでもありました。年末までにドイツは、連合国軍への武器や物資の流れを阻止するため、商船の迎撃を海軍の役割の重要性を高めていた。潜水艦はこの作戦を継続する効果的な手段を提供した。当初、この任務は大型の補助巡洋艦（元遠洋定期船を軍艦に改造したもの）に課せられていたが、これらは英国の強力な海軍によって主に駆逐された。潜水艦はこの取り組みを継続するための効率的な手段を提供しました。

1915　年の初め、これらの要因により、連合軍の船舶に乗って旅行するアメリカの船またはその国民が誤って沈没する可能性、またはこれらの船に乗って旅行するアメリカ国民が誤って負傷する可能性があるというリスクが増大しました。ドイツはイギリス周辺海域を「交戦地域」に指定し、Uボートの指揮官が標識のみに基づいて事前の警告なしにすべての敵艦船を攻撃できるとする布告を出した。これは、食料供給を海上貿易に大きく依存しており、貿易は食料輸入に関して海上貿易に大きく依存していた英国にとって、特に深刻な脅威となった。それは中立国の船舶も脅かした。英国にはUボートの指揮官による信号を改ざんする傾向があり、マーキングのみを使用することは不可能であることを考慮すると。

ドイツは、イギリス海軍がドイツ行きの貨物をすべて傍受しようとした以前の対ドイツ封鎖への対応として、新たな作戦を正当化した（イギリスはドイツより多くの潜水艦を保有していたが、商船を迎撃するのではなく主に沿岸防衛に使用した）。ドイツ当局者らは、英国が貨物の目的が敵対的か平和的利用かを区別しようとしなかったと不満を述べ、英国の本当の目的は飢餓であり、したがって「ドイツ全国民を破滅に導く」ことだと非難した。

ドイツは、Uボートが船を沈め、人を殺している間、英国が貨物を強奪しただけであることを決して認めなかった。ドイツの指揮官らはこの区別に気づいていなかったようだが、ドイツのシェーア提督は次のように指摘しているが、「溺死した数千人が軍服を着ているか、それとも敵のために食料や弾薬を運ぶ商船に所属しているかは、人道的な観点から本当に違いがあり、こうして長引くのだろうか」戦争と紛争中の女性と子供の犠牲者の増加?」

ウィルソン大統領はドイツの宣言に激怒し、1915年2月10日に正式な返答を電報で送った。その日、彼はドイツが中立商船に対して潜水艦の使用を検討する可能性さえあることに衝撃を表明し、潜水艦の行動の結果としてアメリカの船が沈没したり、アメリカ人が負傷したり死亡したりした場合にはドイツに「厳格な責任を負う」と警告した。さらに、米国は「米国の生命と財産を守り、国民が公海上で認められた権利を十分に享受できるようにするために」必要なあらゆる措置を講じるだろう。

ドイツの指導者たちは彼の力強い散文に驚いた。一見すると、ドイツは商船に対して団結しているように見えた。しかし、その新たな潜水艦作戦は、ドイツの軍と文民の両方の指導レベル、特に海軍界で分裂を引き起こした。その実行に最も熱心だった人々には海軍幹部が含まれていたが、反対派にはヨーロッパ総司令官のエーリッヒ・フォン・ファルケンハイン大将やテオバルト・フォン・ハプスブルク首相も含まれていた（テオバルト・フォン・ハプスブルク首相は当時ドイツの最高政治家であった）。
彼らがベスマン・ホルウェグに反対したとき、道徳的な考慮は彼らの頭から遠ざかっていた。両名とも、ドイツの潜水艦戦争がアメリカに中立を破り、ドイツではなくイギリスの側につくことを強いることにより、大惨事が起きる可能性があることを恐れていた。

ウィルソンの抗議はドイツの潜水艦狂信者を動かさなかった。むしろ彼らは、ドイツが作戦を強化して交戦地帯の船舶をすべて破壊すべきだと信じ、アメリカが軍隊を動員して輸送するずっと前にイギリスは崩壊すると約束した。

ヴィルヘルム皇帝は国の最高軍事指導者であり、軍事問題について最終決定権を持っていたため、両陣営は彼の支持を確保しようと努めた。ヴィルヘルムの命令の下で、Uボートの指揮官は英国かフランスと疑われる船を沈めることができた。さらに重要なことに、彼は水没したボートの船長が事前の通知や警告なしに攻撃することを許可した。
重要な効果の１つは、沈没の決定を個々の U ボートの指揮官に任せていたことです。したがって、あるUボート船長は野心に突き動かされた20代か30代の者が多く、上官からの限られた無線通信のみで基地から離れた場所で活動しながら、狭い遠方の視界だけを利用してできるだけ多くのトンを沈めることを決意した。潜望鏡は、戦争全体の結果を変える決定を下す可能性がある － 後でベートマン首相が指摘したように、一人の潜水艦司令官の態度が最終的にアメリカが宣戦布告するかどうかを決定した。

間違いは避けられず、皇帝ヴィルヘルムの命令の　１　つはこの可能性を認識しており、「細心の注意を払ったにもかかわらず間違いが依然として発生した場合、指揮官にはいかなる責任も課されない。

ウィルソンの罪悪感と孤独は1915年まで続いたが、3月に偶然の出会いが重苦しい雰囲気を払拭した。
ヘレン・ウッドロウ・ボーンズはホワイトハウスに住み、代理ファーストレディを務めた。そこにいる間、彼女はエディス・ボリング・ゴールト（当時44歳、グレイソン博士の友人）と一緒によく散歩をしていた。ゴルトは身長 5 フィート 9 インチで、豊かで形の良い体格を持ち、チャールズ フレデリック ワースのパリのファッション ハウスがデザインした服のセンスを持っていました。彼女の肌は輝くように完璧に見え、目は紫青に輝いていました。グレイソン博士はゴールトに気づき、彼女に向かって頭を下げた。するとウィルソン大統領は「あの美しい女性は誰ですか？」と叫んだ。「あの美しい女性は誰ですか？」と叫びました。

イーディス・ロルフは 1872 年 10 月に 11 人兄弟の家庭に生まれました。イーディスは 11 人兄弟の 7 番目として、祖先をポカホンタスとキャプテン・ジョン・ロルフまで遡ることができます。ワイスビルで育った私は、南北戦争の名残の情熱が今も残っているため、歴史の中にどっぷり浸かっているような気分でした。 10代の頃、彼女はゴールト＆ブロと呼ばれる施設に結婚した姉に会うためにワシントンD.C.へ定期的に旅行するようになった。ホワイトハウス近くの宝石店。南北戦争中にエイブラハム・リンカーンが時計を修理したとき、エディス・ゴールトは20代でした。ある訪問で、彼女は妹の夫であるノーマン・ゴルトのいとこであるノーマン・ゴルトに会いました。彼は家族の他のメンバーと一緒に店を共同経営し、この店の管理責任を他の家族と共有しました。同年後半、エディスとノーマン・ゴールトは結婚し、成功により閉店し、1896年に別の場所に移転するまで、協力してこの店を経営し続けました。

イーディスは最終的にノーマンのビジネスの唯一の所有者となり、数日以内に息子を産みましたが、その直後に悲劇的に亡くなりました。その後ノーマンは借金を残して突然亡くなり、イーディスは経済的に困窮することになった。彼女は後にこの時期について「私にはビジネスの経験がなく、資産と負債をほとんど認識していなかった」と書いている。イーディスは、状況が再び好転し始めるまで、店舗の日常業務を担当する経験豊富な従業員を任命し、オーナーでありながら日常の経営から撤退することができました。最終的に、これにより彼女は熟練したゴルファーになるだけでなく、ワシントン初の女性ドライバーになることに集中することができました（彼女は電気自動車で街中を走り回っていました）。
エディス・ボーンズは自分とヘレン・ボーンズを自分の車でロック・クリーク・パークまで運転した。散歩の後、彼らは通常、デュポンサークルにあるイーディスの家にお茶を飲みに戻りました。しかし、1915年3月のある午後、ヘレンはいつもと違う様子で、ホワイトハウスの車でイーディスの家に到着した。散歩の終わりに、彼女は代わりに自分の家、つまりホワイトハウスそのものでお茶をしようと提案しました。

イーディスは、でこぼこした舗道を歩いて靴が汚れていたため、トルーマン大統領と散歩に行くのが困難でしたが、この状況を大統領に気づかれたくなかったのです。ヘレンはイーディスに、「浮浪者と思われる」と誤解されるのが怖いと語った。それにもかかわらず、イーディスは依然として、ワースが彼女のために作ったパリのエレガントな黒のテーラードスーツを着て、魅力的なアンサンブルを完成させたトリコットの帽子を着て、印象的に落ち着いているように見えました。」

ヘレンはイーディスに誰もいないと主張した。いとこウッドロウはグレイソン博士とゴルフに出かけていたので、いとこウッドロウに着くまでエレベーターで直接上がります。そこには誰も見えません。

グレイソン氏とウィルソン氏は二階まで馬で上がり、そこに出たところ、ゴルフ用の服装をしたウィルソン大統領とグレイソン大統領に出会った。グレイソンもウィルソンとお茶に加わりました。
イーディスは後に「この偶然の出会いは、角を曲がれば運命に出会うという古い格言を成就した」と語った。しかし、彼女はウィルソンがスマートな服装をしていないと指摘した。

その後間もなく、ヘレンはイーディスを3月23日のホワイトハウスでの夕食に招待した。ウィルソンはピアスアローを送り、イーディスとグレイソン博士をそれぞれのホテルに迎えに来た。イーディスは紫色の蘭のイヤリングを付けてウィルソンの右側に座った。後にウィルソンは、これまで彼女が見たホストの中で最も気楽で楽しいホストの一人だったと書いており、「彼は完璧に魅力的だ…私が今まで知った中で最も気さくで最も楽しいホストの一人だ」と書いている。

夕食後、グループはコーヒーと会話のために2階のオーバルルームに向かいました。ウィルソンは英国の作家による 3 つの詩を読み、イーディスに彼の読解能力が比類のないものであることを観察させました。

ウィルソンはイーディスに完全に魅了されました。彼女の美しさと魅力的な性格が彼を非常に魅了しました。ホワイトハウスの案内人アーウィン・"アイク"・フーバーは、彼女を印象的な未亡人だと評した。その夜、ウィルソンは精神が高揚し、幸福感が高まるのを感じた。

5日後の1915年3月28日、フレデリック・デイヴィスは、彼の小型商船ファラバが、ドイツのエース潜水艦乗組員の一人、ゲオルク・グンター・フライヘル・フォン・フォルストナーが指揮するドイツのUボートに遭遇したとき、再び不安に駆り立てられたことに気づきました。鋭い目の見張りが最初にそれを3マイル離れたところで発見し、フレデリック・デイヴィスに警告し、最高速度を命じた。13ノット強です。

フォスナーは追撃を決意し、砲兵に威嚇射撃を命じた。

ファラバは走り続け、フォスナーは「やめろ、やめろ」と怒鳴りながら合図した。

ファラバ号が停止すると、Uボートが接近し、フォスナー船長はメガホンでデイヴィス船長に船を沈める計画であることを伝え、乗員242人全員に船を放棄する5分間の猶予を与えてから沈没命令を出した。

フォルスナーはヨットを100ヤード以内で操縦した。最後の救命ボートが降ろされているとき、彼は魚雷がファラバ号に命中し、8分以内に沈没し、デイビス船長自身を含む104人が死亡したのを見た。レオン・C・スラッシャーも行方不明者の中に含まれていると考えられている。彼の遺体は見つかっていないにもかかわらず。スラッシャーはアメリカ国民でした。

ウィルソンは、このような事件をドイツの恐怖のさらなる一例として予期し、戦争を引き起こす可能性があると予想していた。ウィルソン氏は国務長官ウィリアム・ジェニングス・ブライアン氏に「この事件は憂慮すべき可能性に満ちている」と語った。

ウィルソン氏は当初、攻撃に対する激しい言葉で怒りを表明した。しかし、ウィルソン氏は閣僚やブライアン長官（平和支持者）と相談した結果、そのような行動には反対することを決めた。ブライアンは、宣戦布告中に英国船に乗船した米国人の死亡は両国に対して正当な行為ではないと提案した。
彼は、それがフランスの戦場に沿って散歩するアメリカ人と同等であると考え、なぜそれが苦情に値するのか理解できませんでした。

ウィルソン氏はファラバ事件を議論した閣議の翌日、4月28日にブライアンに「おそらく現時点でこの件に関して正式な表明をする必要はないのではないか」と書簡を送った。

レオン・スラッシャーは依然として行方不明で、アイリッシュ海で死亡したと推定されている。彼の失踪によって新たな毎日が、より速く、より大きくエスカレートしているように見えました。

ニューヨークを出発する前に、近くに住んでいる乗客は困難に直面しました。

気温91度のうだるような暑さの中、4月27日火曜日、他国からニューヨークへの旅行者が電車、フェリー、自動車で到着し始め、ついに男性が夏用の帽子をかぶり始めることができる5月1日土曜日の「麦わらの日」まであと4日となった。「麦わらの日」。タイムズ紙の記者がブロードウェイで即席の目視調査を行ったところ、何千人もの暑くて不快な男たちが冬用の帽子をあらゆる角度にかぶったり、熱く湿った手に持ってとぼとぼと歩いている中、麦わら帽子は2つしか見つかりませんでした。」

戦争はニューヨークにはほとんど影響を与えていないようでした。鮮やかな電灯のおかげで「グレート ホワイト ウェイ」と呼ばれるブロードウェイは、毎晩活気にあふれていましたが、競争は予期せぬ形で存在しました。多くのレストランが劇場のライセンスなしで豪華なエンターテイメントと食事の提供を開始し、市による取り締まりの脅威が生じた。　　　　　8番街とコロンバスサークルのライゼンウェバーのマネージャーは、経営者として、この法律によって彼に課されるあらゆる制限を歓迎し、あらゆる禁止の可能性を歓迎した。競争が彼を疲弊させた。彼の店では、「美しい女の子たちのホスト」をフィーチャーしたミュージカルレビュー「Too Much Mustard」を提供したほか、コースの合間にダンスをフィーチャーしたコースの合間にダンスをフィーチャーした、コースの合間のランチ（1ドル）でミンストレルのクインテットによる別個のキャバレーパフォーマンスを提供した。残念ながら「国民はそんな無理難題を要求している！」。彼は嘆いた。
食事は非常に手の込んだエンターテイメントを提供するため、レストラン業界に携わるすべての人にとって深刻な危険をもたらします。

ニューヨークは、最後の瞬間の衣類のニーズにとって理想的な都市でした。ショッピングが主な魅力でした。春のセールが始まったばかり、または始まろうとしていました。5 番街のロード アンド テイラーでは男性用レインコートを半額で提供していました。 B. アルトマンは、パリのガウンとスーツの大幅な値下げを提案し、その 3階の特別衣装部門で「決定された値下げ」を見つけました。クッペンハイマー家は「英国のスーツ」を宣伝し、「この刺激的な日々では、すべての男は若い！」と宣言しました。

第一次世界大戦後、特に国境内での米国製品、特に弾薬に対する軍事需要の増加のおかげで、経済は大幅な改善を示した。海運業は着実な上昇を再開した。年末までに、米国は前例のない15億ドルの貿易黒字を計上することになる（現在は359億ドル）。ニューヨークの不動産はかつてないほど堅調で、マンハッタンの東側と西側の両方に大きな建物が建設中です。88 番街とブロードウェイの角にある 12 階建てのアパートの建設が間もなく開始されます。推定費用: 500,000 ドル。贅沢な支出の表示がありました。出発前の金曜日の夜、ルシタニア号のファーストクラス乗客の多くは、タイムズ紙で「狩人」として知られるグレース・マッケンジー夫人がデルモニコスで主催した大規模なパーティーに出席した。デルモニコ家は、バンケットルームをアフリカの空き地を模倣するように装飾し、ヤシの木やヤシの葉を壁に重ねて、暗い照明条件下でのダイニングの外観を作り出しました。タイツと白いチュニックを着た黒人男性は、焼けたコルクと不十分な照明によって黒い色素が生成されたにもかかわらず、動物を監視し続けました。前菜にはワシの卵が添えられていました！

新聞は紛争の両側からの情報を提供しましたが、政治と犯罪がより頻繁に見出しになる傾向がありました。特に殺人が多発した。
4月29日木曜日、熱波が続くサンアントニオ市で、仕事を失い妻を追い出したばかりの市内の農産物商人が5歳の息子を射殺し、その後自らも自殺した。コネチカット州ブリッジポート － ある男性がガールフレンドに婚約指輪を贈り、片方の端をポケットに隠して結んだリボンの一端を彼女に渡した。彼は彼女に「サプライズだった」と言い、「引っ張ってみよう！」と彼女に引っ張るように勧めた。すると、リボンがリボルバーの引き金に取り付けられていたことが判明し、即座に彼を射殺した。　4月30日金曜日、4人の犯罪者がピンクのパジャマを着てベルビュー病院の麻薬病棟から逃走したため、警察官、病院の職員、少年らは近隣の徹底的な捜索を行った。後に3人が発見された。一方、別の男はまだ逃走中であると考えられている。

そして、タイタニック号の無線オペレーター、ジャック・フィリップスと、海の悲劇で亡くなった他のマルコーニオペレーター8人を追悼する記念の噴水を奉献する式典を開催する計画が最終決定したというこの報道が入った。この記念噴水には将来的に名前を追加するためのスペースが残されています。

THE LUSITANIAの乗客リストには、イギリス国民949人（カナダ居住者を含む）、ロシア人71人、ペルシア人15人、フランス人8人、ギリシャ人6人、スウェーデン人5人、ベルギー人3人、オランダ人3人、イタリア人2人、メキシコ人2人、フィンランド人2人が含まれていた。デンマーク、スペイン、アルゼンチン、スイス、ノルウェー、インドからの旅行者がそれぞれ 1 名ずつ含まれています。

キュナードの記録によると、同社のアメリカ航空会社の乗客数は全国各地から合計　189　名でした。バージニア州の造船関係者2人が潜水艦建造会社の職員として乗船し、潜水艦入手の機会を求めて欧州に向かう途中だった。フィラデルフィアから来た人もいた。ニューヨーク州タカホー。オハイオ州ブレイスビル;シーモア　インディアナ　ポータケット　ロードアイランド　ハンコック　メリーランド　レイクフォレスト　イリノイには、ファーストクラスで旅行したブリック夫妻や、二等で旅行したオハイオ州クリーブランド出身のクリスト・ギャリーと一緒に三等で旅行したブレザートンの家族など、多くの人が到着しました。

彼らはニューヨーク各地のホテル、下宿、または家族や友人と滞在しました。少なくとも6人がホテル・アスターに宿泊し、他の6人はビルトモアの宿泊施設を利用した。週を通して到着者は重い荷物を持って到着しましたが、キュナードでは各乗客に保管スペースとして 20 立方フィートのスペースを許可しました。彼らは、赤、黄、青、緑のさまざまな色の幹を持ってきました。他には、革の表面にチェッカーボードやヘリンボーンの模様をエンボス加工し、木で支えたものもありました。ドレス、ガウン、タキシード、ビジネススーツを運ぶための「拡張スーツケース」。これらの最大のものでは、男性用スーツを 40 着まで収納できます。靴はポリッシュとレザーポリッシュの香りがついた特別な箱に入れて輸送されました。船の荷物倉に収まるものを考慮して、より小さな荷物が船内に持ち込まれました。列車の乗客は、最もかさばる荷物を出発都市から直接ステートルームや貨物倉に送ることができるため、搭乗開始時に荷物が到着するという安心感が得られます。

彼らは最高の服を着ていたか、場合によってはまったく服を着ていませんでした。黒とグレーがパレットの大半を占めていましたが、より明るいアイテムもありました。ヘリオトロープと白のチェックのドレスなど。白いボタンが付いた男の子用の赤いニットジャケット。あるいは緑の別珍のベルトも。赤ちゃんのことは複雑です。彼らの服装は複雑だった。ある幼児の男の子は、次のような手の込んだアンサンブルを着ていました。白い綿の胴着は赤と青のパイピングで縁取られています。オーバーオールは、赤と青の点線の正方形がエンボス加工された青い綿生地で作られ、前面に白いボタンが付いており、後ろに白いボタンで留められています。アイボリーのボタンが 4 つ付いたグレーのウールのジャケット。黒のストッキング。靴は紐で首に掛けられています。アイボリーのボタンが 4 つ付いたグレーのウールジャケットを首に紐で結び、アンサンブルを完成させましょう。

裕福な乗客は、ダイヤモンド、サファイア、ルビー、オニキス(赤い姉妹のサードニクスを含む)がセットされた指輪、ブローチ、ペンダント、ネックレス、ネックレットのほか、債券取引や紹介状のために金のケースに債券や紙幣を入れて持ち歩いていたが、債券にはしばしば債券が含まれている。紹介の絆のために。債券や手形、紹介状のために現金も持ち込まれました。多くの時計は金のケースに入っていました。ある女性はジュネーブ製の「ルモントワール」を持ってきました。

後に、シリアル番号が非常に重要であることが判明したため、これらの時計は非常に貴重であることが判明しました。

乗客は機内での待ち時間を潰すために日記、本、ペン、インクなどの機器を持参した。著名な作家であり講師でもあるイアン・ホルボーンは現在、アメリカ全土での講演旅行から帰国中、20年かけて執筆した美容理論に関する本の原稿を持ってきた。裕福な家庭に生まれたニューヨーク在住のドワイト・ハリスは、婚約指輪、計画、懸念事項を持参した。 4月30日金曜日、彼はジョン・ワナメーカー百貨店を訪れ、そこでカスタムの救命ベルトを購入しました。

別の男は、ラテン語のモットー「トゥタ・テネボ」（「私があなたを守ります」）を記した封筒にワックススタンプ用の金のシールを隠した。

ボストンの書店員チャールズ・エメリウス・ローリアット・ジュニアは、船にいくつかの特別な価値のある品物を積んでいました。ローリアットは40歳で、驚くほどハンサムだった。注意深く目と手入れの行き届いた茶色の髪。　Charles　E.　Lauriat Company　は、1894　年にボストン　コモン近くのワシントン　ストリートにオープンして以来、受賞歴のある書店として全国的に有名になり、全国に 3 つの支店とボストンのワシントン　ストリート 385 に支店を構えています。彼の書店は地元だけでなく国内の顧客にも同様に知られていました。ある歴史家は、アメリカ有数の個人コレクション（後にニューヨークのモーガンやワシントンのフォルジャーなどの貴重な図書館に変わった）が集められた当時を「アメリカ書籍収集の黄金時代」と呼んでいる。ローリアットは熟練した水泳選手とヨットマンで、毎年夏にニューイングランドの海岸で 18 フィートのヨットでレースをしながら水球をプレーし、海岸沿いで開催されるレガッタでは審判を務めました。ボストン・グローブ紙によると、ローリアットさんは「生まれつきの船乗り」とみなされていたという。ローリアット自身も文学界では有名人のような存在で、当時の主要な批評家/詩人の一人であるウィリアム・スタンリー・ブレイスウェイトとともにプレイヤーズ・クラブで定期的に食事をしていました。Estes & Lauriat は、1872 年にローリアの父親とダナ エステスによって、彼らの名前で共同企業としてボストンのオールド サウス教会近くに設立され、書籍の出版と商品の販売を行っていました。 3 年後、ローリアット氏は自身と他のパートナーとのビジネスを 2 つの会社に分割し、当初のパートナーシップで行っていた小売販売を引き継ぎました。ある報告によれば、この時までにボストン住民はすでにローリアットを「書店というよりも討論会」の機関として認識するようになっていました。ローリアの書店には、多くの作家、読者、知識人、芸術家が集まり、ラルフ・ワルド・エマーソンとオリバー・ウェンデル・ホームズも常連客でした。その中には、その雰囲気を「家庭性」を醸成するものだと評した新聞記者も含まれていました。ローリア自身を究極のガイドでありカウンセラーであると見ることもできます。実際、ある新聞記者は自分の店を故郷のオアシスと呼んでいました。

店は細長くて、その場所から通りの遠くに突き出ていました。ショールームというよりは地下坑道のようで、壁から高い天井まで隅々まで本が中央通路のカウンターの上に積み上げられている。階段を上がると、コレクターズブックや「アソシエーションブック」が積まれたバルコニーにつながっていました。これらの本は、有名人や著名人が所有していたために貴重なものでした。この書店の愛好家にとっての魅力の１つは、地下にある古書室で、未出版の歴史によれば、「英国の古いカントリー　ハウスの図書館を解体する」ことで市場に出てきた「素晴らしい宝石」で満たされていました。ワシントン　ストリートのショーウィンドウには、ランチタイムに多くの人々が集まりました。正面玄関の片側には珍しい本が並べられ、反対側には当時からベストセラーとして知られていた派手な表紙の本が置かれていました。（常にベストセラーを出版していた作家の一人がウィンストン・チャーチルです）。ローリアット氏は、かつて人気があった書籍の在庫のうち、初期の売上急増後に売れ残った「リマインダーズ」を導入した先駆者の一人で、出版社は彼を大幅な割引価格で販売することに同意した。彼はこれらの割引タイトルを元の価格の数分の一で顧客に直接販売し、ビジネスとして非常に大きな成功を収めたので、「残り」の販売だけに特化した年次カタログをリリースしました。
訪問中は、自分のための時間を作る必要があります。家に帰ったら、できるだけ早く散歩に行くことをお勧めします。そうすれば、家族や友人と質の高い休憩時間を過ごしながら、運動をすることができます。ローリアットは、創業者の父が毎年アメリカからロンドンに旅行して古書を割引価格で購入し、はるかに高い価格で母国に売り戻すという決断をしたことにより、創業当初から他の書店とは一線を画し、大西洋の異なる需要の両側を利用しながら、大西洋横断蒸気船によってもたらされる、より低い輸送価格とより速い速度の利点。ローリアットは　1873　年にキュナードの初期の蒸気船の１つであるアトラス号に乗って最初の航海を開始し、彼の購入は頻繁に見出しになりました。　1599年に遡る入手品——アダムとイブを指す言葉としてズボンという言葉を使用したジュネーブ聖書、つまり「ズボン」聖書——は、ニューヨーク・タイムズ紙のコラムのほぼ全体を描いた。世紀の終わりまでに、彼らの店は、将来の愛書家の間で貴重品となる運命にある希少本、写本、挿絵、蔵書票などの国内有数の販売および輸入業者の１つになりました。

チャールズ・ローリア・ジュニアは父親の大西洋横断収穫を引き継ぎ、1915　年　4月の最終週には次の買い付け旅行に出発する準備をしていました。ローリアットはロンドンで数か月かけて本や作家の遺物を探し、その後船便でボストンに返送する予定だった。ロリアットは、保険など気にせず、最も貴重な発見物を個人の手荷物に詰め込みました。同氏によれば、「リスクは事実上存在しない」という。戦争もこの習慣を変えませんでした。ローリアットは、汽船はサブ攻撃を受けないと考えていました。

彼はボストンのキュナード代理店でチケット番号 1297 を購入し、定期船が交戦地帯を通過するかどうか尋ねました。これに店員は「はい、そうです！」と肯定的に答えました。あらゆる予防策が講じられます。

ラウリアットはそのスピードを理由にルシタニアを選びました。彼は通常、より小さくて遅いボートを好みますが、「今年」は出張をできるだけ短くし、最高速度25ノットで5月7日金曜日にリバプールに到着し、土曜日の朝の仕事前にロンドンに到着する予定でした。スケジュールが開始されました（5月8日）。同じような関心を持つ系図学の専門家であるロスロップ・ウィジントンが、この航海にローリアに同行することになった。
ローリアットは特にマサチューセッツ州セイラムとカンタベリー、イングランドの歴史的記録に精通していました。二人とも既婚者でしたが、妻を連れずに一人でこの旅行に参加することにしました。ロリアットさんは4人の子供を連れて行く計画を立てており、そのうちの1人は幼児で、そのために写真を持っていくつもりだった。

彼は　5　つの荷物を持ってきました。革製のブリーフケース、小さなカバン、拡張スーツケース、大きな靴ケース、そして汽船のトランクです。ディナーにはフォーマルな服装が必要だったので、彼のデイスーツにはさまざまなスタイルの靴が必要でした。ネクタイとクインクのアクセサリーと一緒に、ブレースとソックスで彼の見た目を完成させます。ブレース/ソックスも船のデッキを散歩するときに着用できるように梱包されていました。最後に、彼はお気に入りのニッカーボッカースーツを梱包し、散歩用の特徴的なニッカーボッカーを完成させました。

4月29日木曜日の夜、彼とウィジントンはニューヨーク行きの深夜列車に乗る予定だった。しかし、ローリアさんは代わりに、まず本屋に立ち寄ることにしました。そこで同僚の一人が金庫を開け、表紙のサイズが 12 × 14 インチの 2 冊の本を手渡しました。これは絶妙な性質のスクラップブックです。1 冊には、ウィリアム メイクピース サッカレーが出版した各作品ごとに 44 点の線画が含まれていました。そして彼の作品をサポートするために描かれた 64 点のイラスト。 1863年に亡くなったサッカレーは『ヴァニティ・フェア』で最もよく知られているが、かつてはチャールズ・ディケンズと同じくらい愛された人物だった。彼の風刺小説、エッセイ、連載小説は、フレイザーズ誌やパンチ誌で広く読まれました。彼の絵、本、そして彼の生涯からのあらゆる工芸品（「タッカラヤナ」として知られる収集品）も、世界中、特にアメリカのコレクターの間で高く評価されました。

その後、ローリアットさんはケンブリッジの自宅に戻り、妻のマリアンとともに検査を行った。検査して延長スーツケースに慎重に詰めると、彼はルシタニア号に直接輸送できるようロックしました。その夜遅くに駅で彼はトランクと靴箱だけをチェックし、残りの 3 個は鉄道車両で運ぶために保管していました。

ローリアットとウィジントンは翌朝早く、4月30日金曜日のルシタニア号の出航直前、4月29日木曜日の早朝にニューヨークに到着し、すぐに分かれた。ローリアはタクシーでブランシュ・ローリアの家に直行し、ウィジントンはジョージ・W・ハレーの家に直行した。
チャンドラー、マンハッタンのウェスト 7 ファースト ストリート 235 番地。ロリアットには、出発前に最後に達成すべき課題が 1 つありました。

5番街33番街にあるウォルドーフ・アストリアで、マーガレット・マックワースさん（31歳）は、イギリスへの帰国が再び死んだ結婚生活と戦争に包囲された生活を予感させるものとして、苦悩と絶望の中で荷物をまとめた。

彼女は一人で10日間の疲れ果てた横断を経てニューヨークに到着し、父親のD・A・トーマスに会いたがっていた。彼はミズーリ州を拠点とする著名な実業家で、すでに鉱山からミシシッピ州のはしけまでさまざまな冒険のためにここを旅していた人物である。　1915年の鉱山やバージなどの事業に関する会議。彼が波止場で待っているのを見たとき、戦時中の故郷での苦難から信じられないほど救われたと彼女は感じた。特に彼女は、「戦時下に自宅で暮らしていた後、太陽が輝く4月のニューヨークを気楽で幸せに迎えられたことは、言葉では言い表せない安堵感であった。これはほとんどの人が経験したことのないことであった」と回想している。

彼女はニューヨークに魅力を感じた。毎晩、私たちは劇場かディナーパーティーに「出かけました」。彼女は父親が支払ったドレスを購入し、その中には特に素敵だと感じた長い黒いベルベットのドレスも含まれていました。彼女はいつもの内気さが薄れていくのを感じ始め、初めて父親にとって自分が負債ではなく財産であると感じた。　（内気な性格にもかかわらず、彼女は英国の母国で女性の平等を求める抗議活動に参加しており、首相の車のランニングボードに飛び乗ったり、郵便受けの外に置かれた爆発物を爆弾で爆発させたりしたこともあった）。「数週間にわたるアメリカ人の気さくなもてなしと積極性、そして私に会った喜びを率直に表現してくれたことが、私の人生全体に大きな影響を与える変化をもたらした」とスミスは書いている。

ニューヨークでの休暇中、彼女は恥ずかしさをすべて脱ぎ捨てることができ、「実際、本当に若いと感じた最後の時間の 1 つでした」。

彼女とターナー船長は世界で最も豪華な船のファーストクラスで旅行する予定でしたが、今感じていたのは悲しみと後悔だけでした。金曜日の朝、彼は船から陸に向かって出発した。

ターナーはウォール街を目指して南下し、ブロードウェイ 165 番地にあるシティ・インベスティング・ビルディングへと向かいました。このビルは、ニューヨーク市で愛されるランドマークの 1 つであるシンガー・ミシン・カンパニーが建設したシンガー・タワーの近くに建つ、巨大で不格好な建造物です。その後、ターナーはハント・ヒル・アンド・ベッツ法律事務所に行き、午前11時に8人の弁護士の前に座って、その日最も説得力のある訴訟の1つで、タイタニック号のホワイト・スター・ラインの所有者が賠償責任を制限しようとした訴訟の証言録取を求めた。アメリカ人被害者の家族は彼らを「過失と過失」で非難した。

ターナー氏は、大型客船の船長としての長年の経験と、他の船員たちからの敬意により、家族を代表して鑑定証人として呼ばれていた。しかし、弁護士による尋問は彼にとって楽しいものではないことがすぐに明らかになった。彼の答えは、完全な文やフレーズではなく、短くて簡潔なフレーズで構成されることがよくありました。それにもかかわらず、彼は重要な証人であることが証明されました。

弁護士は、彼がタイタニック号の悲劇について初めて聞いたとき、海にいたときの説明を彼から入手することができた。当時、彼はマウレタニアの船長を務めていました。両方の船は 1912 年 4 月 11 日に港を出港しました。この事実は、迷信深い乗客にとっては厄介なものとして目立ちました。とにかく金曜日の航海は常に危険だと考えられていました。航路沿いに氷があるという無線による報告がターナーに届き、通信員を派遣したとき、ターナーは4月11日に報告した無線員からタイタニック号が氷山に衝突したという知らせを受け取る前に、さらに南に向かうことにした。

氷が存在する可能性が高い環境でタイタニック号が 20 ノット以上で航行するのは賢明だったかどうか尋ねられたとき、ターナーは「もちろんそうではありません。氷の中を 20 ノットで通過するのは私の良心です!」と熱心に答えた。
ターナーは船長たちに、最善のアプローチはゆっくりと進むか完全に停止するかのどちらかだとアドバイスした。無線技術は氷の発生を船長に知らせる有効なツールとなったが、海洋調査では船長が航行中の気温と水温を監視することで早期に警告を得る可能性があることが示唆されたが、ターナー氏はその考えを却下し、木の脚に水ぶくれができる以上の効果はないと述べた。

ターナー氏は見張りの価値について懸念を表明した。キュナードのマニュアルによれば、カラスの巣には常に 2 人の見張りがいる必要がありました。「私はそれらを貿易委員会の装飾品と呼んでいます」とターナー氏は皮肉った。彼らは家とお金を稼ぐことだけを考えていました。

ターナー氏は、見張り用双眼鏡の提供には賛成だと述べた。

「必ずしもそうではありません。おそらくソーダ水のボトルを与えたほうがよいでしょう。」

彼は、氷が形成される可能性のある海域に遭遇する可能性があると認識するとすぐに、船首に 2 人の追加の乗組員を配置して、常に見張りを強化しました。

ターナー氏は、どのような予防策や研究が行われたとしても、氷は常に危険をもたらすだろうと彼らに警告した。この陳述にショックを受けた弁護士の一人はターナー氏に質問し、「あの事故から何も学ばなかったのか？」と尋ねた。

ターナー氏はこれに同意せず、「このようなことは再び起こるだろう。

ターナーの証言録取中のさまざまな時点で、彼の弁護士は彼の船、特に水密の甲板とドア、縦方向のバンカーに焦点を当て、特に縦方向のバンカーに注意を払った。

「商船では珍しいですが、海軍ではよくあることですよね？」

「はい、保護システムです」とターナーは答えた。

さらに尋問した結果、船長は自分の船も含め、船の設計にはほとんど興味がなかったことが弁護士らに明らかになった。

「それで、あなたは整備士ではないのですか？」ある人は、むしろ「ナビゲーター」と尋ねた。はい。

「船の建造にはあまり興味がないのですか？」「いいえ。彼らがコートにいる限り、もし彼らが沈んだら、私は去ります。」

弁護士から、両船の水密ドアに関して何か「異常な」点があったかと尋ねられたターナー氏は、「分からない」と答えた。しかし、その少し後、彼から別の質問が来ました。それは、タイタニック号が登場する前は、ルシタニアやマウレタニアのような偉大な船は不沈だと人々は考えていたのですか、というものでした。この問い合わせに対し、弁護士は「はい」と回答した。タイタニック号が登場する前は、これらの偉大な船は大きな災害もなく沈没に耐えられると信じられていましたか?

"誰があなたにそれを言ったの？"ターナーは憤慨して答えた。「私がこれまで海で一緒に行動した人でそのような主張をした人は一人もいません。」

証言録取書は、多数の過積載の区画を備えた船がヴォートに向けて航行を続けることができるかどうかという質問で締めくくられている。

ターナーは、それについてはほとんど知らないと答えた。すべては存在する浮力の大きさと量によって決まりました。十分な浮力があれば上昇します。そうしないと彼女は沈んでしまいます。

ターナーは船に戻った。

4月30日金曜日。同日、別の船が初航海を行った。

ウンターゼーブーツ-20は、哨戒の緊急性を高める命令を受けてイギリスに向けて航行中だった。ドイツ北西部の海岸にあるエムデンの港を午前6時に出発します。何の宣伝もなく、Uボートの乗組員はしばしば北海のことをブライト・ハンスと呼んでいました。しかし今日は灰色に変わり、エムデン港を囲む地形と一致していた。潜水艦は互いに並んで係留され、係留エリアに並ぶ遠くの城のようにロープでつながれた司令塔を持ち、後ろから4ノットの風が吹き荒れながら、ブリテン島に向けて航行中、すべての指標は一方向を向いていた。

U-20は、ほとんど航跡を残さず、エムス川に沿って静かに進んだ。その司令塔の上にはKptltが立っていた。ヴァルター・シュヴィーガー － ひさし帽と防水レザーを着た船長。この塔はボートの中央部から突き出たずっしりとした部屋で、そこにはさまざまな制御装置と 2 つの潜望鏡 (主戦闘潜望鏡と予備としての追加の潜望鏡) が収容されていました。シュヴィーガーは水中攻撃の際、分厚い炭素鋼の壁を持つこの塔の頂上に座り、主潜望鏡を使って乗組員に魚雷の発射を指示した。水面からの攻撃の場合、彼の小さな甲板は周囲の海景を眺める岬となる。しかし、天候要素からはほとんど保護されませんでした。しかし、特に今朝は、下の開口部からコーヒーの香りが漂い、空気が満たされました。それはほとんど心地よい香りでした。

シュヴィーガーは潜水艦を川岸に沿って操縦し、港の外の浅瀬に入り、真西に移動してボルクム灯台と無線局を通過し、午前9時30分頃に最終目的地に到着した。

小さな防波島は、潜水艦乗組員にとって乗船と帰還の際の重要な目印となっていました。

シュヴィーガーは 32 歳になったばかりで、すでにドイツ海軍で最も知識豊富な指揮官の 1 人と広く考えられており、潜水艦の問題について上官からアドバイスを求められたり、彼のボートが新しい戦術の実験台として使用されたりしていました。第二次世界大戦が始まる前に勤務した数少ない船長の一人であるシュヴィーガーは、背が高く、痩せていて、肩幅が広い人でした。乗組員は彼を特にハンサムだと言いました。彼の目は淡い青色で、クールさを感じながらも、良いユーモアを伝えていました。

正午頃、シュヴィーガーのボートは北海のジャーマン湾またはヘリゴランド湾として知られるボルクムを越えた深海に入った。ここでは海底が急速に傾斜しており、晴れた日には海水が深いコバルト色に変わります。シュヴィーガーは戦争日誌の中で、全体的に見通しが良く、高さ3フィートの波が西から押し寄せていると述べた。

必要に応じて船を水没させることもできましたが、その代わりに水面を航行することに決め、双発ディーゼルエンジンを利用して15ノットで航行し、後続の従来の商船のほとんどを追い越しました。シュヴィーガーは、通常の巡航速度で巡航する場合、8ノットの速度で最大5,200海里を航行することができた。しかし、一度水没してしまうと、ディーゼルエンジンがボート内の酸素をすべて使い切ってしまい、せいぜい 9 ノットしか出せないのを防ぐために、バッテリー駆動のエンジンが 2 台必要でした。これらは一時的にしか機能しませんでした。水没した U ボートはこの半分のペースで約 80 海里を航行できるため、航行速度が非常に遅くなり、イギリスとフランスの国境の速い流れに逆らって航行しようとする U ボートは前に進むことができない場合がありました。そのため、U ボートは通常、異常気象下、または船舶を攻撃したり駆逐艦を回避したりする場合にのみ水中に留まります。

シュヴィーガーは、海上での最初の日のほとんどの間、無線通信を介してボルクム島と連絡を取り合うことができ、また、無線機能を備えたエムデン港のアンコーナ海軍艦艇とも連絡を取り合うことができた。
シュヴィーガーは長距離通信が可能な無線装置を持っていました。彼の記録には、彼のUボートが45海里離れた時点でボルクム送信機とのメッセージ交換を停止したが、アンコーナとの通信は航海中ずっと強力であったことが記録されている。途中、彼の無線オペレーターは、船がもはや友好的な情報源や利用可能なリソースを持たなくなり、完全に孤立する避けられない瞬間を延期するかのように、テスト信号を繰り返し送信しました。

U ボートは、その独特のアイデンティティのため、ドイツ海軍の中で際立っていました。水上艦はしばしば一緒に航行し、その高いマストのおかげで基地との連絡を保つことができましたが、U ボートはしばしば単独で航行し、その後すぐに連絡が取れなくなりました。通常、ほんの数百マイルを走行した後です。一度哨戒に就くと、Uボートの船長は上空からの監視を受けることなく、どのように巡回を行うか完全に自由でした。彼だけが、攻撃するか、上昇するか、潜水して家に戻るかをいつ、どのようにするかを決定し、彼らの潜望鏡を完全に制御しました。「潜水艦は一つ目の船にすぎない」とシュヴィーガーをよく知るエドガー・フォン・シュピーゲル・フォン・ウント・ツ・ペッケルスハイム男爵は述べた。「つまり、片目で潜望鏡に立っている人だけが、船と乗組員を攻撃したり守ったりする全責任を負うということです。」

上空から得られる景色はせいぜい限定的で不確実なものでした。船長は、一度に自分たちの世界をほんの一瞬、板のように垣間見るだけで、船の性質、国籍、装備の状態、またはそのマークが正規か偽物かについて迅速に判断するのに十分でした。そして彼が攻撃を決意したとき、唯一の責任は真っ向から彼の肩にのしかかりました。結果を知らずに、あるいは結果を聞かずに銃の引き金を引くのと同じです。代わりに、彼は海に響くその音だけを聞いた。むしろ、シュピーゲルが悲劇の展開を観察することを選んだとき、彼が見たのは恐怖と悲しみの不透明な世界だけでした。かつてシュピーゲルは馬を乗せた輸送船を襲撃し、「長い尾を持った立派なまだら灰色の馬」が過積載の救命ボートに飛び乗るのを目撃した。その後、彼はこの光景を目撃することに耐えられなくなり、この体験について「私はもうその光景に耐えることができなかった」と書きました。
「彼は潜望鏡を下ろし、ボートに深く潜るよう命令した。

「それは非常に困難で、似ても似つかない仕事でした」とシュピーゲル氏は述べた。「陸軍の生活では、大砲による砲撃や攻撃の命令を受けたときにスリリングなことがありますが、潜水艦での生活では、『船が見えてきた』という音を聞く前に、朝食をとりながらコーヒーを飲みながらリラックスする必要があるかもしれません。魚雷を発射する必要があることを知らせる汽笛や電話が鳴ったとき、その結果はしばしば悲痛なものでした。船首に命中した一隻の船は「飛行機のように」沈み、2分以内にその1万トンの船は完全に視界から消えてしまいました。」

このような権威はスリリングであると同時に孤独でもあり、ドイツの潜水艦艦隊が常に小規模だったため、なおさらその傾向が強かった。 1915 年 5 月までに、シュヴィーガーの U ボートは、ドイツ艦隊で長距離を航行できるわずか 25 隻の船のうちの 1 隻になりました。ただし、残念なことに、各航海後にボートの修理とオーバーホールに数週間を要しました。哨戒中、シュヴィーガーは広大な海の孤立した場所を占領した。

シュヴィーガーはこのクルーズに、個人的に届けられた一連の注文品を携行していた。これらの抗議活動は、英国がフランスの英国軍への補給に通常利用される港とは異なる港から出港し、シュレースヴィヒ＝ホルシュタインから北海を経由してドイツ本国への侵攻を計画しているのではないかという懸念から生じた。情報機関の報告書は長い間侵攻が差し迫っていることを示唆していたが、ドイツ海軍関係者は当初それを疑っていた。しかし今では、彼らはそれらをより真剣に信じ始めました。シュヴィーガーには、スコットランドから可能な限り最速のルートでイングランドとアイルランドを結ぶリバプール近郊の輸送機関を追跡して攻撃する命令が与えられた。その後、「供給が許す限り」このポジションを維持します。

このタスクが成功するには、ミッションが即座に成功する必要があります。そうでなければ、金曜出発の迷信を克服するために海軍内部からのこれほど強力な説得は必要なかっただろう。歴史のこの時点までに、SUBMARINE　テクノロジーは資産として大きな進歩を遂げていました。

潜水艦の技術は時間の経過とともに洗練され、最終的には死傷者がたまに発生するだけになりました。史上初めて敵艦を沈めた潜水艦は南軍海軍の　H.L.　ハンリーでした。南北戦争中、この潜水艦は北軍のフリゲート艦フーサトニックを沈め、重大な損害を与えました。ハンリー号は8人の水兵がハンドクランクでプロペラを動かし、船首に30フィートの桁の大量の爆発物を積んで日没後にフーサトニック湾に接近した。この爆発によりフリゲート艦が破壊されただけでなく、乗組員全員が乗ったハンリー号も沈没した。しかし、この結果は進水前の試験中にすでに予見されており、その際に3回沈没し、乗組員3名、合計23名が死亡した。多くの国の発明家が潜水艦の開発に貢献しましたが、ジョン・フィリップ・ホランドは、潜水艦を単なる玩具やドイツ海軍の言うところの「鉄製コン」以上のものに変えた主要人物として際立っています。アイルランドからアメリカに移住し、祖国がイギリスの海軍支配を打破できるようにしたいと考えて海底船の設計を始めた後、オランダはアイルランドがイギリス海軍の支配を打ち破るのを助けるために潜水船を設計しました。ホランドを描いた　1898　年の人気漫画は、シルクハットをかぶって潜水艦のハッチから出てきて、「なぜ私がわざわざ自分を悩ませなければならないの?」というキャプションが付けられています。オランダは、海底航行に電気エンジンを使用し、水上走行にガソリンを使用した最初の国の　1　つです。しかし、煙や揮発性、乗組員の窒息の危険性のため、最終的にはガソリンは廃止され、ディーゼルに切り替わりました。ライモンド・ロレンツォ・デクヴィレ・モンジュスタン、ドイツの兵器メーカー、クルップ社に雇用され、ドイツの初期潜水艦の設計を担当。ただし、オランダからの意見を取り入れています。シュヴィーガーのボートは、1904　年にドイツ海軍に潜水艦建造のみを専門とする　Unterseebootkonstruktionsburo　の設立を主導しました。しかし、多くの船員はその価値に懐疑的なままでした。戦争が始まるまでに、シュヴィーガーのような若者が大挙してドイツのUボート任務に参加するほど、潜水艦の災害は依然として定期的に発生していた。
シュヴィーガー氏のボートは長さ　210　フィート、幅　20　フィート、高さ　27　フィートでした。外観からはこれにより乗組員に十分な居住空間が与えられたように見えますが、実際には中央にある小さな円筒が　1　つだけ占有されているだけでした。ボートの見た目の大部分は両側にある大きなタンクで構成されており、潜水中に海水で満たされ、浮上時に空になるように設計されていました。これらの備品の間のスペースは、30 人ほどの男性が泊まれる寝室、キッチン、食堂、無線オペレーターの個室、中央制御室、そして 850 馬力のディーゼル エンジン 2 台 (タンクにはディーゼル燃料 76 トンが入っている) と 600 馬力の電気エンジン 2 台で埋められていました。バッテリーで駆動されるエンジン。唯一の甲板砲で使用される砲弾 250 発を保管できるほか、「自動車魚雷」7 本を保管できるスペースもあります。このボートには両端に 2 本の魚雷発射管があり、人間の腱と同じくらい密集した一連のパイプとケーブルで接続されており、「人生で通常遭遇するよりも多くの文字盤と計器」が製造されていました。シュヴィーガーさんは、ベッドの上に電気照明が付いた小さな小屋を持っていました。

U ボートの司令官は、多くの場合、自分自身とその性格を反映しています。それぞれの船長は、自分の船が自分のために特別に仕立てられているように見えました。これは、アグシップに乗って数百の船と数千の部下を指揮する提督と比較して、上官からの命令や部下への直接の指揮なしに遠方の哨戒を行っていたことに起因する。 Uボートの船長は、残忍で騎士道的な人、怠け者、精力的な人など多岐にわたりました。救命ボートを陸に向かって曳航する船長もいたが、あまり同情心がなく、商船員を救おうとしない船長もいた。人命を救おうとしなかった船長もいれば、救命ボートを陸に向かって曳航してさらに進んだ船長もいた。あるUボートの船長は、別の船に魚雷を撃った後、謝罪としてワイン3本を送ったことさえある！

U-20の前指揮官オットー・ドロッシャーにより、彼女は「デアリングU-20」の名を与えられた。 1914年9月のある航海で、ドロッシャーともう1人の司令官は潜水艦をエディンバラのフォース湾河口に入港させ、英国の軍艦を攻撃することを期待して内陸部のフォース橋まで航行した。
ヘドは橋のすぐ向こうのロサイス海軍基地に停泊しようとしたが、すぐにボートに気づかれ、ヘドは北海に戻らなければならなかった。

ドロッシャーは翌月、別の哨戒でUボートを使用して英国全土を一周した初のUボート船長となり、歴史に名を残した。ドーバー海峡を経由して英仏海峡に入り、対潜哨戒隊に遭遇した後、帰航するには危険すぎると判断し、代わりにイングランドとアイルランドの西海岸を北上して周回してから、スコットランドの北端を回って北に旋回して航続距離と持久力を誇示することにした。ドイツはこの偉業を両国に秘密にしていた。

シュヴィーガーは1914年12月にU-20のキャプテンに任命され、すぐにその残忍さで悪名を轟かせた。 1月30日、フランス沖を哨戒中、フランスへの同じ航海中、警告なしに商船3隻を沈没させた。天候と霧のため、彼のボートはセーヌ河口自体に進入し、137 時間中 11 時間も水没したままになりました。2月1日、シュヴィーガーは白地に赤十字を描いたアストゥリアスの病院船に魚雷を発射したが、これは上官からもドイツ人の冷淡さの新たな低さだと考えられている！

シュヴィーガー氏は、彼の優しさ、ユーモア、潜水艦 U-20 内で楽しい雰囲気を維持する能力で同僚や乗組員の間でよく知られていました。「彼女は陽気な船だった」とルドルフ・ゼントナーはローウェル・トーマスの1928年の著書『深海の襲撃者』のために行われたインタビューで述べた。ゼントナーはこれはもっぱらシュヴィーガーのおかげであると述べた。良質で快適なボートを望むなら、快適な船長が必要であり、その中にはシュヴィーガーも含まれていました。ゼントナーは、「[彼は]部下に対する優しさの持ち主だった…彼の気質は陽気で、話は陽気で鋭いウィットに満ちていた」と述べた。

シュヴィーガーの友人の一人であるフォン・シュピーゲル男爵はかつてシュヴィーガーについて「彼は並外れた人物だった。誰も彼を傷つけることはできなかった」と述べた。

シュヴィーガーは、入社初日からすぐにU-20の雰囲気を整えた。彼女は 1914 年のクリスマスイブにパトロールに出動を命じられました。感情的な夜であったと同時に、第一次世界大戦におけるツェトナーの最初のパトロールでもありました。U-20はヘリゴランド湾のパトロールに割り当てられていた。第二次世界大戦の最初のクリスマスであるクリスマスの朝、乗組員は明るい太陽、冷たい空気、そして冬の青黒い色合いの穏やかな海を特徴とする、格別な 12 月の朝を迎えました。U-20は目標観測の目的で一日中水面に留まっていたため（つまり、蒸気船の漏斗煙が20マイル離れたところでも探知できた）、一日中敵艦船も姿も見られず、「どうやら彼らは善良なキリスト教徒がそうあるべきようにクリスマスを過ごしていたようだ」と示唆されている。ゼントナー氏によると。

その夜、シュヴィーガーは水深60フィートの海底へのダイビングを命じた。彼は、岩ではなく大部分が砂で構成されているとチャートで示されている地域を選択しました。いつものように水漏れや浸出の兆候に耳を傾け、乗組員室に大量の水が浸入していることを示す可能性のある内部圧力の急激な上昇を確認するために内部圧力を測定する計器を監視し、「すべてがしっかりしている」とお互いに思い出させながら、最初は誰もが沈黙していました。

深さが潜水艦の最大許容深さを超えることはめったにない北海では、海底で夜を過ごすことがUボートにとって一般的な習慣でした。船底では、シュヴィーガーとその乗組員は、暗闇の中で汽船にひかれたり、イギリスの駆逐艦にぶつかったりすることを恐れることなく休むことができた。　Uボートの船長が寝るために服を脱ぐことが許されたのは稀なことでさえありました。しかし、この特別な夜、シュヴィーガーはただ寝るだけではなく別のことを計画していました。「そして今、クリスマスを祝うことができます！」と彼は宣言しました。

「食べ物はすべて缶詰で作られていましたが、私たちは気にしませんでした」とゼントナーさんは語った。通常、シュヴィーガー氏と他のU-20将校はダイニングエリアで一人で食事をしていた。しかし今回は、U-20 男子 36 名全員とこのお祝いに参加し、紅茶にラム酒を加えてさらにお祝いの乾杯を 1 〜 2 杯追加しました。ゼントナー氏によれば、

ツェトナー氏によると、シュヴィーガー氏はスピーチを行い、温かい拍手を受けたという。その後に音楽が登場しました。オーケストラがヴァイオリンとマンドリンを演奏し、別の人がソロのためにトランペットを持ち出しました。 3番目の人物、巨大な赤いひげを生やした背の低いシャーマンも、背景の音符を提供するのに参加した。
シュヴィーガーさんは女性たちから、アコーディオン奏者、小人に似ているが読み書きができない人物に、結婚するための休暇を与えてほしいという2件の要請を受けた。残念なことに、当時は水中の潜水艦を追跡する効果的な手段が存在しなかったため、乗組員はこの 3 人の音楽家によって引き起こされた騒音公害にあまり注目しませんでした。特にゼントナーが「魂」で演奏していると表現した彼らのアコーディオン奏者は、演奏する曲を聞くたびに微笑むとき、彼の目は喜びで半分閉じ、ひげを生やした口は三日月のように丸まりました。

音楽と飲酒は夜遅くまで続きました。しかし、外には静かで暗い海が広がっていました。突破不可能な障壁。

シュヴィーガー政権下では、U-20 は通常、少なくとも 1 頭の犬を機内に乗せていました。時には6匹もいたが、そのうち4匹は子犬で、すべてアイルランド沖での襲撃の結果として来たダックスフントだった。

シュヴィーガーは巡洋艦のルールに従ってポルトガルのマリア・デ・モレノスを追いかけ、阻止した。乗組員が下船すると、彼は砲手の乗組員に彼女を撃沈するよう命令しました。この戦術は彼が好む攻撃方法であり、限られた魚雷の在庫をより大きな目標に対して使用するために残しました。

ゼントナーの砲手は、砲艦からの精密砲弾を貨物船の喫水線に素早く正確に発砲しました。すぐに、ゼントナーは船が徐々に消滅していくのを目にしました。つまり、ゼントナーの言葉を借りれば「垂直航行に向けて落ち着きつつある」のです。

水面に浮かぶすべての瓦礫の下で、3 人の男が何か珍しいものに気づきました - 泳いでいる牛と何か他のもの。ひげを生やしたアコーディオン奏者がこれを最初に見て、「アハ・ヒンメル、デア・クライネ・フント！」と叫びました。彼は、2つの小さな頭と2つの足が突き出ている箱を指さしました。それはまさに黒いダックスフントでした。

U-20が近づいてきました。乗組員たちは沈没した貨物船にちなんでマリアと名付けた犬に乗り込み、引き上げた。しかし、牛に関しては何もできませんでした。

マリアはすぐに妊娠し、4匹の子犬を産みました。彼らのアコーディオン奏者によれば、このような親密な空間を作るには犬6匹は多すぎるだろうという。
それからゼントナーは子犬一匹を自分のボートに連れて帰り、三匹は他の船にあげ、一匹は自分用に魚雷の横の寝台に、もう一匹は夜一緒に寝ることにした。両方。"

シュヴィーガーは、U ボート上でそのような快適な環境を作り出すことに注目に値しました。このような船舶内の環境は、パトロールに出発する前の乗組員にとって窮屈な環境であり、トイレを含むあらゆる場所に食料が保管されているなど、過酷な場合が多い。このような魅力的な環境を作り出す彼の成功は、男性のリーダーとしての彼のスキルを雄弁に物語っています。野菜や肉は船内の涼しい場所に保管されました。水は限られていた。髭剃り用カミソリは、朝のお茶の残りを使用することによってのみ入手できました。誰も風呂に入らなかった。生鮮食品はすぐに傷んでしまうため、乗組員は可能な限り清掃する必要があります。あるUボートはスコットランドの島に狩猟隊を派遣し、ヤギを殺した。乗組員はジャム、卵、ベーコン、果物を求めて船を略奪することがよくありました。ある英国航空機攻撃では、爆弾が外れ、意図した目標に着弾せずに海で爆発したとき、別のUボートの乗組員に予期せぬご褒美を与えた。その脳震盪により、驚いたサメの群れが水面に浮かび上がり、恐怖のあまり泳ぎ去ろうとそこに向かって突進してきました。

U-20の乗組員はパトロール中にバターを樽ごと集めたが、その時点では船内で調理に適したものは何もなかった。シュヴィーガーは潜望鏡を使ってU-20の近くにあるシャーマンボートの列を発見し、その中にU-20を浮上させ、彼らに衝撃と恐怖を与え、シュヴィーガーと乗組員への物資として運べる限りの物資を差し出した。結局のところ、彼らはU-20とそのクルーに持てる力のすべてを捧げました。

シュヴィーガーは乗組員が平和に食事できるように潜水艦を沈めるよう命令した。ゼントナー氏は、「今では新鮮なシーフードが登場しました。バターで揚げたり、バターでグリルしたり、バターでソテーしたり、私たちが望むものはすべてありました！」と述べました。Sh とその残留臭は、U ボートの生活の最も不快な側面、つまり空気の質を悪化させるだけでした。基地から始めて、30人の男性は一度も入浴せず、通気性のない革製の服を着て、1つの小さなトイレを共有しました。これらすべてが重なり、住むのに耐えられないほど息苦しい雰囲気を生み出すだけでした。トイレはしばしばコレラ病院の臭いを発し、海底圧力によって物質が船内に押し戻されて詰まりや「Uボート」が起こるのを避けるために、Uボートが陸上または浅い深さにあるときにのみ流すことができました。これらは初心者の軍人や乗組員に最も頻繁に起こり、使用経験が十分でない場合に頻繁に起こることで知られるようになりました。この用語は船員自身によって知られるようになりました。
「ディーゼル燃料の匂いがボートの隅々まで広がり、ココアやパンのすべてのカップに油の味が残りました。食事の準備が終わってからずっと後、キッチンから香りが漂ってきました。その中で最も顕著だったのは、驚くべき類似点を持つ、一日経過したフライドオニオンでした」男性の体臭に。

これらすべては、潜水艦に特有の異常な現象によってさらに悪化しました。潜水時には、U ボートは空気を注入するシリンダーに限られた酸素供給量を積んでいました。注入される量は乗員の人数に応じて変化した。ボートの大気中に再注入される前に、カリウム化合物の上に空気を通過させて炭酸を濾別した。 O2当番の乗組員は、睡眠中の体が酸素を消費する量が少ないため、寝ることが奨励されました。水深深くにあるボートは、熱帯の湿地に似た雰囲気を醸し出しました。人間から発生する熱だけでなく、高温のディーゼル エンジンや電気機器から発生する熱によって、湿った濃密な空気が生成されます。これらすべてが船体を温め、湿度と空気密度レベルを大幅に上昇させる原因となります。潜水艦の乗組員がより深く冷たい海域を航行すると、温度差により結露が衣服に浸透し、U ボートの汗として知られるカビのコロニーが船の表面を覆いました。油は大気から引き出され、coRee とスープに堆積し、小型の油膜が形成されました。ボートが水没している限り、船内の温度は華氏 100 度を超える可能性があります。「このような状況下で出現する大気を把握することも、鋼鉄の殻の中に生じる地獄のような温度を理解することも不可能でしょう。」指揮官の一人、パウル・ケーニッヒはこれらの状況について次のように書いている。また、その鋼鉄の殻の中にどんな恐怖が潜んでいるのか、誰にも理解できませんでした。」

船長マーティン・ニーモラー氏によると、船員たちはボートが水面に到達し、司令塔のハッチが開く瞬間を待ち望んでいた——その時、新鮮な空気が流れ、司令塔のハッチが開き、ディーゼルエンジンが船底で15時間後に生き返ったという。全員が橋のスクリーンの保護の下で新鮮な空気を求めてから、再び下に戻って眠りました。

これらすべての不快感は、常に危険な雰囲気の中で耐えられました。海底の暗い鋼管の中でゆっくりと窒息死する可能性があることを全員が認識していました。

U-20のパトロールの一つで、この可能性があまりにも現実味を帯びてきた。

戦争初期、Uボートの指揮官も英国の防衛側も同様に互いに新しい戦術を開発していたとき、シュヴィーガーは潜望鏡で海を調べていたとき、目の前に2つの奇妙なブイに気づいた。どちらも何の目的にも役に立たないようで、彼らの存在は予想外だった。

シュヴィーガー氏は差し迫った脅威を検知せず、「ブイが2つ見えた。正確な深さを保て」と呼びかけた。ボートは水面下 11 メートル、つまり約 36 フィートの深さの「潜望鏡深度」で前進を続けましたが、その深さは上端のみが水面上に残る程度でした。

何かが外側にぶつかり、その後船体に沿って鋼鉄のような金属音が続いた。当時このボートの制御室で働いていたルドルフ・ゼントナー氏によると、「まるで巨大な鎖が甲板にぶつかり、引っ張られているような音だった」という。

船上で潜水機として知られる水平方向の舵を操作する男性らは、潜水機が予想通りに反応しなかったことを受けて警報を鳴らした。ゼントナー氏は深度と速度を監視する深度計と速度計を調べたところ、ボートが左右に制御不能に動きながら減速し、急速に沈んでいることを発見した。

ゼントナーは水深計を監視し、U-20 がゆっくりと海底に深く沈むたびに変化をシュヴィーガーに通知しました。水深100フィートで、U-20はついに底に落ちた。この深さを脅かす圧力はありませんでしたが、どういうわけかこの深さに溶け込んでいるように見えました。

ゼントナーははしごをよじ登って司令塔に入り、厚いガラスの小さな窓から外を覗いて、水中に沈みながら周囲の海を観察した。彼が見たものは彼を唖然とさせました。チェーンとケーブルの目を見張るようなクロスハッチでした。 「今、私たちはこれらのブイの意味を理解しています」とゼントナー氏は発表した。 U-20号は、水中トラップを形成するためにこれらのブイの間に吊り下げられていた巨大な鉄製の網に直接衝突し、係留所に横たわっていたときに、罠にかかっただけでなく、その重みで押さえつけられていた。
さて、何か違うことが起こっていた。船体の壁を通して、乗組員は頭上でプロペラの回転する音を聞いた。彼らはこの音のパターンが駆逐艦のものであることを知っ

ていた －「甲高い、怒った音」。爆雷はまだ導入されていませんでしたが、駆逐艦の存在は決して慰めではありませんでした。これらの船はUボートの指揮官が最も恐れていた船だった。特にドナーウェッターと呼ばれた船は35ノット（時速40マイル）で移動でき、1マイルも離れたところから致命的な射撃を行うことができた。また、潜水艦に直接体当たりし、高速で動く船首がリンゴの芯のように潜水艦を切り裂くこともできます。

船内が暖かくなり窮屈になるにつれ、すぐに恐怖が船内を駆け巡り、ゼントナーは「笑い声も歌もなく、各自がおそらく二度と戻ることのないドイツの故郷のことを考えていた」と報告した。

シュヴィーガーは恐怖を表に出さないようにとの命令を受けていたが、それを痛切に感じていた。確信と自信を持って行動すること以外は、部下の不安をさらに高めるだけです。

シュヴィーガーは「リバースエンジン」を命令した。

エンジンは反応した。ボートは自重で緊張します。船体表面に鋼鉄が当たり、プロペラの騒音が頭上ではっきりと聞こえるようになり、耳障りな音を立てました。

ツェトナーは制御室のダイヤルやインジケーターを興味深く観察しました。「今の私たちにとって、それらはすべてを表していた」と彼は述べた。これほど熱心に何かを見つめたのは初めてでした。

船が後退し始めると、外で鋼鉄が震え始めた。

シュヴィーガーは上空のプロペラ音がまだ聞こえるまで全速力で22メートル（72フィート）まで上昇するよう命令した。駆逐艦は自分たちのボートがどこにあるのかを正確に知っているようでした。シュヴィーガーは進路を右から左に広げて定期的に進路を変更するよう命令を出しましたが、駆逐艦は常に進路に沿って進みました。

シュヴィーガーは盲目で航行した。駆逐艦が潜望鏡を使用しようとするとすぐに発見して射撃したり体当たりしたりするため、シュヴィーガーは潜望鏡を使用することができず、潜水機の操舵手にこれらの海域の海図で許可されている深度を維持するよう命令せざるを得ませんでした。彼らの追跡が続くにつれて、シュヴィーガーの追跡も続いた。

ゼントナー氏は、U-20の進路を「時間ごとに混乱と混乱があり、できるだけ早く進む」ものだったと述べた。

今では夜が彼らの唯一の希望だった。上空に暗闇が訪れると、プロペラの音は徐々に小さくなり始め、やがて完全に消えていきました。シュヴィーガー氏はボートを潜望鏡の深度まで戻し、360度のスキャンを素早く行い、近くに脅威がないか確認してから別の潜水に踏み切った。この操作には力が必要で、潜水の圧力に耐えるだけでなく、水の浸入を防ぐために潜望鏡をさらにきつく締める必要がありました。この装置を回すには力が必要でした。それでも、油を含んだ水がシュヴィーガーの帽子や顔に漏れるだろう。

すべての駆逐艦が出発したことを知ると、シュヴィーガーはU-20に浮上を命じた。

網の外に出ると、ボートはなんとか後退し、ケーブルで接続されたブイの　1　つに引っかかりました。彼らはシャーマンの浮き船のようにこのブイを追いかけ、やがて暗闇でライトが消え、駆逐艦の監視船の見張りにはブイがほとんど見えなくなりました。

チャールズ・ローリアさんは金曜日に妹のアパートを出て、ルシタニアへ直行した。

クロスタウンから 5 番街 645 番地まで移動し、ロンドンのコレクションの最後のコンポーネントをウィリアム・フィールドの家に運びました（その住所に住んでいたにもかかわらず、ウィリアムは自分自身を紳士的な農民だと述べていました）。

その数か月前、ローリアは1843年12月に初版が出版されたチャールズ・ディケンズの『クリスマス・キャロル』の初期版をフィールドに販売していた。それはディケンズ自身の所有物であり、同書を再出版した「文学海賊」に対してディケンズが1844年に起こした訴訟の証拠として記載された。彼の許可なしに。その中のページには、これらの事件に関するディケンズ自身によるメモが書かれており、このかけがえのない作品は本当にかけがえのないものとなっています。

ロリアットはそれを借りたがった。その年の初めに、彼はディケンズの著作権侵害訴訟の報告書を書いたロンドンの弁護士と文通しており、その弁護士はローリアットに、フィールドの本をロンドンに持ってきて、その表記をすべてコピーし、ローリアの著作もコピーできるようにするよう頼んだ。フィールドはしぶしぶ同意したが、それはローリアットが安全を約束した後であった。

ローリアットはアパートでフィールドに会い、そこで本を手渡した。この立派な本は布で綴じられ、「レヴァントの空箱」、つまりモロッコの装丁に使われるヤギ皮で覆われた容器の中に梱包されていた。ローリアはすぐにその本をブリーフケースに入れて受け取った。妹の住む場所へ戻る。
金曜朝、ピア54でターナーさんは救命ボートの訓練を要請した。

船には 2 種類のボートが一度に 48 隻積まれています。これら 48 隻の船舶のうち、22 隻は従来の方法で設計されたクラス A ボートでした。オープンボートは、ブロックとタックルを張ったダビットと呼ばれるクレーンのようなアームでデッキ上に吊り下げられ、一度に 51 人が座ることができます。最大のボートは最大 69 名まで乗車できます。緊急事態の場合、ボートは埠頭から出航し、海上に降ろされてからデッキレールに固定され、乗客が乗り込むことができるように設計されていました。ボートが進水すると、2 人の乗組員が各ボートの船首と船尾の両方にある「フォール」と呼ばれるロープを慎重に操作し、6   つのボートから降ろされるのと同じように、正確かつ均等なキールで計画的にボートを水中に降ろします。ストーリービルの顔。重量が約 10 トンあるため、このプロセスは理想的な気象条件下であっても熟練した調整を必要とし、刺激的でありながら困難な作業となりました。

26　隻のボートは、通常のボートを縮小したような折りたたみ式ボート、または「折りたたみ式ボート」で、それぞれ 43 〜 44 人が乗車できました。それぞれの折りたたみ船には、耐航性を持たせるためにキャンバスの側面を上げて所定の位置に固定する必要があり、その製作に関与した 3 者間の妥協合意の一環として設計されました。タイタニック号の事故後、遠洋定期船は乗客全員に十分な救命ボートを装備することが義務付けられましたが、ルシタニアのような巨大な船では、安全な航行に必要なクラス　A　ボートを収容できるスペースがまったくありませんでした。折りたたみボートは、通常の船舶が進水した後、ダビットの下に簡単に保管したり、ダビットから降ろしたりすることができました。理論的には、船が沈没したときにも浮く可能性があります。設計者らは、ボートが適切に組み立てられる前に乗客が水中に落ちてしまうリスクを想定していなかった。恐怖を感じた大勢の人々が舷側を上げる試みをすべて阻止したからだ。ルシタニア号の救命ボートは合わせて2,605　人以上を収容できました。乗客と乗務員全員を収容するのに十分なスペースがあります。

金曜日、船員たちはボートの甲板に集められ、金曜日の訓練に備えて従来のボートが船体の下から飛び出した。右舷側のボートは埠頭の上を横切り、残りの船舶は埠頭の下を航行した。
左舷側では、数名の作業員が海中に降ろされ、ボートを漕いで船から離れた後、甲板に引き上げられて所定の位置に戻る人もいた。

ターナーは、その朝のタイタニック号の証言で、経験豊富で有能な乗組員は理想的な条件下で3分以内にボートを進水させることができると主張したが、第一次世界大戦中の経験から明らかなように、あらゆる産業、特に海運業（イギリス海軍）では不足が深刻になっていた。陸と海で戦うために何千人もの健常な船員を引き抜き）そのような乗組員を育成することはほとんど不可能であることが判明した － 特にキュナードと海軍本部との合意がすべての士官と乗組員の4分の3が英国国民であることを要求していたことを考えると、それにより戦時中の船員不足がさらに悪化した他の産業における戦時中の人手不足（海運業界の不足）による労働力不足により、ターナーにとってそのような乗組員を育てることが一般的に困難になっている。キュナードは取引協定の一環として英国人を提供することを余儀なくされた。ターナーは、キュナードと海軍本部との当初の契約がすべての士官を要求するだけでなく、キュナードと海軍本部との当初の取り決めに従って、すべての士官と乗組員の少なくとも4分の3がイギリス国民であることを要求されるという当初の取引要件を満たすことを考慮すると、これが自分の任務をさらに困難にすることを知っていた。すべての船舶操縦士と乗組員の4分の3が英国人であることを英国当局が定めた英国の法律要件に従うことを義務付ける。このような状況は、イギリス海軍が出荷期限に間に合ったイギリス海軍職員が不足しているため、または当初の協定ですべての乗組員が必要だったために、イギリス海軍が当初の協定で乗組員を確保できなかったため、疑問が生じました。英国人であることは、英国人であることが資格の対象となります。

第二次世界大戦中の英国の商船乗組員は救命ボートの扱いが非常に不器用だったため、ファラバ沈没の責任者であるUボートの船長フォースナーが注目した。乗客からも不満の声が上がった。英国出身の東洋絨毯商人ジェームス・ベイカーさんは、今年初めにルシタニア号に乗ってロンドンからニューヨークへ旅行した。これはターナー船長の指揮下での処女航海であり、そこで初日の一部を乗組員の仕事を観察して過ごした。彼の結論は、「彼らの中には、これまで海を経験したことのない人もいるだろう」というものだった。彼はほとんどの男性の乱れた服装に驚いた。常駐乗組員はわずか 4 人か 5 人で (他の乗組員はあらゆる種類の衣装を着ています)、私の第一印象は、ほとんどの乗組員が浮浪者と同じような服装をしているということでした。これは、このようなエリート船にあるべきではありません。

ターナーは、戦時中の乗組員はもはや彼のキャリアの初期の乗組員とは異なっていることを認識していました。彼によると、これらの人々は、彼らを回復力と有能な「船員」に形成するのに役立った頑丈で有能な「船員」をもはや持っていませんでした。ターナー氏は、「結び目、礁礁、接合、操舵ができる昔ながらの有能な船員は帆船から消え去った。救命ボートの取り扱いについては、彼らは十分に有能であるが、より多くの経験と訓練が必要なだけだ」と述べた。

ターナーは船員としてだけでなく船員としても経験のある数名の乗組員を雇用することに成功した。
レスリー・"ガーティ"・モートンは、兄のクリオもナイアード号のような大型の角艤装帆船に乗って出航したとき、18歳の時、大きな角艤装の帆船に乗った航海実習生だった。公式船員記録によれば、レスリーは身長5フィート10インチ半、金髪と青い目をしていた。 2つのタトゥーが彼の身元を特定している。左腕には顔の十字のアグ、右腕にはバターのような模様が入っている。この詳細は、海で紛失して後で回収された場合に重要となる可能性がある。兄弟は両方とも、船主との4年間の正式な契約に基づいて拘束される見習い契約に署名しました。レスリーが1915年3月28日に正式な契約を完了した間、クリオは依然として傑出していた。

帆船は依然として商業貿易に広く使用されていましたが、その航海は遅くて退屈
な場合が多かったです。レスリー・モートンは、リバプールからの旅は特に過酷
だったと語った。ニューヨークまでの途中で荷物の追加や取り外しが行われず、バ
ラストの中で60日間かかった後、灯油の入った5ガロンのコンテナを大量に集め、
その後オーストラリアに輸送して帰国した。シドニーのシドニーを通ってリバプール
まで。結局のところ、航海全体は1年続くと約束されていました。

クリオと弟は、クリオには年季奉公契約を全うする義務があるにも関わらず、船を
飛び降りる決断をした。なぜなら、二人ともすぐに終わると多くの人が予想してい
た戦争に参加するために早く帰国したかったからである。モートンは後に、「私た
ちは依然として戦争をヴィクトリア朝のレンズを通して見ていた」と述べ、1914年8月
に戦争の本質が永久に変わってしまったこと、つまり民間人、男性、女性、子供に
はもはやいかなる戦争除外も適用されなくなることに気づいていなかった、と述べ
た。

彼らはお金を払う乗客として旅行するつもりで、家に電報を打って二等の切符を
買うお金を手に入れた。彼らの父親は、リターンケーブルを介して資金の電子送
金を手配しました。

モートン夫妻は、次に帰る船がルシタニア号であることを知り、帰国の航海のチ
ケットを購入することにしました。彼女について多くのことを聞いたレスリー・モート
ンは、「彼女が私たちの目に見せてくれた何と印象的な光景だったのか」と書い
た。彼女は相変わらず大きく見えました！「「[彼女は] 相変わらず大きかった！」と
レスリー・モートンは後に日記で報告した。
彼女の４つの漏斗と途方もない長さを見た瞬間、私たちは彼女に乗って旅をする
という考えで非常に興奮しました。

彼らが埠頭に立って船を見つめていると、その士官の一人である主任O2サーの
ジョン・プレストン・パイパーがちょうど桟橋を下りて埠頭に来て、彼らが見ている
ことに気づいた。「君たちは何を見つめているの？」彼は尋ねた。

彼らは、次の航海の予約をして船に乗って、ただその美しさを間近で体験した
かっただけだと説明した。

彼らが通り過ぎるとき、彼は彼らをしばし眺め、彼らの船の性質について尋ねた。
モートンは、彼らは最近年季奉公を終えて、それを受け取るためにリバプールに
戻るところだと答えた。モートンは、彼らは借金を完済して戻ってきたところだ、つ

まり年季奉公は完済した、ローンの返済のために年季を借りた、などとおおよその答えを出した。

「あなたは船員のようですね」とパイパーは彼らに答え、ルシタニア号には空席がたくさんあったのに航海費を支払った理由をさらに尋ねた。最近、10人の甲板員がイギリス軍への勤務を避けてこの島を放棄した。したがって、「あなたのような男の子を二人使ってもいいでしょう」とパイパーは言いました。

しかしモートン氏は、他の船員も支払いを行っていると指摘した。「もっと多くの寄付ができると思います」とモートン氏は断言した。

パイパー署長は兄弟たちに、金曜日の朝、できるだけ多くの隊員を連れて埠頭に集まるように命じた。

父親の生活費からチケットの払い戻しや他の活動に使える十分なお金が残ったので、少年たちは自分たちを祝福した。モートン氏が言うように、木曜日の夜は「豪華だが怪しい雰囲気の中で」過ごし、「私たちは一銭も使い果たした」という。

乗組員8名が一度に飛び降りる計画を立てた。歴史にはターナー船長がこの計画についてどう感じたかは記録されていないが、彼が救える限りの乗組員全員を必要として、おそらく疑問も持たずにこの計画を受け入れたという兆候はある。

戦争は別の課題をもたらしました。ターナーは恐怖と疑惑の雰囲気の中で船の準備をした。港を出港したすべての商船が同様の状況に遭遇する可能性があります。
ニューヨーク港を出港するすべての船舶は、船倉内のすべての貨物が積荷目録に記載されており、アメリカの中立法に違反する武器が積載されていないことを確認するために、出航前に徹底的な検査を受けなければなりませんでした。ターナーは、ダドリー・フィールド・マローン税関長官の監督下にある「中立分隊」の訪問を受けた。その機関は海上のすべての船舶を捜索する権限を持っていた。マローンはウィンストン・チャーチルによく似ていると言われました。数年後、彼は『ミッション・トゥ・モスクワ』というタイトルの映画で彼を演じることになった。マローンはすぐに検査を実施し、ターナー船長に「積載証明書」を発行し、出航を許可した。ただし、後にすべての貨物を個別に検査することは「物理的に不可能」だったと認めた。

マローン事務所はルシタニアの予備積荷目録を発行したが、そこには1枚の紙に30件の無害な積荷が記載されていた。残念ながら、このリストに記載されているのは実際の貨物のほんの一部に過ぎません。正確なリストは出港後と出航後に公表されることになっていた。こうすることで、情報が可能な限りドイツ人の手に届かないようにすることができた。ドイツのスパイや破壊工作員が大使館の指示を受けて活動しており、ニューヨークの埠頭に沿って活動していることは長い間知られていた。

ドイツのスパイはルシタニア号に特に注目し、長期間にわたってルシタニア号の航海を監視していました。出航の4日前、1915年4月27日にニューヨークから発行された報告書によると、4人のドイツ海軍武官は4日前に次のように報告していた。さらに、乗組員のレベルも不完全で、「Uボートへの恐怖のため、適切に機械を整備するのが難しい」。

キュナードは、ドイツの妨害工作員によってもたらされる危険が現実のものであることを理解し、それを真剣に受け止め、リバプール警察のウィリアム・ジョン・ピアポイント刑事(ターナー船長からは「警部」として知られる)を、各航海の監視要員として船上に任命して見張らせた。ピアポイントはボートのデッキにあるステートルームA-1に住み、航海中はそこに居を構えて監視していた。
夜明けが近づき夜になると、ルシタニアの乗組員が船に到着し始めた。

レスリー・モートンさんは、ナイアドからの他の避難民たちとともに、夜の街への外出の影響をまだ感じながらタラップを上がっていった。しかし、もし彼がルシタニア号に豪華な宿泊施設を期待していたとしたら、それはまさに彼が得たものではありませんでした。彼の寝台は 3 デッキ下にあり、どちらかというと味気ない「救貧院の寮」に似ていました。ただし、少なくとも近くに舷窓がありました。

ベルボーイまたは「スチュワードボーイ」として働いていた17歳半のフランシス・バロウズさんは、ターミナルゲートで警備員に出迎えられ、「今回は変わらない。捕まえられるだろう」と警告された。

バロウズは笑いながら、寝台に向かって歩き続けた。

その夜、船から出ないよう命令を受けていたスチュワードの少年たちのグループは、退屈しのぎの手段としてある活動をすることにした。ロバート・ジェームス・クラークは、同僚のスチュワードの少年たちをラザレットとして知られる空いている貨物室に導き、そこで彼らはしてはいけないことをし始めた。クラークによれば、彼らは「起こってはならないことをし始めた」という。

クラークと共犯者らは電線を発見し、絶縁体を剥ぎ取り、地面に広げた後、再び座って待った。
船にはネズミがはびこっていた。その年のうちに、ネズミが壁の中を通っている電線の絶縁体を食いちぎり、電線が接続され、裸同士が触れ合うことにより、ある公共の部屋で小規模な火災を引き起こした。

少年たちは、ネズミが出てきて、ワイヤーの存在に気付かずに部屋中をいつものルートをたどるのを喜んで見ていた。「もちろん感電しました！」クラークは「それが私たちの金曜日の夜の娯楽だった」と叫んだ。後年、クラークはクラーク牧師となる。

「プロとしての怒りか本能から、ターナー船長の前任者にちなんで名付けられた猫のダウィは、その夜、未知の地点へ向けて船を出航した。ターナー船長自身もその夜出航した。彼は故郷の方向へ向かった。」

それから彼はブロードウェイから 42 番街のハリス劇場へ向かい、彼の姪で新進女優のメルセデス・デスモアが主人公の 1 人として目立って出演した『The Lie』を鑑賞した。

ターナーはドイツ料理の食事も楽しみ、キュナードの埠頭からイースト14番街110番地にあるルハウズまで歩いて行き、ウィーンワルツを演奏する8人編成のオーケストラの伴奏でニーベルンゲン・ルームで食事をした。

その夜、チャールズ・ローリアは妹夫婦のアパートを訪れ、ディケンズの本とサッカレーの絵を見せ、なぜそれをフランスからイギリスに持ってきたのかを説明した。

1914年、ロンドンのサッカレーの娘と孫娘のレディ・リッチーとヘスター・リッチーから4,500ドルでそれらを購入したとき、彼は後でアメリカで5〜6倍の価格でそれらを販売できることを知っていました。彼はすぐに、最良の価格を確保するには、自分の図面をより魅力的に提示する必要があることに気づきました。現在、図面は 2 枚のスクラップブックにページごとに 1 枚ずつ貼り付けられています。彼は、ほとんどの図面を個別にマウントして額装するつもりでしたが、一部の図面は 3 つまたは 4 つを組み合わせて、完全なレヴァント装丁の本に綴じたいと考えていました。それらをイギリスに持ち帰った主な理由は、リッチー夫人が最後にもう一度それらを見て、それぞれの絵について小さなメモを書き、それによって信頼性とさらなる興味を加えることができるようにするためでした。

彼は、絵の代金としてリッチー夫人にそのようなわずかな金額を支払うことに何の後悔も感じませんでした。これはアート業界では一般的なことであり、特にリッチー夫妻が望んでいたように裁量を求める場合にはそうでした。彼らは、販売をできる限り目立たないようにし、アメリカでは広告なしで静かに販売することしかできないと主張した。レディ・リッチーは最近、積極的に宣伝し、望まない世間の注目やコメントを引き起こしたロンドンのディーラーを通じての別の販売により、不快な結果を経験しました。

ローリアットは、ローリアットの妹とその夫がどのようにして大きな興味と賞賛をもって図面を調べたかを語った。ジョージは特に、オールド・ギャリック・クラブのソファーで背を伸ばしたサッカレー自身の風刺画と、彼らの賞賛を集めた「1850年のアメリカの小さな家のポーチにいる黒人とその子供たち」のサッカレーによる6つのスケッチが特に好きだったようだ。。

旅行後、ローリアは本と図面を拡張スーツケースにしっかりと保管し、鍵をかけました。

アルタ・パイパーさんはホテルの部屋で眠るのが難しくなっていました。ハーバード大学の画期的な心理学者で心霊研究家であるウィリアム・ジェームズから一般にパイパー夫人と呼ばれるレオノーラ・パイパーは、自分が本物の霊媒体質であると信じていた。

アルタも母親と同じように予言の才能があるようだった。その金曜日の夜中、彼女は寝台に入らないよう警告する心の声を聞いた。

ヴァルター・シュヴィーガーのU-20出発は遠くから注意深く観察された。ロンドンでは、テムズ川から 2 ブロック、ホース ガーズ パレード グラウンドに隣接したところに、淡い色の石とウィスキー色のレンガのファサードで構成される印象的な 5 階建ての建物が建っていました。海軍本部の誰もがよく知っているこの構造は、一般に「O.B.」として知られていました。あまり知られていないのは、廊下、特に部屋 40 周辺に拠点を置いた秘密作戦でした。ここには「ミステリー」または「至聖所」があり、その目的はスタッフと初代チャーチル卿と海軍大将を含む 9 人の高官のみに知られていました。ジャッキー・フィッシャーは1915年4月までに74歳になっており、チャーチルのナンバー2である第一海卿として海軍本部に戻っていた。

彼のリーダーは30歳も年上だった。

毎日、40 号室はイギリスの海岸沿いに設置された無線局によって傍受された何百ものコード化および暗号化されたドイツ語メッセージを受信し、陸上電信を介して40 号室に中継されました。英国が海底ケーブルを切断するという1912年の計画を実行したため、ドイツは主に無線通信に依存していたため、これらの傍受されたメッセージはまずアドミラルティビルの地下に到着し、その後処理のために40号室に渡された。

40 号室には、これらのメッセージをキング牧師の英語に翻訳するという任務がありました。このプロセスは、1914 年から 1915 年初頭にかけて奇跡に近い一連の信じられないほどの出来事のおかげで可能になりました。
海軍本部関係者は、ドイツの海軍および外交通信を管理する 3 つのコードブックを入手しました。特に重要なのは、Signalbuch der Kaiserlichen Marine の SKM コードブック (ドイツ海軍コードブック) でした。1914 年 8 月、マクデブルクとして知られるドイツの駆逐艦が座礁し、ロシアの船の間に挟まれました。次に何が起こったのかは不明だが、ある話によると、攻撃後に海岸に打ち上げられた死んだドイツ軍信号手の腕の中にしっかりと握りしめられたままのコードブックのコピーがロシア軍によって発見されたという。おそらく、彼の死を引き起こしたのはおそらく彼のコードブックだった。その大きさは15インチ×12インチ×6インチで、メッセージの暗号化に使用される34,304個の3文字グループが含まれていた。たとえば、MUDはナンタケット島の略で、リヴァプールはFCJだった。ロシア軍は、1914 年 10 月に保管のために 1 部を海軍本部に提供する前に、さまざまな団体から 3 部のコピーを回収することに成功しました。

コードブックは非常に貴重なツールですが、それだけでは傍受された通信の内容を明らかにすることはできませんでした。ドイツの作成者は、暗号化による暗号化バージョンでさらにスクランブルをかける前に、元の平文メッセージを隠すためにこれらを使用しました。公式キーを所有する者のみがその内容を決定できます。コードブックを所有することで、このプロセスがはるかに簡単になりました。

これらの富を利用するために、海軍本部はルーム 40 を創設した。チャーチルが手書きの指令で説明したように、その主な使命は「ドイツ人の精神に浸透する」、またはその主要メンバーの 1 人が言うように「ジュースを抽出する」ことでした。チャーチルとフィッシャーは、その存在を彼らと少数の海軍本部職員だけが知っていると当初から決めていた。

同様に、無意識のうちに誰がグループを実際に管理しているのかも不明瞭だった。少なくとも机上では、この役割は海軍本部のヘンリー・フランシス・オリバー提督がStaD長官として負っていた。人々にこのようなあだ名を付ける英国海軍の伝統により、彼はすぐに「ダミー」オリバーとして知られるようになり、その後永遠にその代名詞となりました。

ルーム 40 自体は主に Cdr によって非公式に監督されました。ハーバート・ホープ。
1914 年 11 月に、傍受されたメッセージの解読に海軍の専門知識を提供するために設立された国際傍受管理局が設立されました。職員のほとんどが海軍士官ではなく、数学やドイツ語、その他暗号解読に必要な専門知識を求めて雇われた民間人だったことを考えると、彼の知識は不可欠であった。その名簿には、ピアニスト、家具専門家、北アイルランド出身の牧師、ロンドンの裕福なナンシエ、スコットランドオリンピックホッケーチームの元メンバー、そして初期メンバーのウィリアム・F・クラークによれば「特にスパッツで有名だった」粋な工作員C・サマーズ・コックスが含まれるようになった。 。クラークによれば、この部隊の女性たちは「40代の美しい淑女」として知られ、事務的な役割を果たしており、その中には影響力のある投資家の妻であるレディ・ハンブロも含まれており、彼によれば、彼女によると、毎年恒例の晩餐会で巨大な葉巻を吸って大騒ぎを引き起こしたという。クラーク氏は、「それは理想的な仕事であり、ホープという理想的なリーダーに恵まれたのは幸運でした。ホープは謙虚でありながら有能であり、私たち全員が彼に深く愛着を持つようになりました。」と回想します。

ホープの権威は40号室の外でもすぐに認められ、ダミー・オリバーは大いに不満を抱いた。ダミーは、それらから明らかになった解読された傍受を誰が見て使用したかを制御することに執着していると言われました。第一海卿フィッシャーが40号室を訪れ、グループが何をしようとしているのかを直接目撃した後、ホープが直接確認するために最新の傍受を1日2回持参するようホープに指示した。

ホープはまた、海軍情報部長ウィリアム・レジナルド・ホール大佐に直接傍受を提供した。ホールは、ホープ司令官を情報部門から40号室に移送し、更なる作業を行うよう勧告した。当時ホール大尉は40号室を直接管理していなかったが（彼の諜報部門と40号室は別個の組織だった）、彼の名前はこれまで以上にその功績の代名詞となることになる。
ホール氏は44歳で元軍艦艦長だったが、海軍諜報部門の指揮を執り、父親が以前務めていた役職に就いた。彼は背が低くて精力的で、点と角度に満ちた特徴的な顔と、くちばしのような目立つ鼻を持ち、船長の帽子をかぶったキツツキのような外観をしていました。神経学的問題のため、ホールは一日中瞬きが激しく、海軍でのあだ名は「ブリンカー」となった。ロンドンにホールを崇拝する多くの人の一人はアメリカのペイジ大使で、彼は次のように絶賛した。「ホールのような人には二度と会わないだろう。それは期待が大きすぎた。ホールはあなたを透視し、あなたと話している間、あなたの不滅の魂の筋肉質な動きを見ることができるからである」あなた——この人はそのような目を持っています！」

ホールは戦争ゲームを楽しむことでよく知られており、魅力的であると同時に、魅力的な方法で冷酷であるとよく言われていました。ルース・スクライン（のちに結婚してホットブラック夫人となる）は、知人がホールをマキャヴェッリと学生時代の半分であると評したのを聞いたことを思い出した。前者の側面は残酷であると説明する人もいるかもしれませんが、彼の陽気な学生の側面は、自分のような仲間と危険なゲームをするときに楽しい興奮をもたらす可能性があります。彼女は、ホールが何か新しい冒険や挑戦を思いつくとき、フランスの修道院長のようにニヤニヤしながら手をこすり合わせていたことを話しました。

ルーム 40 は、ドイツが全戦線を支配していた第二次世界大戦の重大な岐路において、イギリスに計り知れない重要な利点をもたらしました。戦闘はロシア、オーストリア、セルビア、トルコ、そしてアジア全域で激化し、南シナ海だけでもすでにドイツの魚雷艇が日本の巡洋艦を撃沈し、水兵271名が死亡した。チリ太平洋沖でドイツの軍艦がイギリスの巡洋艦2隻を同時に撃沈し1,600人が死亡し、イギリスは1812年（オンタリオ湖のイギリス海軍がフランスに敗れたとき）以来初の海戦敗北を喫した。
シャンプレーンは未熟なアメリカ海軍に敗れ、1915　年の元旦にはドイツの潜水艦がイギリスの戦艦フォーミダブルを沈没させ、547　名を失いました。アブキール事故後に確立された政策により、付近のイギリス軍艦は生存者の救出を禁止されていた。

戦争はより破壊的なものとなり、新たな殺害戦術が生み出されました。ドイツの軍艦はスカボロー、ウィットビー、ハートリプールといった英国沿岸の町をドイツ軍の爆弾で砲撃し、スカボローだけで9歳の少年2人と生後14カ月の乳児1人を含む民間人100人以上が死亡した。

1915年1月、ドイツはイギリスに対する初の空襲を開始し、2機の巨大飛行船を海峡に送り込んだ。英国の用語で（フェルディナント・フォン・ツェッペリン伯爵にちなんで）「ゼップ」と呼ばれたこれらの襲撃は、被害は最小限に抑えられたものの、民間人4名が死亡した。　1月31日に別の空襲が発生した。　9隻の飛行船がリバプールまで飛んできた。彼らの影のある通路は、ジェーン・オースティンの『高慢と偏見』の設定をさらに恐ろしいものに見せました。

1915年4月22日、イーペル近郊の午後遅く、東から西への微風が吹く明るい日差しの中、アルジェリア軍と合流したカナダ軍とフランス軍が「突出部」を囲む塹壕に陣取っていた。戦時中に通常行われるように、ドイツ軍は離れた位置から砲撃を開始して攻撃を開始しました。無人地帯を越えて歩兵による攻撃が始まると予想していたフランス軍とカナダ軍の両軍は恐怖に見舞われたが、午後5時頃に突然状況は大きく変わった。ドイツ兵は、160トン以上の塩素ガスを充填した6,000台のタンクのバルブを開いて、4マイルの最前線に塩素ガスを放出し、即座に壊滅的な結果をもたらしました。数百人が即死しました。何千人もの人々が、最終的には致命的であることが判明する露出にパニックを起こして塹壕から逃げました。それが連合国側に到達すると、即座に恐ろしい被害を引き起こした。多くの人は、最終的に全員が死亡する危険にさらされることを恐れて塹壕から逃げました。
秒速約 8 km での彼らのガス攻撃は、連合軍の前線に 8,000 ヤードの差を生み出しましたが、その効果の大きさには作成者ですら驚いたようです。人工呼吸器のマスクを着けたドイツ兵はガス雲を観察したが、決定的な勝利を得るためにガス雲を突破する代わりに、新たな塹壕線を掘り、塹壕を掘った。ドイツ軍の指揮官らは、ギドが肺を攻撃したときに前線の隙間を突くだけの十分な予備兵力を計画していなかった。水蒸気とともに。このギドの空気の閉塞と吸入により、2,000　人のカナダ兵が死亡した。ある将軍は次のように述べている。「数百人の哀れな人々が教会の前庭の近くの空き地に横たわり、空気をすべて与えられ、肺に水が入ってゆっくりと溺れていくのを見た。医師たちは介入することができず、考えられないほど恐ろしい光景だった」。

しかし、これらの大災害は陸上で起こっていました。ルーム 40 がイギリスに有利を約束したのは制海権をめぐる戦いだった。ここでイギリスの戦略は大幅に変更された。英国の主な目的は引き続きドイツ艦隊を戦闘で破壊することであったが、英国はまた、ドイツの戦争物資の流れの遮断と英国通商に対するUボートの脅威、そしてドイツのUボートによるUボートの脅威に対抗することに新たな重点を置いた。さらに、イギリスはドイツが本格的な侵攻を試みる可能性があることを恐れていたため、ドイツの行動を事前に警告することは、戦闘が始まる前にイギリス軍に重要な早期警告を与える上で非常に役立つだろう。

40号室はほぼ即座に情報提供を開始した。　1914年11月から第一次世界大戦の終わりまで、そのウィリアム・クラークは、イギリスによる事前の知識なしにはドイツ艦隊の大きな動きは起こり得ないと報告した　-　個々の船や潜水艦が移動するところから、より大型の潜水艦が移動するところまで、40号室から直接中継されていた。しかし、残念なことに、そのような情報は困難をもたらしました。ドイツ軍の予測されたすべての動きに対応して行動すると、暗号が解読されたことがドイツに明らかになる可能性があります。オリバー提督は内部覚書で、このリスクを負うのは結果がそのようなリスクを負うことを正当化する場合にのみ行われるべきであると述べた。内部で秘密裏に公開された内部覚書では、オリバー提督が内部覚書で次のように書いているように、暗号解読の結果生じたリスクがとられるリスクを上回る可能性がある。

しかし、「価値がある」とはどういうことなのでしょうか？　40　号室内の一部の男性は、有用な情報が保管されているにもかかわらず、活用も共有もされていないと信じていました。
海軍本部職員のダミー・オリバーは、40号室の機密情報が漏洩することに強い恐怖を抱いていた。作戦開始から最初の2年間は、英国海軍司令官ジョン・ジェリコー卿でさえ直接の立ち入りを拒否された。それでも、戦争が始まると、1916 年 11 月まで正式な知識や定期的なアクセスが与えられませんでした。そのとき、40　号室からの傷ついた感情により、読んだ後に焼却することになっていた日刊要約を閲覧することが合意されました。

StaW 長官オリバーの傍受に対する厳格な管理は、ルーム 40 のホープ司令官に大きな不満を引き起こしました。

ホープはオリバーの回想録の中で、我々がStaWから要請を受けていたら、潜水艦の動き、地雷原、掃海などに関する貴重な情報を提供しただろうと書いている。しかしStaWは秘密主義に執着していた。彼らは自分たちが有利であることを認識し、ドイツ軍が戦闘で総攻撃を開始した場合などの機会が生じた場合に備えて、知識を自分たちの中に残しておく必要があるという原則に基づいて行動しました。言い換えれば、彼らは私たちの情報を攻撃的ではなく防御的に使用することを決定したのです」ホープ自身が彼の手紙に次の一文を追加しました。

面倒な作業でした。毎日、何百もの傍受されたメッセージが建物の地下室の隅々から転がり込み、ダンベル型の容器に保管されてから真空管に押し込まれ、「ドーン」という可聴音とともに40号室に送信され、廊下に衝撃波を送り、到達しました。40号室では、暗号解読者の1人によると、カタカタという音とともに彼らが金属製のトレイの上に転がり落ち、「気付かない訪問者の神経を揺さぶられた」という。これらの到着メッセージによる騒音公害は、大規模な組織間で寝室を共有する夜警として割り当てられた男性にとって特に負担でした。彼らの長時間にわたる暴露は、翌朝の夜明けまでさらに 16 時間続き、これらのメッセージはこれら 2 つの大きなオフィスまたは接続を介して合計暴露時間で到着しました。
彼らの寝室にはネズミが絶え間なく発生しており、しばしば夜に訪れて眠っている男性の顔を這い、皮膚をかじっていました。

「チュービスト」とは、真空容器からメッセージを取り出し、それを解読のために暗号解読者に届ける個人でした。ほとんどのチュービストは負傷し、もう演奏できなくなった戦士でした。その中には戦闘中に片足を失ったハガードも含まれていた。イギリス出身のエドワード・モリヌー（後にパリで尊敬されるファッションデザイナーとなる）。
チャーチルは、どんなに無害であっても、すべての傍受を記録するよう主張した。インターセプトが増えるにつれて、この作業はますます面倒になってきました。Room 40 のメンバーの 1 人は、それは魂を破壊するようなものだったと述べました。しかし、チャーチルは常に細心の注意を払っていました。1915 年 3 月、彼はホープの暗号解読の 1 つに走り書きしました。「これを注意深く見てください…」

時間が経つにつれて、グループは、ドイツ海軍関係者からの日常的なメッセージの一見小さな逸脱でさえ、彼らによる差し迫った重大な新たな行動を示す可能性があることを学びました。ホープ司令官は次のように書いた: 「我々の標準プロトコルと一致しないメッセージはすべて慎重に検討され、その結果、我々は大量の兆候や前兆のコレクションを構築することができた。ドイツの通信を傍受していたイギリスの無線通信士は、通信を聞いていれば通信の有無が分かることにすぐに気づいた」彼らは、その音を聞いただけで、Uボートがシステムを調整するのに数分かかってから、「最後の音は高音で」というダッシュダッシュドットダッシュダッシュダッシュのような電気信号の送信を開始することを発見しました。送球時に泣き叫ぶか泣き叫ぶような特徴を持って投球した」とホープ司令官は送球時にこれを指摘した。

捕獲された海図のおかげで、40号室はドイツ海軍が水上艦艇や潜水艦の航行を容易にするためにイギリスの周囲の海を格子状に分割したことを知っていた。ホープによれば、北海は6マイル四方の正方形に分割されており、それぞれの正方形がその位置を示す番号が割り当てられていたという。船舶は、自分がどのマスにいるかを定期的に報告して、自分の位置を報告しました。ホープが書いた海図上にこれらの四角形をプロットすることにより、40号室はこれらのドイツの船舶とUボートがどのルートを通ったのかを発見した。
いくつかの四角形は明らかに空でした。これらの空白の領域には採掘された鉱床が含まれている可能性があると想定するのが妥当であるように思えました。

時が経つにつれて、40号室の傍受と捕らえられた潜水艦乗組員の尋問から集めた情報のおかげで、40号室とブリンカー・ホール大佐の情報部門はどちらもドイツのUボートを指揮していた人物について理解を深めた。巡洋艦アブキール、クレッシー、ホーグを沈めたウェディゲン中尉のような指揮官の中には、勇敢でしばしば乗組員の限界を超えた者もおり、勇敢な指揮官またはドラウフゲンガーとして知られていました。もう一人の指揮官であるクラウス・ラッカーは臆病者として知られていた。一方、ヴァルター・シュヴィーガーは同僚や乗組員の間で同様に広く好かれており、多くの諜報報告書は彼を「非常に人気があり、感じが良い」と述べている。

Uボートの船長の中には、シュヴィーガーの友人マックス・ヴァレンタナーのような殺人犯もいた。英国の尋問官はヴァレンタナーについて、ドイツ海軍で「最も強力な体格の士官」の一人であると同時に「最も冷酷な潜水艦司令官」の一人であると述べた。ロベルト・モラートも「可能な限り」人命救助に全力を尽くした船長の一人だ。彼のボートが沈没し、乗組員4人が捕らえられた後でも、モラト氏は、Uボートの生活が必ずしも悲惨なものではないことを尋問者らから直接学び、その価値を証明した。モラトの一日は、甲板に登って短い散歩をすることから始まり、その後、船室で一人で昼食をとり、常にそこにストックしていた多くの良書の中から一冊を読みました。夕食は4時と7時にお茶が出て、その後は病室に残っておしゃべりしたり、ゲームをしたり、蓄音機を聴いたりしていました。ようやく午後11時にそれは就寝時間でした - 居眠りの前に最後のワインを一口飲むことがよくありました。」

40 号室とホールの部門は U ボートの文化についての洞察を得ました。たとえば、指揮官たちは沈没船のトン数ほど気にしていないことが判明しました。これは、上官による栄誉の授与に考慮されていたためです。さらに、ドイツ海軍にはニックネームを割り当てる独自の伝統がありました。ある特に背の高い指揮官は、ゼースティフェル（海のブーツ）というあだ名を獲得しました。
一人は悪臭で知られていたため、ハイン・シュニーフェリグ（臭い人）というあだ名が付けられました。　3人目は「非常に子供っぽくて気立てが良い」と描写されており、地元の人々からは「ダス・カインド（子供）」として知られるようになった。

Uボートの船長には共通点があった。無線通信のことになると、全員が饒舌だったので、40 号室とブリンカー ホールは大喜びでした。第二次世界大戦中、U ボートの指揮官は常に無線システムを使用していました。　40号室は2万通のUボートの傍受メッセージを受信し、ホープ司令官によって台帳に記録されたUボートの航行を厳重に監視することができた。

1915 年 1 月の Room 40 の観測により、U ボートが初めてイングランドとアイルランドの間のアイリッシュ海に入った日時を特定することができました。さらに、船長がどこで命じられたのか、特にリバプール付近を特定した。この際、海軍本部は諜報の価値を即座に認識し、学んだことを本国海軍に知らせるための迅速な行動が即座に取られた。彼らは警告を発し、その情報源を「信頼できる権威」としてのみ特定した。その後、駆逐艦は、潜在的な U ボートの脅威を迎撃するために、北と南の両方の U ボート哨戒ゾーンに向かって移動しました。当時、2隻のキュナード客船、オーソニアとトランシルバニアが、ベツレヘム海軍が使用するためにベツレヘム・スチール社で製造された艦砲身を積んでシドニーとリバプールの間を航行していた。トランシルヴァニアではターナー船長の監督下にあり、その船には樽だけでなく49人のアメリカ人も乗船していた。海軍本部は両艦に対し、すぐに向きを変えてアイルランド南海岸のクイーンズタウンに向かい、駆逐艦が来てリバプールに戻る途中で全員を保護できるまで待つよう命じた。目的地に無事到着したとき、ターナーは攻撃をうまく回避できたことに安堵の表情を浮かべ、「あの時は彼らを騙したんだ」と語った。

40号室は、ヴァルター・シュヴィーガー伍長と彼のU-20を長い間追跡し、巡回の実行記録を保管していた。すなわち、彼がいつどのように出港し、どのルートを通ってどこへ向かい、到着後に予想される行動などである。1915 年 3 月 1 日、ホープ司令官は、ノルダイヒ近くのドイツの北海沿岸から発信された憂慮すべき放送メッセージに合わせて、シュヴィーガーがアイルランドに向けて行った異例の航海を観察しました。これにより、40 号室の同僚の間で警戒が生じました。
オランダに駐留するドイツの軍艦と潜水艦は、特にルシタニアに言及したメッセージを受信し、リヴァプールに向かっており、3月4日か5日までに到着する予定であることを伝えた。

5.ドイツがルシタニアを許容可能な目標と考えていたことは明らかだった。

海軍本部は、このメッセージが当惑させるのに十分であると判断し、合流して港に入港するために駆逐艦 2 隻を派遣した。ある駆逐艦は、当時船長だったダニエル・ダウに、会談を手配するために自分の位置を報告するよう要求する暗号化されていないメッセージを送信したが、ダウはUボートからのメッセージを恐れたため拒否したが、最終的には自力でリバプールに到着し、ターナー船長と船長としての救援についての取り決めを行う。

1915　年の春が進むにつれて、40　号室のコードソルバーたちはスキルを磨きました。彼らは、ドイツの海軍当局がまだ暗号書を改訂していないことに興奮し、驚きました。ミステリーは依然として強力であり、ドイツのUボートの活動についての洞察を与えてくれました。

4月末、ターナー艦長がルシタニア号の5月1日の出航に向けて準備をしていたとき、40号室は前例のないUボートの活動の急増に気づいた。傍受により、4隻のUボートが4月30日金曜日に基地を出港したことが明らかになった。ダミー・オリバーはスカパ・フローのジェリコーに緊急の極秘メッセージを送り、8月8日に4隻の潜水艦がヘリゴランドを出航し、目的地が特定され、見かけの速度が12・1であることを示した。/2ノット。40　号室はすぐに、さらに 2 隻の U ボートがドイツの北海沿岸のエムデンを出航していることを知りました。その中にはシュヴィーガーのU-20も含まれていた。ドイツは通常、北海または大西洋で一度に平均して 2 隻の U ボートしか運用していなかったことを考えると、この発展は予想外の驚きでした。

ルーム 40 の暗号解読者は、航行の最初の数日間にわたって U-20 を追跡するのが比較的簡単であることを発見しました。シュヴィーガーの無線担当者は 24 時間以内にその位置を 14 回エコーし、この新しい船が存在する理由を知るために必要なすべての証拠を彼らに提供しました。

ドイツのUボートは前例のない危険な攻撃を開始した。この行動は、「敵の注意を惑わし、そらす」ことを試みたブリンカー・ホール自身の諜報戦略への対応であった。

5月1日土曜日の朝までに熱波は去った。早朝には気温も平年並みに戻り、乗客らは寒さだけが残る中、ルシタニアから下船し始めた。

キュナードのピア 54 では、荷物を持って到着した乗客は、気温のおかげで荷物を運ぶのがこれまでより簡単になったと感じました。重いコートを持ち歩くよりも、厚手のコートを着るほうがはるかに簡単だった。外の11番街の歩道には、屋外で屈強な男たちに運び去られる大きなバッグの横に、タクシーのタクシーが接近して停車しており、杖、傘、カバン、本の小包、赤ん坊が外に見えたからだ。いじめっ子の帽子が付いたジャケット。

これらすべては、ターミナル入口の外に設置された映画カメラによってフィルムに記録され、そこで乗客がそのレンズの下を通過した。大きな帽子をかぶった女性たち。まるで南極に行くかのように体をくるむ幼児（ニット帽を耳までかぶった人もいた）。旅行者は、時が経つにつれ、常にこんな表情をする旅行者がいる。キュナードのターミナルに戻っていくスーツケースやトランクを追跡しながら、杖と手袋を握りながら（牛の乳房が抜けるように手袋を外に出す）タクシー運転手にお金を支払おうとする厳しい集中力だ。

建物の向こう側には、巨大さと発明を重んじた時代であっても破壊できないように見えるルシタニアのそびえ立つ黒い鋼鉄とリベットの船体が立っていた。

ボイラー室の炉は出発に備えて蒸気を再生しました。漏斗が灰色の煙を上空に放出しました。

よくあることだが、名声を博した乗客たちが船に到着すると見出しになり、彼らを見送るために埠頭に集まった何千人もの祝賀者、親族、見物人の間で大騒ぎが起きた。キュナードはこの習慣を記念して観覧席を設置し、満席となった。船自体の眺めだけでなく、埠頭やハドソン川の両岸から突き出た船舶のあるロウアー・マンハッタンの景色も眺めることができます。さらに北には、3年前にタイタニック号を迎える予定だったホワイト・スター・ライン桟橋があった。早朝に市の新聞に掲載されたドイツの警告により、観客の間でルシタニアへの関心はさらに高まった。

次に登場したのは、エセル・バリモアを有名にし、ピーター・パンをアメリカにもたらした演劇興行主チャールズ・フローマンだ。このパフォーマンスでは、彼はモード・アダムスに幅広の襟が付いた型破りな木のようなチュニックを着せ、ピーター・パンの特定のイメージを永遠に人々の心に永遠に焼き付けました。フローマンはまた、鹿撃ち帽と海泡石パイプをかぶった鹿撃ち帽をかぶったウィリアム・ジレットをその名を冠した英雄としてフィーチャーした舞台ショー「シャーロック・ホームズ」をプロデュースした。フローマン自身も青いダブルブレストのスーツを着て、パフォーマンスの一環として杖を使いながら明らかに足を引きずりながら歩いていた。マルグリット・ルシール・ジョリヴェ、舞台名および映画名リタ・ジョリヴェとしても知られる25歳。彼女はフローマンと出会う前にすでにシェイクスピア劇や、代表的なジュリエット役を含む数本の無声イタリア映画を演じていたため、まだ駆け出しのスターに過ぎなかったが、フローマンのサポートにより、ハリウッドとヨーロッパの両方で並外れたキャリアが事実上保証された。現在帰国中、彼女はフローマンが監督するイタリア映画にさらに出演することになる。

ジョージ・ケスラーは、シャンパン王として知られる国際的に評価の高いワイン輸入業者でした。一部のウィーンの精神分析家を彷彿とさせるあごひげと眼鏡が特徴のケスラーは、巨大なゴンドラ上でディナーを提供する前に、フリーク・ディナーとして知られる手の込んだパーティーを主催した（1905年のロンドンのサボイ・ホテルの中庭で水が張られた「ゴンドラ・パーティー」など）。さらに華やかにするために、彼はパーティーのゲストのために巨大な誕生日ケーキ（高さ9フィート！）を象に運ばせる手配をしました。

アルフレッド・グウィン・ヴァンダービルト　　私はこれまでで最も魅力的な乗客でした。1899年に死去したコーネリアス・ヴァンダービルトの息子であり主要相続人として、アルフレッドはその財産を相続して莫大な富を得た。黒い目と髪を持ち、高価なスーツを好む、控えめで小粋なキャラクター。彼は既婚者でスキャンダルの歴史があるにも関わらず、特に女性から船内で歓迎された。エレン・フレンチは1908年、自家用鉄道で旅行中に見知らぬ女性と不正行為をしたという理由で離婚を申請しており、後にその名はメアリー・ルイス（キューバ外交官の妻）であることが判明した。このスキャンダラスな出来事の後、メアリー・ルイスは自殺を図った。ヴァンダービルトはマーガレット・エマーソンと再婚し、エマーソンはアメリカの貧しい食生活とその胃腸への影響によって莫大な財産、つまりブロモ・セルツァーの財産を相続した。ヴァンダービルトにとって残念なことに、マーガレットは参加していなかった。ヴァンダービルトはまた、ミネソタ州の新聞が「ジャスト・ミスド・イット」クラブと呼んだクラブの一員でもあり、セオドア・ドライザー、グリエルモ・マルコーニ、JPモルガンなどの著名人で構成されており、当初はタイタニック号に乗船する予定だったが、さまざまな状況で考えを変更した。ヴァンダービルトは、ルシタニアの豪華な「パーラー　スイート」を予約して、スタイリッシュに旅行しました。彼の従者は、舷窓も風呂もない奥の部屋にドアを２つ隔てて宿泊し、今日で22,000ドル以上に相当する金額を現金で支払いました。

記者たちはよくあることだが、著名な乗客にインタビューしようと乗り込んできたが、今日の記者たちの関心はより的を絞ったものだった。
ニューヨークでは、海運は非常に重要だったので、どの新聞にも、ニューヨークに寄港する大西洋横断定期船の発着や、地元の船会社の桟橋の広告やスケジュールを取材する専任の「船舶ニュース」記者がいたほどだった。版には、これらのページにドイツ語の警告が含まれていました。

船舶ニュースの記者たちは、ローワー・マンハッタンのバッテリー・パーク近く、スタテン・アイランド・フェリー・ターミナルの近くに位置し、使い古された机と電話を備えた小屋のような建物の中に、複数の新聞社と通信社の記者が使用していた。ボロボロの緑色のドアは、デスクと電話が置かれたこの窮屈な部屋に通じており、これらの放送局の記者たちが使用しており、さらに　1　つの追加の電線もあった。ジャーナリストは、目に見えない理由で特定の船を好むことがよくあります。ニューヨーク・イブニング・メールの配送ライター、ジャック・ローレンス氏はこう語る。船には「個性がある」。いくつかの船は「個性と暖かさを提供しますが、他の船はタービンでリベットで留められた鋼板にすぎません。ルシタニアは常に人気がありました。」現在も運航している最速かつ最も豪華な客船の　1　つとして、最も裕福で最も影響力のある乗客を同船に引き寄せました。船への魅力は、長年チーフ・パーサーを務めたジェームズ・マカビン氏（62）によってさらに高まった。同氏は記者を歓迎し、興味を持ちそうな乗客に案内した。マカビンはパーサーとして、乗客をできるだけ早く客室と寝台に移動させ、貴重品を安全に保管し、各航海の終了時にバーの請求書を作成する責任を負っていました。キュナードの職員のマニュアルによれば、彼は「あらゆる階級の乗客に満足を与える」義務を負っていた。

記者らはルシタニア号がリバプールを出発する前だけでなく、検疫目的でニューヨーク港に到着した際にも会った。儀式が行われた。記者たちはマカビンの小屋に集まる。彼は客室係の一人に、ドアを閉めて乗客名簿を渡す前に、氷、クラブソーダ、キュナード・ライン・スコッチのボトルを持ってくるように命令したものだ。同様のセッションは、彼女がキュナード社へのストライキが差し迫っているという歓迎されないニュースをもたらした前の週にも行われていた。今回、マカビンはリバプールから到着する乗客のリストを提供することで、さらに悪いニュースを伝えた。彼女が港に到着した前のセッションで、マカビンはリバプールから到着する際に記者たちを助けるために必要なすべての予防策を提供したにもかかわらず、到着した乗客の名前を記載した乗客リストを配ったが、そのことはマカビンが機内でアナウンスし、リバプールから到着したニューヨーク港検疫所ニューヨーク港の検疫所に停泊するとすぐに乗客リストを配布する前に記者らにこの出来事を発表し、記者らに珍しい性質の不快なニュースをもたらした：マッカビンは新しい乗客に関する不快なニュースを発表したマカビンにキャビンボーイに連れて行かれた　キャビンボーイに連れられて　リバプールから氷、クラブソーダ、キュナードのラインスコッチボトルを持ってきて、最終的にイギリスからの航海を止めた　マカビンがキャビンボーイにアナウンスさせたという望まぬニュースがもたらされた　マカビンはキャビンボーイに歓迎されていない客室乗務員は、ドアを閉めてニューヨーク港に乗客名簿を渡す前に客室乗務員に客室乗務員に命令し、ニューヨークに予期せぬ驚きを与えたため、客室乗務員はドアを閉め、乗客がリバプールから到着してすぐに到着する間に船内アナウンスを行った。以前マッカビンがキャビンに命じた検疫所が、キャブボーイに子グマとキュナードスコッチボトルを2本並べて、それを積んだ2本のボトルを船内に持ってくるように命令して連れてきた、配る前に悪いニュースがあった！マカビンは、配布物を配布する前に密室の前に物資を持ち込んだときについて、いくつかの悲惨なニュースを引き起こしました。マカビンならアナウンスするだろう。彼は、予想外のあまりにも予想外の衝撃的なニュースを発表することになりました。マカビンは彼女にドアを閉めるように告げ、その後、ドアを閉める前に期限を過ぎたと告げました。マカビンは乗客リストを配っていて、ラスが1週間にスコッチを配達したときに、彼らが殺処分後にボトルを持ってくるので、ドアを閉めないと発表されました。配る前にボトル2本分全部持ってきてね！盧山のとき、別の乗客リストにもう１つ追加されると、いくつかのボトルが利用可能になります。会社規定により退職が義務付けられているため、同氏は記者団に対し、「私の次の航海、5月1日土曜日にリヴァプールを出発する航海が最後の航海になるだろう」と語った。彼らに冗談めかして自分自身を「地球上で最も役に立たない人間」になったと説明するよう求められた彼は、「船員には家がない」と答えた。年老いた船員がもう働けなくなったら、ステイセイルの布に縫い込んで船外に放り出すべきだ。」

土曜の朝、ジャック・ローレンス記者はB-777-200ER型機の飛行に対するドイツ大使館の警告のコピーを携えて定期便に搭乗した。

ローレンスはアルフレッド・ヴァンダービルトの小屋に到着し、好奇心旺盛にドアをノックし、中に入ってみるとヴァンダービルト自身がいた――片方の襟にピンクのカーネーションが付いたエレガントなスーツを着ており、別の部屋で係員のピーターが忙しそうに荷物を開梱していた――そこで彼は自分自身を開いた。　、片方の襟にピンクのカーネーションが付いたエレガントなスーツを着て、従者のピーターが休みなく大きな山を開梱しています。ローレンスさんは以前にもヴァンダービルトさんにインタビューを試みたことがあるが、たいてい反応がなかった。かつて彼は「女性の間では好色な性格だったが、新聞記者の前では内気で引っ込み思案になった」と評したことがある。ローレンスは、新聞記者と対峙すると恥ずかしがり屋になり、報道陣の質問に直面すると紫色になって縮こまったと書いている。ローレンスは彼が十分に好色ではないと感じた。

ヴァンダービルトさんは、船内の興奮が異常に高まっていることに気づいた。「潜水艦、魚雷、突然死についての話がたくさんある」とヴァンダービルトは観察したが、自分自身はそのような話にはあまり興味を持っていなかった。彼はローレンスに「モルト」と署名された電報を見せ、ルシタニア号の破滅を宣言し、航行しないよう警告した。ヴァンダービルトによれば、それは差し迫った死をほのめかしたものとして使われた可能性もあるし、あるいは単に船に乗らないよう忠告するメッセージとして意図されていた可能性もあるという。彼はローレンスに重要なメッセージを示した。彼自身はモートという名前の人物を知らなかったが、その重要性が彼女を沈めたことに何らかの関係があるのではないかと推測した。ローレンスは、それは死が差し迫っていることを意味しているのではないかと示唆したが、彼はあまり信じていなかったが、彼女を沈めて何の得があるだろうか？それを見たとき、ルシタニアは運命にありました。ヴァンダービルトは差し迫った運命を意味する可能性のあるモートという名前の人物を知りませんでしたが、ヴァンダービルトはそのシニフィアンを示唆しました。おそらくそれは死を意味していたかもしれない。」

甲板に出たローレンスはエルバート・ハバードに出会った。この頃アメリカで最も有名な人物の一人だった。ハバードはニューヨーク州イーストオーロラで男女が家具を作るロイクロフトと呼ばれる、石鹸のセールスマンから作家に転身した集団で有名になった。　、本を製本し、版画を作成し、革や金属で作られた精巧に作られた製品を制作しました。ハバードは、個人の自発性を強調した『ガルシアへのメッセージ』を書いたことと、ローレンスを中心としたタイタニック号の悲劇の説明を書いたことで最も有名でした。
ハバードはカイザー・ヴィルヘルムにインタビューするためにヨーロッパへ出航しており、「友人とは、あなたのことをすべて知っていながらも、あなたを愛している人のことです」などの的を得たフレーズを生み出したことで有名でした。彼はステットソンの帽子と艶やかな黒いクラバット（豪華な贈り物のリボンのようなもの）を身に着け、長く流れる髪を身に着けていました。ローレンスはハバードと会い、隣に座ってリンゴを食べているときにローレンスが近づいてきた。

ローレンスはハバードに警告を示しましたが、それは気付かずに彼の前を通り過ぎてしまいました。ローレンスはこう報告した。「私がそれを彼に見せたとき、彼はただちらっと見ただけで、リンゴを噛み続けた。その後、ハバードは、狂気と狂気のポツダム狂人たちについて彼らの心を落ち着かせる方法として、ローレンスにポケットからリンゴをもう一つ差し出しました。「さあ、これを食べて、ポツダム狂のことは心配しないでください。彼らはみんな頭がおかしいのです！」

ローレンスは口を挟んで、「もしドイツの海軍計画が本当に差し迫った脅威だったらどうなるだろうか？」と尋ねた。

"どうすればいいですか？"ハバード氏は、救命ボートを追いかけたり泳いだりするのではなく、船に留まるつもりだと答えた。「代わりに、私たちはこの件については協力し続けます。」この問題についてローレンスに意見を尋ねられたとき、彼女はハバードのアプローチに同意する気がないようでした。ローレンスは、ハバード夫人がこの見解に同意していないと信じていましたが、ローレンスには疑問がありました。

ローレンスさんは、ドイツの警告を読んだ乗客がほとんどいなかったことは驚くべきことではないと考えた。結局のところ、「正午に大西洋横断客船に乗るときは、座って朝刊を読む時間はほとんどありません。

この警告を見た人たちもあまり気に留めませんでした。ドイツは、敵艦が乗っていない民間客船を沈没させようとする勇気はほとんどないし、たとえUボートがそのような試みをしたとしても、失敗する可能性が高い。結局のところ、ルシタニアは単純に大きくて速かっただけでなく、英国の海域では英国海軍によって保護されていました。

警報自体のためにキャンセルした乗客は2名だけでした。ボストンのエドワード・B・ボーウェン夫妻は、ルシタニア号で何かが起こるかもしれないという信念から、土壇場でそうする決断を下したが、後に「船内で何か問題が起きるかもしれないという不安な気持ち」を思い出し、「話し合いの末、こう言った」と述べた。ボーエン夫人と私たちは、チケットをキャンセルすることがお互いにとって最善であると判断しました。」
ロンドンで重要な用事があったのですが、なんとか無事に終えることができました。

病気や予定変更などの理由でキャンセルした乗客もいた。あるいは、警告はさておき、戦時中にイギリスの船で航海するのは賢明ではないと気づいたからでしょうか。エレン・テリーは当初、プロデューサーのフローマンとともにルシタニア号に乗って旅行する予定だった。しかし、警告が現れる前に、彼女は予約をキャンセルし、代わりにアメリカの船、ニューヨーク号に変更しました。彼女はリタ・ジョリベットに予約を変更するようアドバイスしましたが、ジョリベットは元の予約を続けました。タイタニック号を生き延びた象徴的なファッションデザイナー、レディ・コスモ・ドゥ・ゴードンは病気のためキャンセルし、デザイナーのフィリップ・マンゴーヌも説明のつかない理由でキャンセルした。数年後、彼は最後の航海で飛行船ヒンデンブルク号に乗船することになるが、重度の火傷を負いながらも一命を取り留めた。それ以外の場合、ルシタニア号は特に少人数のクラスで予約が殺到していました。そのため、乗客の中には、実際には誤ってファーストクラスの部屋が割り当てられていたことに大喜びする人もいました。

キュナード氏はドイツの警告に不安を感じた乗客に慰めの言葉をかけた。アンブローズ・B・クロスは、当初から「船員は危険はないと述べていた。近づいてくる潜水艦から逃げるか体当たりするべきだ、などと言っていたが、やがてこれは昼食と夕食時の軽い冗談のようなものになった」と報告した。テーブル」。

当時、乗客たちは、「ウェスタン・アプローチ」として知られるスコットランド西のイギリス海域に到着すると、船はイギリス海軍の職員に出迎えられ、直接リバプールに連れて行かれるだろうと信じていました。キュナードはこの見解を奨励し、イギリス海軍職員がキュナードの艦船に指導や保護サービスを提供することを頻繁に行っていたことを考えると、その正当性を信じていた可能性さえある。 39日前に結婚したばかりのニューヨーク在住の衣料品輸入業者で失業中のオスカー・グラブさん（28歳）は、潜水艦と大西洋横断全体の安全性について話し合うためにキュナード氏と会う約束をした。グラブ氏の妻も米国船を主張していた。グラブ社とキュナードの代表者は長時間にわたる対話を行い、その間に横断中の安全を確保するための措置を講じることになった。
彼は出発前日にファーストクラスの航空券を購入することに十分自信を持っていたが、この決定は当日の朝まで最終決定されなかった。

その朝のニューヨーク・タイムズ紙を読んでいた乗客は、安心した確信を得たことだろう。この警告を詳述する記事の中でキュナードのニューヨークマネージャー、チャールズ・サムナー氏の記事が引用され、危険な海域を通って英国船舶を護送する確立されたシステムがあると述べた。これらの取り組みはイギリス海軍によって監督されており、イギリス海軍はすべてのイギリス船舶（特にキュナーダー船）に対して全責任を負っています。

タイムズ紙の記者は、「あなたのスピードも効果的な防御手段なのでしょうか？」と述べた。

「はい」とサムナーは答えた。「潜水艦に関しては、私は全く怖くありません。」

不動産開発業者でニュージャージー州議会議員のオグデン・ハモンドは、キュナードの職員に、船で渡って安全かどうかを尋ねた。彼の信じられないことに、彼らは、頻繁に死亡事故が発生しているにもかかわらず、完全に安全である、ニューヨーク市の路面電車よりも安全であると答えた。

ルシタニア号の船内では、安らぎと自信にあふれた雰囲気で、絞首台のようなユーモアがたくさん語られました。スチュワーデスの一人、メイ・ウォーカーさんによると、「もちろん、ニューヨークで彼らが私たちに魚雷を撃つ計画を立てているという報告を聞いたが、一瞬も信じられなかった」という。「私たちはそれをばかばかしいこととして笑い飛ばし、彼らは私たちを捕まえることはできないと言いました。結局のところ、私たちは速すぎました。私たちは彼らの予測を笑い飛ばしました。なぜなら、この旅行も他の旅行と同じように過ぎなかったからです。」

彼女の仕事の 1 つは、乗客の子供たちを支援することでした。デッキゲーム、輪投げ、仮装パレードなどがエンターテイメントを提供しました。航海中に誕生日を迎えた子供たちは「自分たちの名前が入ったケーキでささやかなプライベートパーティーが開かれた。子供たちは本当に楽しい旅をした」。

この航海で、彼女は困難な旅に直面することになります。多くの英国人家族が戦時中に国を支援するために帰国していました。そして、船の大きさと速さがある程度の安全を提供しました。乗客名簿には、99人の子供と39人の幼児が記載されていました。
キュナードは、フィラデルフィアのポール・クロンプトンとその妻、ドロシー・アレン（当時29歳）と6人の子供たち（1人は幼児）とともに、いくつかのファーストクラス・ステートルームを確保した。クロンプトンはキュナード会長アルフレッド・アレン・ブースと親戚関係にあった。彼女のブースグループは蒸気船ラインを所有していた。クロンプトンは皮革製品子会社を率いていた。キュナードのニューヨークマネージャーであるサムナーは、搭乗直前にニューヨークのパール一家を歓迎し気遣い、彼らの旅が可能な限りスムーズに進むよう手配することに大きな喜びを感じました。船の反対側とその 1 つ下のデッキには、それぞれ E51、E59、E67 の 3 つのファーストクラス　ステートルームがありました。フレデリック・パールさんは、妻と4人の子供たち（5歳の息子、3歳未満の娘2人、幼児1人）とともにアメリカ大使館に赴任した。　　2人の乳母が用意されました。パール夫人が妊娠している間、両親はE-51　で比較的平和を楽しんでいたが、赤ん坊を含む　4　人の子供たちは全員E-59 と E-67 で乳母と一緒に過ごした。

ウィリアム・S・ホッジスは、ボールドウィン機関車製造所のパリ支社の経営を引き継ぐため、妻と幼い息子2人とともにヨーロッパへ旅行していたところ、埠頭でタイムズの記者が妻に、この旅に不安を感じているかと尋ねた。彼女の反応は？シンプルな笑いの後に「もしみんなが落ち込むなら、それでいいよ！」

両親は子供たちと再会するために船で出航し、子供たちは家に戻るために航海し、妻と父親は一緒に戻ることを楽しみにしており、妻は自分の家族が再会することを望んでいた。そのような例の1つが、マサチューセッツ州ウースターのアーサー・ラック夫人で、名前を付けられた2人の息子と一緒に旅行していた。ケネス・ラックさんとエルブリッジ・ラックさん（8歳と9歳）は、そこで待っているイギリス人の鉱山技師である夫との再会を望んでいた。歴史上の重大な出来事において、どうしていつも誤った名前の一族が現れて力を合わせることができるのか、未だに不可解である。

以下は、あまり知られていないものの、まだ注目に値する乗客の一部です。

土曜日の朝、コネチカット州ファーミントン在住のセオデイト・ポープが単独乗客として飛行機に搭乗した。彼女の母親が訪ねてきて、エドウィン・フレンドも二人と一緒にロンドンへ旅行していました。セオデートは、身長がわずか5フィートしかないにもかかわらず、堂々とした人物で、ベルベットのターバンを巻き、ブロンドの髪、鋭い顎のライン、鮮やかな青い目をしているのがよく見られました。彼女の視線はオープンかつ真っ直ぐで、彼女が型破りな人生の道を選択せざるを得なくなった彼女の独立心を反映しており、上流社会の女性に期待されるものを上回っていました。彼女の母親はかつて彼女に対して、「あなたは他の女の子と同じように行動することは決してない」と激しく非難したことがある。現代人はフェミニストと呼ぶことが多い。

セオデートは、画家のメアリー・カサットやウィリアム・ジェームスとヘンリー・ジェームスを含む何人かの有名人と親交があった。セオデートは、新しい子犬にちなんで名付けたヘンリー・ジェームスと過ごす時間を特に楽しみました。ジムジャムが彼女のあだ名になりました。彼女はアメリカで数少ない尊敬される女性建築家の一人であり、ファーミントンにヒル・ステッドと呼ばれる象徴的な住宅を設計しました。ヘンリー・ジェイムズは、彼女と知り合う前に初めてセオデートの家を目撃し、建築批評の最も独創的な比喩の 1 つを作成しました。彼は、それを見ているときに経験したスリルを「唇の間に置かれた大きなおいしいお菓子の突然の驚き」に例えました。警告もなく、あなたが気づいていない間に」セオデートには別の情熱もありました。彼女は熱心なスピリチュアリストであり、時折超常現象の調査を行っていました。超自然的な力への信仰は、20 世紀初頭にアメリカとイギリスの両国で広まり、ウィジャ ボードは夜の娯楽の一部として応接室で一般的に使用されるようになりました。夕食後の交霊会は、ボードを配った後に続くことがよくありました。戦争は英国人に死後の世界への信仰を急増させ、亡くなった息子が心のどこかにまだ存在しているかもしれないと考えることに慰めを求めていた。セオデイトが

「心霊」研究に興味を持っていたため、彼女とエドウィン・フレンドは一緒にロンドンに向けて航海していた。

クリーブランドの裕福な夫婦の一人娘として、彼女は幼少期の多くをほぼ一人で過ごしました。鉄鋼王アルフレッドが彼女の父親だった。社交界の母親、エイダ。彼らはクリーブランドのミリオネア・ロウとしても知られるユークリッド・アベニューに住んでいました。「母の膝の上に座った記憶はない」とセオデートさんは語った。父親は仕事に熱中するあまり、子供を失ったことに気づくのは私が14歳になるまでかかったからだ。一人っ子はよく言われるように、彼女の子供時代は「極端な」ものだったが、圧倒的な退屈と鬱の発作に中断されたこの時期が、彼女に自立志向の人生観を植え付けてくれたと彼女は信じている。10歳の頃から、彼女は家の計画をスケッチし始め、自分で設計した家を建てて住むことを夢見ていました。それは数年後、自分で設計した家を建てて住むことで最終的に実現しました。

最初、彼女の両親はテオデートを難しく感じたかもしれません。しかし、19歳のとき、クエーカー教は物質的なことよりも精神的なことを重視するという祖母の敬虔な信仰に敬意を表して、セオデートは出生名をE(e)からセオデートに変更した。彼女はデビュー作や結婚に「カミングアウト」することに興味がなかった。彼女は、この障壁が将来の野望の実現を阻む障害であると認識し、彼女はこの障壁を「ゴールドカラー」と呼びました。あなたの両親は、彼女が教育を終えたら、彼女はクリーブランドの上流階級の一員としてクリーブランドに戻ることになるが、セオデイトはファーミントンに非常に魅力を感じ、ある時点で社会党に参加することさえも公然と言ってファーミントンに不満を抱くことを決意した。社会主義と革命への一歩を踏み出します。

21歳のとき、セオデートは1888年の長いヨーロッパ旅行中に父親と親しくなりました。彼女の父親は旅行と美術品の収集に情熱を持っていました。彼は、印象派の芸術がエキセントリック、または過激であると広く見られていた時期であっても、印象派の作品を全面的に受け入れた最初のコレクターの一人です。彼は、家に持ち帰る作品を求めてギャラリーやスタジオを一緒に探しながら、建築を職業として考えるよう彼女に提案した。クロード・モネの2枚の絵画は、テオダーテが魅力的だと感じたさまざまな要素（あちこちの柱柱など）をスケッチしているときに購入したもので、気に入ったものを見つけたときに、ここか何かの柱柱をスケッチするような感じでした。

彼女はパリに対してほとんど熱意を示さなかったが、パリは「地球上最大の汚点」と評されていたが、たるんだ屋根、木骨造りの壁、居心地の良い戸口を誇る居心地の良い田舎の家があるイギリス、特に居心地の良い農家を愛していた。たるんだ屋根、ハーフティンバーの壁、居心地の良い戸口など、彼女は理想の農家を描いたスケッチまで描きました。

当時、建築は女性にとってほとんど立ち入りが禁止されていた分野であったため、セオデイトはプリンストン大学の美術学部のメンバーとともに個人的な勉強を受講し、その後、父親の支援を受けてファーミントンに 42 エーカーの自宅を購入することで、独立して教育を受け続けました。彼女の両親は、彼女の勧めでニューヨーク市からファーミントンに移り、アルフレッドの美術コレクション（2枚のモネのほか、ウィスラーやドガの作品も含まれていた）を展示する家を建てることに決め、そこで引退し、監督の下で夢の家を設計した。建築家。彼女の父親は、これらの専門家の指導を受けて自分でデザインすることを彼女に提案しました。マッキム・ミード＆ホワイトは、おそらくアルフレッドの富のため、セオデイトの計画に同意した。その後、創設パートナーであるウィリアム・ラザフォード・ミードに宛てた彼女の手紙では、彼女が強い心を持っていることが明らかになった。その中で彼女は、「これは私の計画なので、計画の重要な問題だけでなく、あらゆる詳細についても決定する予定です。つまり、マッキム、ミード＆ホワイトの代わりにポープハウスになるのです！」と述べた。」

セオデートは家の設計と建設を利用して建築の経験を積みましたが、1900　年代の終わりまでにその仕事で肉体的にも精神的にも疲弊してしまいました。完成中、彼女は日記でこう嘆いた。「私は父の家のために力を尽くしてきた…」

1910　年までに彼女はコネチカット州で建築家としての地位を確立し、その後すぐにコネチカット州初の公認女性建築家となりました。3 年後の 1913 年 8 月に彼女の父親が脳出血で亡くなり、父親の記憶に残る空白を埋めるために、当時存在していたすべての学校とは一線を画す男子向けの予備学校を設立する必要があると感じました。彼女の計画には、店舗、市庁舎、郵便局、農場を完備したニューイングランドの小さな町の居住区をシミュレートする没入型キャンパスの作成が含まれていました。彼女は、芸術家と一緒に働く熟練した職人から大工仕事などの技術を学びながら、農場を手伝ったり、農場で働いたりする「社会奉仕」を通じて人格を発展させることに重点を置くことになります。
大工仕事と版画制作は彼女が得意とした 2 つの分野であり、産業革命による生活の非人間化として多くの人が認識していたものからの満足と解放として職人技を擁護した 1910 年のアーツ アンド クラフツ運動と同調していました。 1910 年までに、この運動はアメリカ全土に広がり、その結果、エルバート ハバードのロイクロフトーズのような集団や、ハウス ビューティフルやレディース ホーム ジャーナルなどの雑誌にインスピレーションを与えたグスタフ　スティックリーの家具やクラフトマンスタイルの住宅などの新しいデザイン アプローチが生まれました。

1915 年 5 月 1 日土曜日の朝までに、セオデートはいつもの深い疲労状態に戻っていました。彼女の冬は公私ともに困難を極めた。ある事件は、無配慮な出版社がセオデートを男性であると信じ込み、ニューヨークの一流建築家に関する本に彼女の写真を掲載するよう求めたときに、この困難を浮き彫りにした。彼女が女性であることを知らされると、彼は要求をキャンセルした。さらに、彼女は定期的にうつ病に陥り、それが非常に重度になり、在宅看護師の助けが必要になった。 2月に彼女は「私の夜は生きた悪夢になった」と書いた。 2月に彼女は次のように書いた。「私はあまりにも不眠症が続いているので、夜が生きた悪夢になってしまいます！」2月に彼女は次のように書いた。

彼女は、リフレッシュを目的とした旅行の癒しの力を信じていました。「精神的に疲れを感じたときに、癒しを提供してくれる旅行に勝るものはありません。

ルシタニア号に乗船すると、セオデートは右舷側の D デッキにあるステートルームに案内されました。そこで彼女は手荷物を放り出し、機内持ち込み手荷物がすべて無事に到着したことを確認した。その夜は安らかな眠りを期待していたのだが、数時間前には沈黙していた機関室の修理のため、船が突然予期せぬ停泊を始めたため、彼女はすぐに狼狽した。

ボストンの書店員チャールズ・ローリアは、妹のブランシュとジョージ・チャンドラー（彼の夫はブランシュの夫）と一緒にタラップに登ったが、チャンドラーはこれほど自由にアクセスが許可されていることに奇妙に感じた——特にローリアの妹ブランシュを含む他の客の乗車が許可されていたためだ）疑問や出来事もなく。
乗客は、遊びに来た友人や家族にとってアクセスのしやすさに注目しました。

チャンドラーはローリアのブリーフケースと鞄を運んだ。ローリアットは、ディケンズの『キャロル』の絵や、その計り知れない価値のためにチャンドラーが触れたくなかったその他の貴重な文書が入った拡張スーツケースを運んでいた。チャンドラーは、これは価値がありすぎると冗談を言いました。

3人はBデッキ、B-5にあるローリアットの小屋まで歩いた。一見理想的ではあるが、それは舷窓のない内装のステートルームであり、経験豊富な旅行者としてローリアが慣れ親しんでいたものであった。到着後の彼の最初の行動の一つは、船の電気発電機が故障した場合に備えて、手の届くところにマッチ箱を置くことでした。彼はこれまでに24回も大西洋を横断していた（ほとんどがキュナードの船で）。この航海は、伝説的な「グレイハウンド」に乗っての最初の航海となる。

ローリアットさんは、ボストン駅から持ってきたトランクと靴ケースがすでに自分の部屋にあることに気づき、喜び、そこで鍵をテストしてから、訪問者全員が下船しなければならないまでブランシュとチャンドラーとともに甲板に戻った。ローリアは自分の部屋に戻ると、拡張ケースからロックしやすい靴箱のトレイに図面を取り出しました。ディケンズの『キャロル』はブリーフケースに入るのです。

ラウリアットさんは出発前にドイツ大使館の警告を読んでいたが、キャンセルについてはほとんど考慮していなかった。その代わりに、彼はニッカーボッカースーツと彼の新しい発明品を身に着けました。それは、常にボストン時間に設定されている巻真巻き腕時計であり、現実にしっかりと根を張り、表面化する可能性のある絵を隠すための方法でした。彼はこれらの絵について誰にも話しませんでした。

婚約指輪と特注のライフベルトを持ったニューヨーカーのドワイト・ハリスは、ダイヤモンドとパールのドロップが付いたペンダント、ダイヤモンドとエメラルドの指輪、大きなダイヤモンドのブローチ、500ドルの金地金など、貴重品を財布の管理事務所に預けた。彼の婚約指輪も出航前に。その前に、彼は出発前に少し時間をとって在庫リストを書きました。

彼はルシタニアの文房具を使用しており、ドイツ軍の警告や感嘆符だらけの気分に動揺しているようには見えませんでした。

「また美味しいゼリーケーキとペパーミントペーストをありがとう！」彼は、いとこのサリーともう一人の家族のディックに、ティータイムに楽しむために大量のグレープフルーツを送ってくれたことに感謝しました。それが来るとすぐに、彼は昼食後に開梱を始めました。そして、いとこのサリーからこの素敵な荷物を受け取った後、彼は天気がいかに回復し始めたかに気づきました。「晴れてよかったです！私の船室は最高に快適です。昼食後に荷解きを始めます！」彼は、いとこのサリーがバスケットいっぱいの果物を送ってくれた一方、別の家族がディックから大量のグレープフルーツを送ってくれたことに注目しました。二人とも物資を寄付してくれたので、彼は十分に食料を得ることができました。

彼のメモは、出発前に船から出た郵便物の最後の袋となり、「ハドソンターミナル駅」の消印が押されました。

スチュワードは訪問者全員が下船しなければならないと発表し、船記者のジャック・ローレンスはターナー船長と話すことなく出港するよう促された。ローレンス氏は、ターナー氏は「新聞記者は船の甲板の周りを徘徊するのではなく、パーク・ロウやフリート・ストリートのデスクにいるべきだと信じているタイプの深海船長だった」と指摘した。これまでの出会いから、ターナーは冷淡で無愛想であることがわかった。「彼は自分のビジネスをよく知っているが、誰ともそれ以上話し合うことを望まない、厳格でよそよそしい人物のように見えた」。

ローレンスはターナーをとても尊敬していました。船の正面階段で彼が他の士官と話しているのを見て、「なんと素晴らしい人物像だろう」とローレンスはこの素晴らしい光景に衝撃を受けた。彼の制服はダークブルーで、ダブルブレスト、ダブルラペルで、ラペルは 3 インチで、各胸に 5 つのボタンが付いていましたが、キュナード士官のマニュアル仕様によれば、実際にボタンが留められるのはそのうちの　4つだけでした。ジャケットの袖口はあらゆるパフォーマンスの中心でした。説明書によると、各エッジには幅1/2インチの金色のワイヤーのネイビーレースが4列ありました。ターナーは革と黒いモヘアの三つ編みでトリミングされたダークブルーの帽子をかぶっており、乗組員からは一般にキュナードの「猿」と呼ばれるライオンのキュナードのバッジが特徴で、体の周りには金のステッチが施されており、その前には革とモヘアの三つ編みが付いていた。「よくあることだが、英国の船長が服装の仕方を知っているとき、彼はエレガントな商船の船長が何を着るべきかについて比類のない模範を示す」とローレンスは述べた。彼はさらに詳しくこう述べた。「彼は、最大限の陽気さを演出するために何を着るかだけでなく、どのように服を着るべきかを知っていた。その日のターナーは、北大西洋の偉大なグレイハウンドの一頭の主人であり、彼はその役割を果たしていた。」

ブリンカーの策略の40号室

ホール大尉は、ロンドンのブリンカーズ・ルセの40号室で、「謎と嘘」を神秘化し、隠蔽するための新しい計画がうまく機能していることに気づきました。

敵を惑わす」効果が現れ始めていた。

彼は戦略的なゲームマンシップに優れており、そのスキルを示す特定の作品で、イギリス軍による北海のシュレースヴィヒ＝ホルシュタイン侵攻が差し迫っていることをドイツ軍司令官に説得した。これにより、ドイツ軍はフランスから逸れ、代わりにシュレースヴィヒ＝ホルシュタインに向かうことになる。ホールはイギリス国内の対諜報機関MI-5の職員と協力し、従来のように東海岸の港から供給されるのではなく、イギリスの西海岸と南海岸に集結しているイギリスの軍艦や輸送船に関する誤った、しかし包括的な情報報告をドイツのスパイチャンネルに提供した。大陸軍の補給には通常のことである。最後に、ホールは海軍本部を説得して、イギリスとオランダの間のすべての船舶交通を4月21日に停止するよう命じたが、これはすぐに侵略が続く可能性があるという兆候である。

ドイツ軍指導者らは当初、この発表に懐疑的な姿勢を表明していた。　40号室は、イギリスに拠点を置く未確認のエージェントから4月24日に送信された無線メッセージを監視していた：大規模な軍隊輸送船が南海岸と西海岸を出発し、リバプール・グリムズビー・ハルのような大陸の港に向かっていた。

シュヴィーガーと5隻のUボートの司令官は、直ちに出発し、兵員輸送船に似たものを破壊するよう指示された。
ルーム 40 は U-20 を常に監視していた。彼女の頻繁な無線送信により、Room 40 はその進路と速度に関する情報を得ることができました。午後2時4月30日金曜日、U-20は初めてその位置を報告した。その後、真夜中まで 2 時間ごとに更新を開始し、5 月 1 日土曜日の朝 8 時まで 1 時間ごとに更新を提供しました。

Uボートの侵入を発見したのは、脅威が増大する中で発生した。
海軍本部は潜水艦の目撃情報を数多く受け取りましたが、そのほとんどは虚偽でしたが、それでも悲惨なものでした。アイルランドの警察官は、3隻のUボートが一緒にシャノン川を遡上しているのを目撃したと報告した。このようなありそうもないシナリオは良い前兆ではありませんでした。イングランドの東海岸で、汽船がシュヴィーガーの姉妹潜水艦の一つである U-22 の不発魚雷に遭遇しました。 O2 イタリアの南東の角で、ゲオルグ・フォン・トラップというオーストリア人のUボート司令官（映画『サウンド・オブ・ミュージック』でクリストファー・プラマーによって有名になった）が、レオン・ガンベッタというフランスの大型巡洋艦に対して魚雷2本を発射し、最終的に9分以内に沈没し、684名が死亡した。船上の船員たち。「だからこれは戦争だ！」フォン・トラップは後の回想録でこう書いている。彼は一等航海士にこう説明した。「私たちは、何の疑いも持たずに船に忍び寄る強盗のようなものでした！」それに比べて、フォン・トラップは、塹壕や魚雷艇での戦闘の方がいかに良かったかを指摘した。塹壕では、人々は銃声を聞き、戦友が倒れるのを目撃し、負傷者の痛みのうめき声を聞くことができました。そして、あなたは怒りや恐怖でいっぱいになり、それに応じて発砲するでしょう。攻撃されたら怒鳴ることもあるかもしれません！しかし、私たちはそうではありません。冷酷に隠れて待ち伏せしています！

5月1日土曜日、U-20やその他のUボートの公海への新たな配備のため、海軍本部は外洋で砲撃訓練を行う予定だった軍艦2隻の出発を遅らせた。

その日のある時点で、海軍本部は、ホール艦長を通じて、ドイツ大使館が発行した、ドイツ行きの特定の便に搭乗しないよう乗客に警告するかのような広告を知りました。
その日の終わりまでに、ルシタニア号に事故が発生し、ニューヨークからリバプールへの航海が迫っているという噂が広まった。新聞を読んでいる英国人や米国人は皆、彼女の出発日を知っており、7日後にリバプールに到着することを期待していました。ルシタニア号の運命は日常の人々の意識の一部となった。

40号室とその謎に詳しい人々は、さらに多くのことを知っていた。ノルダイヒにあるドイツの無線局がルシタニアのスケジュールに関する情報を送信していたということだ。新たに派遣された6隻のUボートも配備され、現在航行中だった。その中には有能な船舶破壊者として知られるU-20も含まれており、キュナードの貨物船やリバプール行きの定期船が頻繁に行き来する海域に向かっていた。この哨戒地帯はすぐにルシタニア自体が横断することになるだろう。

しかし、こうした憂慮すべき事実——新たな潜水艦の群れと公衆の警告を無視して航行する不沈のグランドライナー——にもかかわらず、海軍本部の上層部はこれらの展開をターナー艦長に伝えず、U-20を迎撃したり迂回させたりするいかなる努力もしなかった。　3月以前と1月にトランシルヴァニアとオーソニアの船で起こったのと同じだ。

キュナードの全員と同様、ターナー船長も40号室の存在すら知りませんでした。

アメリカ海軍の焦点は他のところに留まり、より価値があると認識した代替船をより重視した。

エディス・ゴールトがワシントンでますます孤立するにつれて、彼女はますますウィルソン大統領の席に就くようになった。

ウィルソンさんは 4 月の間、頻繁に思考や想像力を働かせました。しかし、礼儀を守るために、彼らはホワイトハウスで時々一緒に食事をするだけだった。ある時点で、彼らはウィルソンが特に気に入った本、フィリップ・ギルバート・ハマートン著『ラウンド・マイ・ハウス：平和と戦争におけるフランスの田舎生活のノート』について話し合った。ウィルソンはその本を書店に注文し、同時に議会図書館から本を彼女に送った。それはあなたに喜びをもたらします」とウィルソンは4月28日水曜日に書いた。「あなたはとても多くの幸せを与えてくれました！」

「もし今夜雨が降ったら、ここに来て本を読んでも楽しいですか？」「乗る」とは、彼がホワイトハウス・ピアース・アローで行った数多くのドライブのうちの一つを意味した。

彼女は、代わりに母親と一緒に夜を過ごすと約束していたので、彼の申し出をやんわりと断ったが、個人的な手紙に感謝し、それがいかに「私の幸福の杯を満たす」のに役立ったかを語った。彼女の筆跡はウィルソンのものとははっきりと対照的であった。彼は前かがみになり、ページ全体で完全に水平な指節を描いて動きましたが、彼女は後ろに傾き、ブロック活字と筆記体の間を行き来し、あちこちにランダムなカールがありました。まるで石畳に書いてあるみたい！最後に彼女は「誠実で感謝している友人ウッドロウ・ウィルソン」とメモを閉じてくれたことに感謝した。それは本当に役に立ちました！
その水曜日の夜、彼女は一日の大半をうつ病に煽られた憂鬱な気分で過ごしていたため、そのような友情の誓いは特に歓迎された。「このような抱擁は今日の影を消し去ります」と彼女は書き、4月28日を彼女のカレンダーの重要な日付にしています。

ウィルソンはすぐにその本を注文し、その後すぐにイーディスにその本を送りました。その本には、イーディスの考えや自信の一部を共有できれば大きな喜びをもたらすという短いメモが添えられていました。この本は彼を元気にさせ、同時に彼女を明るくするのに役立つかもしれないという希望を与えてくれました。優しさ、同情、理解、完全な理解のある日々、それはまさに幸せでしょう！彼はそれと一緒に花を送りました。

彼は、世界の混乱の時期に目的と気晴らしを与えてくれたエディスに慰めを見出し、戦争とその余波、そして世界の安定に対する不安から一時的な休息を与えてくれた。イーディスは彼の「天国の聖域」となった。さらにイーディスは、国家裁判に関する自分の考えを明確にするのを手伝ってくれた。夜のホワイトハウス・ピアース・アローで一緒に車に乗っている間、彼はエレン（亡き妻）と話すように、それについて話し合った。イーディスさんは、彼女の存在が彼が自分の考えをより効率的に組み立てるのにどのように役立ったかを指摘し、「彼は私の思慮深さを信頼して、発言がこれ以上拡大しないことを知っていた」と語った。イーディスは、さらに先に進むことなく自分のアイデアを提案するのに「彼は私に頼ることができた」と書いています。」

イーディスもウィルソンと出会って以来、自分の人生を違った見方で見るようになった。ウィルソンは彼女にカリスマ性と魅力に満ちたエキサイティングな世界を紹介しましたが、そのせいで彼女の日々はあまり充実していませんでした。とはいえ、彼女の教育はよく見てもむらがあった。ナサニエル・ウィルソン（ウィルソン大統領とは無関係）は、自分の人生や世界情勢において、単なる雑談よりも大きな何かを切望しており、いつか自分が大きな出来事に——おそらくは国全体の幸不幸にさえ——影響を与えるかもしれないと警告したことがある。彼女は十分にオープンだった。「これから起こると思われることに備えなさい」と彼は彼女にアドバイスした。仕事をし、本を読み、勉強し、考えなさい！
イーディスは、ウィルソン大統領とのドライブが命を与えてくれるものだと考えていた。彼らは南北戦争後の南部での生活の思い出を交換し、苦難についての話を交換し、瞬時に親密な関係を築きました。イーディスは、ウィルソンほど優秀でありながら温かく、気配りのある人に出会ったことがありませんでした。すべてが予想外で素晴らしかったです！

イーディスはウィルソンがロマンスに興味を持っていることに気づいていませんでした。ホワイトハウスの案内係アイク・フーバーが観察したように、ウィルソンは恋愛相手を見つけることに関してはかなりの誘惑者である可能性がある。ウィルソンは、一度アイデアが根付いて定着すると、2つの選択肢のうちどちらが勝つかについてすぐに考えを変えることができたとき、その魅力で潜在的なパートナーを魅了することに長けているということを証明しました。

ブッシュ大統領の従者アーサー・ブルックスは、「彼はもう終わった」と簡潔に言った。

ウィルソンはゴールト夫人の魅力にますます気をとられるようになったが、同時に世界の出来事についてもますます心配するようになった。西部戦線は流血と殺戮の地獄と化した。各陣営は国境を囲む有刺鉄線、砲弾の穴、死体が散在する無人地帯を越えて前進したり後退した。 5月1日土曜日、ドイツ軍は再び毒ガスを使用して第二次イーペルの戦いとして知られる戦いを開始した。しかしこの日、ドイツ軍の攻撃はイギリス軍をほぼイーペルの町まで押し戻すことに成功した。カナダ人医師レジナルド・キャスカートは後にこの戦争の最も象徴的な詩を書くことになる:「フランダースの野原ではケシの花が吹く/ 十字架の間には列と列が...」 月末までにイギリスは失地を取り戻し、犠牲を払いながらさらに千ヤード前進した。1万6,000人の死傷者、または1ヤードあたり16人の人員が得られた。彼らは5千人を失い、ドイツ軍の損失は合計5万人でした。

ベルギーのメシーヌの兵士の一人は、塹壕の膠着状況に対する不満を次のように述べた。「我々は古い陣地に留まり、イギリス人もフランス人も同じようにイライラさせられている。天候は悲惨で、膝まで水に浸かり立ち尽くして何日も過ごすこともしばしばだ。」
アドルフ・ヒトラーはドイツとオーストリアの血を引く歩兵で、第一次世界大戦中は主要歩兵師団の一つを率いていた。長さ！"著者はアドルフ・ヒトラーその人だった。

その一方で、ヨーロッパでは全く新しい戦線が開かれようとしていた。チャーチルはダーダネルス海峡でのトルコに対する前例のない艦砲射撃と水陸両用上陸作戦を指揮し、この行き詰まりを打開しようとした。その計画は、海峡を強制的に開放し、マルマラ海まで突破し、黒海でロシアと武器を連携させることであった。その後コンスタンティノープルで軍事力を誇示し、トルコに降伏を強要する。続いてドナウ川を遡ってオーストリア＝ハンガリー帝国への攻撃が続いた。計画立案者たちは当初、船だけを使って黒海への旅を完了することを想像していました。しかしよく言われるように、人間が計画を立てると神は笑う。続いて起こったのは、船が失われ、数千人の死者が発生し、ガリポリ半島に不動の前線が形成されたことだった。

コーカサスでロシアがトルコ軍に対して進軍すると、トルコはロシア軍を支援した疑いのある地元のアルメニア人住民の損失を非難し、トルコ東部ヴァン県に住む民間アルメニア人に対する虐殺作戦を開始した。ウィルソンは、教会指導者から直接送られてきた助けを求める訴えを即座に無視した。ウィルソンは彼らの要求を拒否した。

アメリカは中立に満足していたが、遠くから戦争を目撃しており、そのすべてが理解できないことに気づいた。ロバート・ランシング国務次官は、この現象を個人的な覚書で捉えようとした。「ここ米国にいる我々にとって、この偉大な欧州戦争をその全容を理解することは困難であり、おそらく不可能である」と彼は書き、大規模な軍事作戦と戦闘を指摘した。数百マイルに及ぶ戦線、遠く離れた戦線で命を落とした数千人、国全体がこの広大な荒廃と破壊の風景の中で破壊され、何百万人もの人々が困窮状態で暮らしていた——この広大さに彼らは当惑した。中立国が崩れるにつれ、この地全体でアメリカ人は無力感を感じた。

北フランスでの勤務期間中、そして沈没した巡洋艦で多くの暴力を直接経験した後、彼はそのすべてに対して鈍感になり、もはや細かいことはあまり気にしなくなりました。

しかし、紛争はアメリカ領土の奥深くまで広がりつつあった。ファラバ号の沈没とレオン・スラッシャー号の喪失から5週間後の4月30日、別の攻撃の詳細が初めてワシントンに届いた。ドイツ機が投下した爆弾3発が、北海を航行中の米国商船1隻（クッシング）に命中した。怪我はなく、被害も軽微でした。ほんの24時間前、ランシングは別の個人覚書で「国際戦争における中立国は常に忍耐を示さなければならないが、この忍耐と忍耐がこれほど厳しい試練にさらされたことはこれまでにない」と書いている。

ウィルソンはクッシング号に対するドイツの攻撃に大きな意義があると考え、5月1日にブライアン長官に「ドイツの海軍政策は国籍に関係なく船舶の無差別かつ無差別な破壊で構成されている」と書簡を送った。しかし、ウィルソンとブライアンは、これに対して深刻な懸念を提起しないことを決定した。ニューヨーク・タイムズ紙が報じたところによると、「当局者らは、敵艦を攻撃する意図もなく不注意に投下された爆弾によって重大な問題が生じるとは考えていなかった。爆弾が意図した標的に向けられたものではないことは広く知られている。」この寛大な評価は、当時、クッシング号が所有していた米国船の所有者が船体全体に6フィートの文字でその名前を書いていたというものであり、もし船内から攻撃されていなければ、その距離から航路から衝突されていたであろう。閉じ込める！

ルシタニア号が英国を出港する前日の土曜日、追加のニュースがタイムズ紙にもホワイトハウスにも届いていなかった。ドイツのUボートがコーンウォールのシリー諸島付近でアメリカの石油タンカー「ガルサイト」を魚雷攻撃し、男性2名が死亡した。船長が心不全で亡くなる前に。しかし、彼女はかろうじて無傷だったが、コーンウォールから西に45マイル離れたセント・メアリーズ島に向けて曳航されていた。土曜日、ワシントンは美しい春の陽気に目覚め、気温は70度まで上昇すると予想されており、男たちは今シーズン最初のわらの「蓋」を求めて小間物屋に送り出された。今年はクラウンが短くなり、つばが広くなるはずです。紳士は手を涼しく新鮮に保つために絹でできた夏用手袋を着用することが期待されていました。この日はウィルソンに、孤独を終わらせるために真実の愛を見つけるという希望を与えるだろう。

ルシタニアが進行中

当初は午前10時に出発する予定だったが、予想外の遅れが生じた。

戦時中、英国海軍本部は英国の管轄下にあるあらゆる船舶を兵役のために拿捕する権限を持っていた。彼らはほぼ土壇場でこれを実行し、リバプールとグラスゴーの間の途中でニューヨークに停泊していた旅客船カメロニアを拿捕した。船が出航の準備をしていたとき、キャメロニアのリアドン船長は、約40人の乗客とその所持品、および5人の女性乗組員をルシタニアに移送するという命令を受けた。ドイツの警告に関する朝のニュースを考えると、これらの乗客がどのように感じたかを正確に知る人は誰もいません。ある記述によると、彼らはルシタニア号のほうが小さくて遅い姉妹船であるカメロニア号よりも早くリヴァプールに連れて行ってくれると信じて喜んでいたという。

リチャード・プレストン・プリチャードは、ルシタニア号のこの遅れを利用して、2 台のカメラのうちの 1 台を開梱し、甲板に上げて都市と港の両方のシーンの写真を撮りました。彼が選んだのは Kodak No. 1 で、折りたたむと十分小さくなりました。彼のコートのポケットに収まります。

プリチャードは29歳で、身長は5フィート10インチでした。彼の母親と兄は、フルネームを大声で言わないようにして彼をプレストンと呼んだ。彼らの描写には、額の高い濃い茶色の髪、青い目、目立つ顔立ち、あごの目立つえくぼと深いえくぼが含まれていました。これらの描写は、顎の間に明らかな裂け目を持っていたプリチャード自身を反映しています。これらの言葉遣いは彼ら自身から出たものではなく、プリチャード自身から出たものであり、プリチャード自身がこれらの特徴を、人々が来る人物としての彼の魅力を引きつけるものであると強調した。
彼の顎は際立った明白な特徴であったが、豊かな唇、濃い眉、白い肌、額から波状にかき上げられた豊かな黒髪、そして男性に非常に特徴的な青い目で飾られた魅力的な顔の構造を決して損なうものではなかった。黒い髪と眉毛——ある乗客は、彼のことを「誰が見ても必ず感動する、際立った特徴を備えた絶妙な顔」をしていると評した。

プリチャードさんは父親が亡くなった後、イギリスにいる母親に仕送りするためにイギリスで木こりや農業などさまざまな仕事を試した後、最近カナダのモントリオールにあるマギル大学に入学したばかりだった。彼はルシタニア号の船室の二等船室D-90 の理髪店の近くに旅行しており、見知らぬ 3 人と同室でした。全員が就寝スペースとして上段のベッドを持ち、グリップと呼ばれるスーツケースを3つ腕に抱えていた。彼のネクタイピンには、赤と白の小さな「溶岩頭」、つまりカメオやブローチに使用される溶岩石の一種から彫られた装飾的な面が象嵌された金のリングが付いていました。横断のために彼はスーツを 2 着持ってきました。1 つは濃い青の色合いの生地で、もう 1 つはよりカジュアルな緑色のスーツでした。

甲板上で、同じくカメラを持った英国アサートン出身のトーマス・サムナーに会った。（トーマス・サムナーはキュナードのニューヨークマネージャーであるチャールズ・サムナーとは何の関係もなかった。）両者とも港の写真を撮るつもりだった。二人ともそれがクールで灰色であると感じ、トーマスによれば「かなり鈍い」と感じ、どの露出設定を使用するかについて話し合った。彼らはすぐに写真について話し始めました。

サムナーはすぐにプリチャードに惹かれ、彼を「私と同じようなもう一人の人間」とみなした。二人とも一人旅で、航海の途中でよくぶつかった。サムナーは、周囲の人々に干渉することなく人生を楽しむプリチャードの能力を特に高く評価していた。彼は「とても楽しそうに見えて、とても静かに楽しんでいた」とサムナーは書いており、「[彼は]よくあるような乱暴な行動はしなかった」と付け加えた仲間たちは楽しんでいます。」同じ二等乗客のヘンリー・ニーダムは、プリチャードについて、ホイスト・ドライブ（友達がグループで集まる夜のイベント）を企画したと語った。ニーダムはプリチャードが「乗客の間で大のお気に入りだった。彼はホイスト・ドライブ（人々が集まってホイストを演奏する夜）を企画し、港を出る前に皆が何か楽しいことをできるように企画した。
参加者たちは二人一組になって集まり、どちらかのチームが勝つまで笛を吹き続けた。

客室乗務員の一人、アーサー・ガズデンさんによると、プリチャードさんは帰国の計画を立てており、非常に興奮していたという。ガズデンは、プリチャードが到着するまでカウントダウンを続けていることに気づいた。

カメローニアの乗客の乗り継ぎには2時間かかった。後でこれが重要であることが判明しますが、現時点では単にイライラするだけでした。ターナー船長は、スケジュールに合わせて正確な配役を行い、ルシタニアの到着と出発を巧みに監督することに誇りを持っていました。

ターナーはドイツの警告に警戒していないようだった。出航直前、アルフレッド・ヴァンダービルトとチャールズ・フローマンがプロムナード甲板に立って話していると、船舶ニュースマンの一人（おそらくジャック・ローレンスではない）が近づき、ヴァンダービルトに、今回も前回と同じように幸運だと思うかどうか尋ねた。タイタニック号で航海すること。ヴァンダービルトは微笑んだが、黙っていた。出席者からそれ以上のコメントはなかった。

ターナーはヴァンダービルトの肩に手を置き、記者に答えて、もしルシタニアがドイツの潜水艦に拿捕される可能性があると知ったら、この人々全員が乗船予約をするだろうかと尋ねた。私はそうではないと思います。私の評価では、これは私が最近聞いた中で最も面白いジョークの　1　つです。彼女に魚雷を撃つという話です。

ヴァンダービルト氏とターナー氏は笑い合った。

ターナー船長はカメロニア号でのさらなる遅延の責任を負っていました。短期間の訪問のために乗船した姪の一人、メルセデス・デスモアさんは、乗務員が余分な乗客を全員乗せた後、乗務員がタラップを撤去した際、立ち往生しそうになった。この状況に対応して、彼は彼女がより簡単に搭乗できるようにそれを再設置するよう命じた。出発日がさらに遅れる。

乗客の一人、舞台美術家のオリバー・バーナード氏はこうメモした。後のメモで彼はニューヨーク埠頭でのターナー船長の怠慢なパフォーマンスについて次のように書いている：「ターナー船長はニューヨーク埠頭での任務を無視した」。バーナードがこの告発をするまでに、他の人がほとんどいなかったことを理解していました。この特定の航海ではタイミングが非常に重要であり、わずかな遅れでも航路が変わる可能性があるということです。

キュナード・ターミナルの外で映画用カメラを操作していた男性たちは、カメラのレンズの焦点が下のデッキの風景に焦点を合わせるまでカメラを高く上げた。これは、アメリカ・ラグを祝うために乗客が右舷側に群がり、布おむつより大きい白いハンカチを振るのと同じだった。一人の男性が彼らに挨拶をし、近くでは別の女性が赤ん坊をデッキレールに支えていた。

しばらくして、若い船員が接岸橋　(船尾近くの甲板にまたがる高くて狭いプラットフォーム)　への階段を登り、そこで船の両側のポールに　2　羽の白いアグを掲げます。最初に左舷側、次に右舷側に移動して、出発が差し迫っていることを知らせます。正午過ぎ、ルシタニア号はゆっくりと後退し始め、ゆっくりと流れるような動きを許すことでカメラ自体が動いたかのような印象を与えます。カメラは静止したままですが、そのゆっくりとした滑らかな動きが全長にわたってパンを生成します。

救命ボートの上でロープを結ぶ作業をする乗組員。ファーストキャビンレベルでは、ステットソンとボタン付きのオーバーコートを着たエルバート・ハバードのように、エレガントなファーストキャビンのスチュワードが出入り口から出てきて男性乗客に直接メッセージを伝えます。彼のクラバットはオーバーコートのボタンの前で部分的に隠れていた。

今、艦橋がカメラの高さで私たちの前を通過し、フレーム 289 でターナーが右舷端の翼に立っていました。船が私たちの前を滑り抜けると、ターナー船長は満面の笑みを浮かべてから私たちのほうを向き、帽子を一度軽く振ってからレールにもたれかかりました。そして快適にもたれかかります。

船がハドソン川に入ると、2隻のタグボートがその勢いが定着するまでゆっくりと船首を南と下流に向かって動かしました。船が遠ざかると、背景には濃い煙と霧があったにもかかわらず、ホーボーケンの埠頭が見えるようになりました。

下流に移動している間、ターナーは、あらゆる規模の貨物船、軽量船、タグボート、フェリーが進路を適切に調整できるよう、速度を遅く保ちました。ここのハドソン川は忙しかった。 1909 年の海図には、ピアノの鍵盤のように見えるほど桟橋が密集したマンハッタンの海岸が示されています。しかし、驚くほど浅い水域はルシタニア号の約 36 フィートの喫水を容易に受け入れ、出港時に船首が船尾よりわずか 4 インチ深かったことを示す独特の模様も特徴でした。

川の両側には桟橋とターミナルが並んでいた。ニュージャージー・アンク（船が川を下るちょうどその地点）には、エリー、ペンシルバニア、ニュージャージー・セントラルなどのさまざまな鉄道の埠頭があった。その左側には、船旅がいかに人気になったかを示す名前が付けられた桟橋が並んでいた。ペンシルバニア桟橋。ニュージャージー中央桟橋。

アルバニーのSouth Pacific C Co.コロニアルライン。クライドライン;サバンナのサバンナラインとピープルズライン/ピープルズライン（オールド・ドミニオン・ライン/ピープルズ・ライン、オールド・ドミニオン/ピープルズ・ライン/ピープルズ・ライン（ピープルズ・ライン）、ベン・フランクリン/フォール・リバー・ライン/プロビデンス・ライン）ここにも、ニュージャージーとマンハッタンの間で物資や人を輸送するフェリーが多数あり、デズブロス、チェンバース、バークレー、コートランド、リバティ・ストリートにターミナルがあり、マンハッタン最南端のデズブロス・ストリートを経由してリバティ島に向かうフェリーもありました。ジャージー。自由の女神のフェリーも最南端から運航していました。

ルシタニア号がニューヨーク港を航行していると、戦争の兆候が明らかになりました。彼女はホーボーケン埠頭に結ばれたドイツの一流客船の 1 つであるファーターランド号を追い越しました。総トン数ではルシタニアよりも60パーセント大きいが、戦争が始まるとすぐに英国海軍に捕獲され使用されるのを避けるためにニューヨーク港に撤退するまでは、かつてはブルー・リブの地位を保っていた。それ以来、実質的にそこでインターンされています。他にも少なくとも 17 隻のドイツ船がここに閉じ込められていました。

ハドソン川とイースト川が合流してニューヨーク湾を形成するバッテリー・パークを下ると、ターナーは自分自身がより深く、より広範囲に引き寄せられ、馴染みのあるランドマークを発見したことに気づきました。右: エリス島とベドローズ島のミス リバティ。左: 円形の要塞刑務所であるキャッスル ウィリアムズがあるガバナーズ島、ブルックリンのレッド フックとエリー盆地の防波堤。明らかに妨害行為の一環として最終的に攻撃され解体されることになる広大な武器庫であるブラック・トム埠頭が遠くに見えた。ターナーさんは常に交通安全を念頭に置き、特にナロウズでは霧の中で定期船や貨物船が頻繁に渋滞し、日曜の朝には教会の鐘を思わせる鐘の音が頻繁に聞こえたので、速度を抑えていた。

パーサーとスチュワードはルシタニア号の密航者を発見するために定期検査を実施した。戦時中だったため、今回は細心の注意を払って実施された。すぐにドイツ語しか話せないとみられる3人の男が逮捕された。カメラを持っている人もいた。

StaW　のアンダーソン大尉はこの発見をリバプールの刑事ピアポイントに報告し、ピアポイントは今度は StaW の通訳に協力を求めました。残念ながら、船に密航していたドイツ人男性 3 名を特定したこと以外は、あまりわかっていませんでした。後に、彼らの目的はもっと邪悪なものだったのではないかという憶測が広まった。彼らは、船が武装していたか、あるいは密輸弾薬を積んでいたことを証明する証拠を見つけて写真撮影したいと考えていた。

船内では3人が逮捕され、リバプールに到着するまで地下の仮設営倉に入れられ、英国当局に引き渡されることになったが、この逮捕のニュースは同船の同乗者には知らされなかった。

有名な霊媒師の娘であるアルタ・パイパーは、一度も乗らなかったし、チケットも返却しなかった。夜の声を無視することはできなかったが、前に出てキャンセルすることもできなかった彼女は、優柔不断な人々の例に倣い、出発の朝を何度も何度も荷物をまとめたり詰め直したりして過ごし、ついに遠くで船の出港を知らせるクラクションが聞こえた。

土曜日の夜明け、U-20の船内にはコーヒー、パン、マーマレード、ココアが用意されており、人工呼吸器が単調な騒音を発し、司令塔にいるシュヴィーガーは時折霧雨や霧が発生するものの、海況は概ね穏やかであることを観察していた。別の蒸気船が前方に現れましたが、その詳細は霧で非常に不明瞭だったので、シュヴィーガーはそれを攻撃することを選択しませんでした。 U-20自体の船内では禁止されているにもかかわらず、乗組員は甲板上で交代で喫煙していた。

午前7時15分、シュヴィーガーはU-20に通常の巡航深度72フィートまで降下するよう命令した。これはU-20が喫水の深い船舶の船の下を難なく通過できる十分な深さである。U ボートはその強さの評判にもかかわらず、洗練さと原始性を同等に兼ね備えた脆弱な船であったため、これは賢明な慣行でした。

男性はバラストとして使用されました。シュヴィーガー氏は、ボートを素早く水平にするか「ドレス」し、急降下速度を速めるために、乗組員に船首か船尾のどちらかに走るように命令した。これは滑稽に見えるかもしれませんが、これらの操縦はしばしば危険なときに実行されました。U ボートは荷重の変化に敏感で、魚雷 1 本を発射するだけでも、魚雷の発射によって引き起こされる突然の重量変化を補うために人員が素早く場所を移動する必要がありました。それを補うためにバラストとして人員の交代が必要となる。

ボートは頻繁に事故に遭いました。各船の船体底部には、操縦、潜水、上昇、圧力調整のための複雑な機械システムが詰め込まれ、さらに魚雷、手榴弾、砲弾がこの雑然とした中に挟まれていました。
このような状況下では、硫酸が充填されたバッテリーが海水にさらされると致命的な塩素ガスが発生する可能性があり、一歩間違えば悲惨な結果を招く可能性があります。たとえ小さなミスであっても、大混乱を引き起こす力があり、悲惨な結果につながることも少なくありませんでした。

ボートは船尾から沈没した。船長は乗組員29人全員と司令塔の他の2人に艦首への進入を命じたが、船の後ろから水がゆっくりと満たされ、気圧が痛々しいほど上昇した。これらすべては完全な暗闇の中で行われていた。

バッテリーは塩素ガスを発生し始め、緑色がかった霧となって噴出し始めました。一部のガスが船首コンパートメントに入りましたが、致死濃度に達する前に空気浄化システムによって封じ込められました。最終的には空気の供給が大幅に減少しました。

陸上の海軍当局者は2時間が経過するまで危機について知らされなかった。それを知った彼らは、救助活動のために2台のオーティングクレーンとバルカンサルベージ船を派遣した。救助隊は船首を上げ、下に閉じ込められた隊員が前方の魚雷発射管から脱出できるようにする計画を立てた。

ダイバーはクレーンが船を持ち上げて船首が見えるようにするまで、必要なすべてのケーブルを船首の周りに配置するために11時間かけて働きました。

ケーブルが切れ、ボートは後ろ向きに海に落ちた。ダイバーらは再び救助活動を試みたが、船首部のほぼ空気のない暗闇の中に24人の乗組員が27時間以上閉じ込められたため、今回はさらに14時間かかった。最終的に、この試みは成功しました。男性たちはチューブから現れ、疲れ果てていたが生きていた。

バルカン号がまだ司令塔にいた者も含め、船に乗っていた3人全員をなんとか引き上げるまでに5時間が経過した。救助隊員がハッチを開けると、内部が水浸しになっていることが判明した。
中で男性3名が死亡した。塩素ガスは、オペレーターが下の制御室と通信できるように設計された伝声管を通じてタワー内に浸透し、隅々まで満たされました。

その後の調査により、換気バルブインジケータが誤って取り付けられていたことが判明しました。実際にはバルブが開いているにもかかわらず、バルブが閉じていることを示していました。

しかし、この結果は、全員が乗った状態で転覆し、4か月間引き上げられなかった訓練用Uボートの結果よりはまだマシでした。初期の救助活動に参加したダイバーは、内側から叩く音を聞いた。問題が提起されると、その原因が明らかになりました。地雷に当たったのです。ハッチが強制的に開けられたときに居合わせた船員は、潜水艦乗組員が最も恐れていた死の生々しい証拠を発見した：引っ掻かれた鋼鉄の壁、内部の死体の引き裂かれた釘、衣服や壁についた血痕は、あまりにも恐ろしい目撃者だった。」

土曜の朝11時頃まで霧は濃かったが、シュヴィーガーさんは視界が良好でディーゼル動力で浮上して捜索を続けることができると判断した。駆逐艦が突然現れたり、理想的な目標が予期せず実現したりする場合に備えて、バッテリーの充電は常に不可欠でした。

シュヴィーガーは無線担当者に、出てきたらすぐにドイツのU-20チームの基地に戻ってアンコーナとの交信を試みるよう指示した。反応はなかったが、彼の報告では近く500メートルで強い信号があったことが示された。他人にその存在を知られないようにするためです。シュヴィーガー氏は彼に信号を送るのをやめるように指示した。

U-20はイングランド東海岸沖で北上を続けた。シュヴィーガーの航路は、スコットランド上空を通過し、その後スコットランドの西海岸を下ってアイルランドに向かって航海し、その後左折してアイルランドとイングランドの間のケルト海とアイリッシュ海に入り、リバプール湾に向かうというものだった。
このルートは時間はかかったかもしれませんが、はるかに安全でした。

シュヴィーガーは、北東からの風に逆らって4フィートのうねりを乗り越え、他の船に注意を払いながら、最近蒸気船から出てきた煙のプルームを見つけようとしました。残念ながら、このような曇りで悲惨な状況のため、シュヴィーガーの見張りが蒸気排気プルームを発生させている蒸気船を見つけるのは困難でした。

視界は一日中悪く、午後遅くに再び悪化し、シュヴィーガーは霧の中に閉じ込められていることに気づきました。 U-20はこの時までに目標地域、フォース湾に注ぐエディンバラのシーレーンに到達していた。より晴天の条件があれば、これらの海域でターゲットを見つける機会がより大きくなったでしょう。しかし、霧の状況では攻撃は不可能であり、衝突の危険が大幅に増加しました。 4時にシュヴィーガーはU-20を潜水させて通常の航行深度に戻すよう命令した。

1945 年 4 月 9 日、闇が落ち、星が地平線から地平線へと広がる中、U-20 が浮上し、シュヴィーガーは北海と北大西洋を分ける仮想の線をまたいでシェトランド諸島のフェア島へ針路を定めました。

シュヴィーガーさんは、旅を始めて 2 日目で孤独になり、上司とコミュニケーションをとることができなくなっていることに気づきました。

ニューヨーク港の外に出ると、ルシタニア号は加速し始めました。しかし、ターナー船長は、船がアメリカ領土を出た直後にはまだ最高速度を命令していませんでした。最大速度で動力を供給する貴重な石炭を、その後すぐに急停止する必要が生じたときにすぐに使い切る必要がなくなる。

船がさらに開けた大西洋を航行し、船自体が風を生み出すにつれて、甲板は著しく涼しくなりました。一部の乗客はまだ手すりに留まって、陸地が徐々に後退していくのを眺めていましたが、ほとんどは荷物を解いて落ち着くために宿泊施設内に入りました。年長の子供たちは、さまざまな形のレクリエーションを試しながら友達を作りながら、デッキを自由に歩き回っていました（トップデッキでシュケボード！）。両親がそれぞれの食堂で食事をしている間、一等船と二等船の年少の生徒たちは航海中にスチュワーデスに援助を求めた。

建築家であり霊性学者でもあるセオデート・ポープとその同行者エドウィン・フレンドは、船の一等読書・執筆室へ行った。一部は女性専用であり、図書館としても機能しました。男性もこの部屋に入ることができました。船上のデッキを横切って広がるこの部屋には、その全長に沿って書き物机と椅子が置かれ、ソフトクリーム色で覆われた淡い灰色の絹の壁で覆われ、ローズ・デュ・バリーとして知られるピンクがかった絹のカーテンが窓を覆いました。そのカーペットは柔らかい灰色の色調の淡い絹の壁で覆われ、壁にはローズ・デュ・バリーの花柄の絹のカーテンが並んでおり、窓からは吊るされていました。船のデッキ後部のカーペット敷きの床はカーペットで覆われていました。この広い部屋には女性専用のため、デッキの周りに机と椅子が置かれていました。一方、一部はその範囲内で女性専用に独占的に予約されており、女性専用ではあるものの、男女が平等にアクセスできる両方の図書館として機能していました。
男性たちは、Aデッキのさらに奥にある、クルミ材のパネルが張られた喫煙室として知られる同じ大きさの部屋を独占的に使用していた。

セオデイトはニューヨークのサン新聞を入手し、読み始めました。

同紙はウィリアム・ジェニングス・ブライアン氏の前日のニューヨーク訪問に特に注目した。彼は、国際的な関心から時間を割いて、カーネギーホールでの集会で講演し、ビリー・サンデーが主導し、チャールズ・コルソン牧師がコーディネートして「禁酒誓約書」に署名することで人々に禁酒を説得する取り組みを支持した。」ブライアン長官はフィラデルフィアで行われたこのテーマに関する前回の講演に1万

6000人の聴衆を集めた。ニューヨークの主催者らはホールでも同様のイベントが行われることを期待していたが、会場に集まったのはわずか約2,500人で、ホールの約3分の1が空席となった。ブライアンは黒い服を着ていた。アルパカのコート、黒い紐タイ、黒いスーツ、そして紐タイをすべて同時に着ています。演説の終わりに、彼は聴衆に敬意を表して氷水の入ったグラスを掲げた。最近49歳になったブッカー・T・ワシントンも名乗り出て、ビリー・サンデーの誓約カードの1枚に署名してから発言を終えた。

ワシントンに本拠を置くメディアは、ホワイトハウスでD・W・グリウス監督の映画『クランズマン』を上映したことに対する批評家による攻撃が続いていることにウィルソン大統領が不快感を示したと報じた。ウィルソン氏は2月18日、娘たちや閣僚らとともに上映会に出席していた。トーマス・ディクソンの小説『クランズマン：クー・クラックス・クランの歴史ロマンス』を基にしたこの映画は、クランを新たに抑圧された南部白人たちの英雄的な解放者として描きながら、復興期の悪とされるものを描いた。グリウスは、自分の映画が気分を害した観客に見られることを非常に懸念し、タイトルを「国家の誕生」からより適切なものに修正したが、映画館の外でのNAACP抗議者を含む批評家たちはその内容を非難した。　4月30日金曜日、ジョセフ・タマルティは、「（彼は）それが提示されるまで、その性格を知らなかった」と、その提示前にウィルソン大統領がそれについて知っていたことを否定する声明を発表した。
タマルティ氏によると、ウィルソンさんは旧知の知人への好意として上映に同意したという。

そしてもちろん最新の戦争ニュースもあった。ドイツ軍がバルト海沿いのロシア軍陣地に侵攻した。シャンパーニュとムーズの戦いは双方に何の利益ももたらさず、ドイツ軍がイーペル突出地での陣地を強化する一方、トルコ軍はヴァン県のアルメニア民間人に対する攻撃を再開したが、西側では同盟国がガリポリ半島でトルコ軍を敗走させたと主張した。しかし、後になってこの主張は不正確であることが判明します。アメリカ船クッシングの爆撃についても簡単に言及された。

テオデートは戦争に激怒した。彼女はドイツが単独で責任を負うものと考えており、ドイツが英国に責任を転嫁しようとする試みには反対した。「彼らが何年もイギリスを侮辱してきたのに、イギリスが三国同盟との協定を単純かつ名誉ある態度で守るなら、他に何を期待できるだろうか？」彼女は嘆いた。セオダーテはベルギーの中立を守るためのイングランドの介入について書いた。彼女はドイツを「見違えるほど」にする連合軍の圧倒的な勝利を望んでいた。しかし彼女は米国の関与を望まなかった。その前の10月、彼女は霊媒師から「いかなる状況においても、米国はヨーロッパの紛争に積極的に参加してはならない」という緊急メッセージを受け取ったと主張していた。このニュースはウィルソン大統領に伝えられました。

土曜日のサン紙でセオデートさんの目を最も引いたのは、ドイツ大使館の警告に関する1面トップの記事だったが、これまで彼女が目にしたことはなかった。彼女のこれまでの唯一の警告は、キュナードの乗客向け情報パンフレットに掲載されたもので、同乗のファーストクラス旅行者の名前とともに次のような注意書きが記されていた。「乗客は、プロのギャンブラーが大西洋汽船を頻繁に横断していると報告されていることに留意し、それに応じて適切な予防措置を講じるべきである。」サン紙は「ドイツ、海外旅行阻止の措置を講じる」という見出しでドイツの発表を好意的に報じ、この夏のアメリカ人のヨーロッパ旅行を阻止する警告キャンペーンの詳細を報じた。

セオデートはそのことをフレンドに話し、「それは当然、彼らが我々を捕まえるつもりだということだ」と述べた。英国の海域に到達すれば護衛が付くと知って、彼女は安心した。それがいくらかの慰めとなった。

ネリー・ヒューストンは、叔父と叔母と一緒にシカゴで一年過ごした後、ルースに宛てて、帰国の航海中ずっと続けるつもりであるという手紙を書き始めた。そこには、多くの興味深い詳細とおしゃべりな観察が含まれていました。彼女は、カメロニアからの乗客が増えたため、2等がどれほど混雑したかを指摘し、朝食サービスが2つの座席に分かれていたほどでした。そして、自分には 7 番席の 1 番座席が割り当てられていたと不満を述べました。　:30AM毎朝それは彼女を毎朝早く起きさせることになるでしょう！

7:00、彼女は予想外に寒かったことに気づき、厚手のコートを持ってきてくれたことに感謝した。

彼女の友人や家族の多くは、その日彼女がルシタニア号で出航することを知っていたので、多くの人が手紙や贈り物を送った　- プルーから、ルースおばさんのシルクスカーフ、プルーからのシルクストッキング、ネリー・キャソン、ウィル・ホブソン、トムからのカード、エディス・クラースさん、そしてルーさんからの予期せぬ質問に私は答えるつもりです！「私！」と彼女は興奮して書いた。「今日受け取ったものはとても面白かったです...今日、面白がったスチュワードから受け取ったメールは、もしかしたら私の誕生日かもしれないと言っていました。」友人や親戚からも贈り物が届きました。友人や親戚からたくさんの贈り物が届きました。友人たちも手紙を送っていた。「そうです！今日私が受け取ったものは...友人や親戚からです。ネリー・キャソン・ウィル・ホブソン・トム・エディス・クラースからのカードとルーからの花も送られてきました。皆さん、ありがとう！すぐにルーに返事をしたいと思っています。」

彼女の旅行を心配する人もいた。「ウィルとビーが泣いたと聞いて、私はびっくりしました。それが彼らを苦しめるとは思いもしませんでした。彼女自身は泣くことを避けましたが、ある手紙にこう書きました。「別れてから何度も泣きたくなった」。

公海に入ると、ターナーはすぐに船を減速させる措置を講じた。そうすることで燃料の使用量を大幅に削減し、船舶間の不必要な衝突を回避しました。

遠くから見ると、霧の中から三隻の大きな船が現れた。これらはイギリスの軍艦で、ファーターランドなどのドイツの定期船がニューヨーク港に入港するのを防ぐためにそこに駐留していました。ターナーはルシタニアを即時停止させるために「全速力後進」を命令した。

これらの船のうち 2 隻は巡洋艦、HMS ブリストルとエセックスです。一方、3 番目のカロニア号　(キュナード客船を軍用に改造され、重武装した)　は、かつてターナー自身が船長を務めていました。各軍艦はルシタニアの右舷側に停泊し、カロニアは左舷側に停泊し、互いに約 600 フィートの距離を保った。 3人全員が彼女に向かって漕ぐために小さなボートを海に落としました。カロニアのジェームズ・ビセット船長は、「渦巻く霧のベール」を通ってイギリス行きの郵便物を運んでいたこれらの小さな船を覚えています。ビセットはこれら 3 隻の軍艦の作戦について次のように書いています。「海面を横切る風はほとんどなく、軽い霧がシュラウドのようにそれらの周りに張り付いていました。」

ビセットは、数年前にウンブリアと呼ばれる古い客船でそれぞれ下級三等航海士と二等機関士として乗船していたターナー船長とStaW船長アンダーソンを認めました。

ターナーとアンダーソンは橋の左舷側の翼に立って、カロニアの艦橋に乗っている同僚たちに手を振ったが、全員が長年にわたってお互いの下、横、または上で勤務してきたことでお互いを知っているようだった。ターナーとアンダーソンが艦橋内に戻った後、ルシタニア号の二等航海士パーシー・ヒー・オードが曲がり角のあたりから現れた——「彼は私の特別な友人だった」とビセットは回想した——両者の前で古代の不定期船で一緒に勤務していた。ルシタニアに乗船するこの重要な一歩を踏み出す前にキュナードに加わった -「今、彼はそこにいた！」ビセットは書いた。

二人の男が腕を使って挨拶と別れを合図した。

"乾杯！"　"幸運をお祈りしています！"そして「安全な旅行を！」航海の成功を祈ります！
ボートがそれぞれの船に戻った後、ターナー船長は最高速度、全速力の命令を出しました。彼がこの命令を出すと、ルシタニア号の巨大なプロペラが船尾で水の滝を上げ、ターナー船長が「船員の別れ」の合図で霧笛を三回鳴らしながら前進を始めた。

通常の航行では、ルシタニア号のすべての炉とボイラーが完全に稼働し、4　つの煙突すべてが煙を吐き出す必要がありました。しかし、戦争により旅行が大幅に減少したため、キュナードは可能な限りコストを削減する方法を模索する必要に迫られました。ターナーは11月、4つのボイラー室のうちすべてではなく3つを稼働させる命令を受け、1回の航行当たり1,600トンの石炭を節約すると同時に最高速度を25ノットから21ノットに低下させた。これは当初の任務を考えると皮肉だが、これにより1日の移動距離も増加した。100 海里移動すると、大西洋横断にさらに 1 日追加されます。

軍艦の 1 隻が、ルシタニア号のこれまでに撮影された最後の写真と思われる写真を撮影しました。ルシタニア号が 3 つの煙突から煙を吐き出して霧に包まれた大西洋に突入し、期待どおりに機能したのは 3 つの煙突だけであることがわかりました。キュナードはこの変更を公に発表しておらず、その時点でそれを知っていた乗客はほとんどいなかった。

パート 2 - U-20 アスリートのための縄跳びとキャビア

「ブラインド・モーメント」

午前8時25分までに日曜日の朝、フェア島は3海マイル先の右舷に見えたが、シュヴィーガー氏はオークニー諸島の中で最大の島で標高が最も高い島が何であるかをまだ特定できなかった：本土か、スコットランド北部のオークニー諸島か、それとも左舷か：それはついに今登場するでしょう！

3日目のこの日、U-20チームは「ブライト・ハンス」を残し、スコットランドのスカパ・フロー基地近くの厳重に監視された北大西洋の海域に入る準備をしており、船内では緊張が高まっていた。シュヴィーガー氏は、自分の位置を記録した直後に、哨戒任務中であることを示唆する意図的な目的を持って遠方で移動している2隻の駆逐艦に気づいたとき、驚くべきではなかった。

彼は急降下を命じ、司令塔の階段を下り、後ろでハッチを閉めた。

U　ボートにとって、ダイビングは単純でも楽なプロセスでもありませんでした。むしろ時間を要し、攻撃にさらされたままになってしまった。　U-20　クラスの潜水艦は、訓練を受けた乗組員がいれば、わずか 70 秒で船の下を通過できる深さまで急速に降下することができました。緊急時には、この期間ははるかに長く思えるかもしれません。古いボートによっては 5 分まで 2 分半かかる場合もありました。これらの古い船は、乗組員によって自殺ボートと呼ばれていました。潜水中、U ボートは最も脆弱であり、長距離から軍艦や砲Xre の攻撃を受ける可能性がありました。 1 発の砲弾が貫通すると、衝撃波が船の保護下を通過する深さに到達する可能性があり、たとえ 1 発の砲弾が命中しても貫通する可能性があります。
Uボートはもはや唯一の潜水手段を持たなくなり、Uボートの主な利点と脱出手段が無効になります。

U-20の水上飛行機（水平方向の舵）は最大の急降下、船首機が下向き、船尾機が上がるように調整されていました。潜水艦は単に潜水タンクに水を満たして沈没するだけではありませんでした。むしろ、迅速かつ安全に沈めるのに役立つ正確な制御メカニズムに依存していました。ボートが動力を受けて前進すると、空気が飛行機の翼や翼の上を通過するように、水が飛行機の上を流れ、船を水面下に押し込みました。特定の深さレベルを達成するには、その特定のニーズを満たすためにのみ海水がタンクに追加されます。このポイントを見つけるには熟練が必要でした。海況が変化し、ボートの重量が着実に減少するため、その場所は日ごと、そして瞬間ごとに異なります。魚雷が 1 本命中すると、U ボートは突然 3,000 ポンド軽くなる可能性があります。貯蔵物資を詰めた木箱が船外に流出するケースが増えたため、食料消費もボート重量の大幅な減少に貢献した。戦争中、淡水の供給は着実に減少した。

海水の浮力は温度と塩分の変化によって変化します。ボートは塩分濃度の高い北海よりもバルト海でより容易に下降する傾向がありました。川の河口を通過する潜水艦は、淡水の流入により予期せぬ沈没に遭遇する可能性があります。流速や深さが変化すると浮力も変化し、計算を誤ると大混乱を引き起こす可能性があります。敵の駆逐潜水艦の視界内で予期せぬポップアップが発生し、待っている事故になる可能性があります。

悪天候は事態をさらに複雑にします。高波は水上飛行機が海底に深く突き刺さるのを妨げる可能性がある。ポール・ケーニッヒ艦長は、嵐に浮上した後、近くの駆逐艦から煙が出ているのに気づき、波にさらわれないように緊急潜水を指示した、ある恐ろしい朝のことを鮮明に覚えている。これに応じて、下の制御室の男性は浮力の減少を増やすために船首タンクの両側にある通気口を開けました。それにもかかわらず、ケーニヒが司令塔の小さな窓の一つから、新たな波が押し寄せるたびに不安が増していくのを眺めている間、彼のボートは水面に留まっていたのです！
ケーニッヒは水上飛行機を最大角度まで傾け、加速が下降への推進力を高めることを期待して全速力で前進するよう指示した。しかし、残念なことに、彼のボートは波ごとに浮き沈みを繰り返しながら水面に留まり続けました。

ついに飛行機が進入し、ボートは降下を始めました。しかし、突然新たな問題が発生しました。ケーニッヒは、ボートがあまりにも強い力で急降下したため、深さを測定する「圧力計」が驚くべき速度の落下を記録したため、船外に落ちないように潜望鏡の接眼レンズをしっかりと握る必要があることに気づきました。最終的に衝突が発生し、ボートに乗っていた全員がボルトを外された物体とともに宇宙空間へ前方に飛ばされました。

圧力計の表面が赤みを帯びた光を全体に投げかけると、制御室は静寂に包まれました。警官がこの沈黙を「まあ、到着したようだ」と中断し、緊張を破った。

ケーニッヒは、ボートが36度の鋭角に立って前後に揺れ始め、船尾が上下に揺れ、エンジンが作動し続けたとき、「船体全体が轟音を立てるほどの間隔で鳴り響いた」と書いている。船尾から船尾へ」と主任機関士が何が起こっているのかを最初に認識し、エンジン運転の即時停止を命じた。

ケーニッヒ氏は、海図によると潜水艦が約31メートル（約100フィート）の深さで船首まで水没し、船首がおよそ31メートル下の海底に突き刺さったことを理解した。波が打ち寄せると、プロペラが外気を回転させながら、船尾が時折水面上に突き出て、遠く離れたところからでも聞こえる泡の間欠泉を作り出しました。ケーニッヒは、今にも駆逐艦の砲弾が衝突して彼の船を破壊するだろうと予想していました。何の前触れもなく、防御側が操縦して逃げる機会もなく、いつでも突入するだろう。

問題は制御されたので、ケーニヒは乗組員に両方の潜水タンクを船尾方向に満たし、船首から水を吹き込み、潜水艦を潜水したまま徐々に正すように指示しました。ケーニヒが全速力で前進と退避を命令するまで！

ダイビングではタイミングが最も重要です。U-20 が降下を開始すると、エンジニアは直ちにディーゼル エンジンから電気エンジンに切り替え、その後船内のすべての通気口と安全機能を作動させました。
シュヴィーガーは、船体の外殻につながる排気ポートを閉じて密閉した後、潜水タンクに水を入れる前に、ハッチを密閉し、排気ポートを密閉し、排気ポートを閉じるように命令しました。これには、上部のバルブを介して空気を強制的に排出する必要がありました。海水は下のバルブから入りました。吸引エンジンのおかげで、より早く吸い込むことができました。このプロセスをさらに促進するために、彼は船の船首に人員を送り込みました。

シュヴィーガーは、U-20　が巡航深度に近づくと沈下を止めるためにタンクに空気を送り込むよう命令し、この時点に達するとポンプから怒鳴り声を上げて乗組員に警告した。

管制室の操舵手は水上飛行機を調整して深さを維持した。潜望鏡の深度に到達するために、彼らは潜水タンクに空気を充填する代わりに飛行機のみを使用しました。これにより精度が向上し、ボートが予期せず浮上する可能性が減少しました。 Uボートは水中に沈んでいる間、常に動き続けなければなりませんでした。唯一の例外は、北大西洋など、船底に座ることができる浅い海域で、じっとしていると船体が圧力で押しつぶされてしまいます。絶えず前方に進むと問題が発生し、潜望鏡が上がると、周囲数マイル先まで見える航跡が発生しました。どちらの問題も、関係者全員による調整と管理が必要になります。

U-20が降下すると、音を立てなかった活動を除いて、すべての活動が数分間停止した。いつものように、乗組員は漏れがないか耳を傾け、内部の気圧を監視しました。

乗組員たちは、ボートが完全に水没し、エキサイティングでユニークな方法で海中を移動することにスリルを感じました。水上艦のように波をすり抜けるのではなく、飛行中の航空機のように楽々と滑空します。

しかし、シュヴィーガーは自分が盲目の鳥のようなものであることに気づきました。司令塔の窓からは近くにあるものしか見えず、通常は鋼製のシャッターで覆われており、視界が完全に遮られていました。この道を旅するには多大な信頼が必要でした。自由に使えるソナー技術がなかったため、彼女は航行目的で正確な海図に全面的に依存していました。
Uボートの船員たちは、沈むことのできない遺棄された岩や未知の岩が進路に横たわり、前進を妨げるかもしれないと恐れていました。

日曜日の午後12時40分過ぎ、シュヴィーガーは上昇命令を出した。指揮官たちが言及した「盲目の瞬間」、つまり潜望鏡が水面を破る直前の当惑するほど長い間隔がやって来た。全員が、船体を通過する船の音（船首を通過する水の勢いやプロペラの回転音など）に注意深く耳を傾けていましたが、これは潜望鏡を通して聞くことによってのみ検出できました。それ以外に何が上にあるのかを知る方法はありませんでした。ある指揮官によれば、シュヴィーガーが接眼レンズを通して見つめるとすぐに、水面はますます明るく透明になったという。この数秒は人類がこれまで耐えてきた中で最も神経をすり減らす瞬間だったに違いない。」

シュヴィーガーと同僚の指揮官が最も恐れていたのは、U ボートの 1 隻が敵駆逐艦の至近距離、あるいは直接進路上に出現し、両艦の防御側全員が危険にさらされることでした。ある時点で、そのような U ボート 1 隻が非常に接近して浮上し、その黒い船体がレンズを遮りました。あまりにもあまりに最初、船長はそれを不気味な暗い嵐雲と間違えました。

シュヴィーガーの潜望鏡が水面を通過するとすぐに、彼は周囲を 360 度素早くスキャンしましたが、懸念すべきものは何も見つかりませんでした。ここは、U　ボートが水上艦艇よりも有利な点でした。シュヴィーガー氏は蒸気船の漏斗煙を遠くから見つけることができましたが、それらの船の見張りは彼を見つけるために近づく必要がありました。

シュヴィーガーは、浮力を高めるために水上飛行機と潜水タンクの空気と水の混合物の両方を使用して、U-20が完全に水面に浮上するように命令しました。これらのタンクから海水を押し出すために圧縮空気が放出されたとき、U-20 は水の上を歩いているような突然の大きな轟音を経験しました。指揮官は潜水艦を完全に引き上げることもあれば、司令塔だけが水面上に突き出ている場合もあり、水面の上を歩いているような「洗い流す」感覚を与えます。

シュヴィーガーはU-20　EMERGEDに向けて順調に進んでいたが、ここで予期せぬ状況に陥っていることに気づいた。

潜望鏡を通した彼の最初の視界は予想とは大きく異なっていたことが判明した。6隻の英国巡視船がフェアアイルからノースロナルドゼイ島の灯台までの通路に沿って点在しており、これらの海域を探検する船乗りならおなじみのランドマークだった。

その後、シュヴィーガーは背後にさらに 2 隻の駆逐艦がいることに気づきました。これらは以前にも見られていましたが、手の届かないところにあるようでした。彼は日誌の中で、「彼らがU20に向かって視界に戻り、巡視船の1隻がこちらに向きを変えて近づいてくる。

ルシタニア - 海の日曜日

3隻のイギリス軍艦と遭遇した後、ターナー艦長は3隻のアメリカ軍艦とともに帰還し、本国への航海を続けた。

彼はルシタニア号を希望の航海速度として21ノットに設定し、大西洋を横切る「周回コース」をたどるよう北東の針路方位を設定しようとしました。北の海で氷山が形成された5月にターナーさんは別のルートをとり、彼が「ロングコース」と呼ぶルートをたどり、通常の夏から秋にかけてのルートよりさらに南へ進んだ。すべてが計画通りに行けば、ターナーは5月8日土曜日の夜明け前にリバプール港の外にあるマージー・バーに5月8日の夜明け前に到着するはずだ。タイミングが非常に重要でした。大型船は満潮時にのみバーを渡ることができました。第一次世界大戦前、これは特に問題ではありませんでした。到着が早すぎたり遅すぎたりした船長は、ただ立ち止まり、再び満潮が来るまでアイルランド海を歩き回っていました。遅れが致命傷となる可能性があるため、船長たちはバーの両側で停止したり一時停止したりせずに横断できるように、到着のタイミングを計ることを目指しました。

5月2日の日曜日、船は雨、霧、そして船酔いを引き起こすほどの荒れた海に見舞われました。多くの乗客は部屋に避難した。より堅実な人々は、船酔いをしばし休息するために、ベランダ・カフェ(ハンギングバスケット、コンテナの中の6本の低木、および箱に入った他の40本の植物で満たされた庭のような部屋)でお茶を飲みながら、デッキを探索したり、通信のために船のタイピストを雇ったりしました。Cデッキはシェルター　デッキとも呼ばれ、上部の下側デッキに保護されて本を読む場所でした。チケット所有者は、航海ごとにデッキチェアをレンタルでき、さらに　1ドル追加すると、船用語で「敷物」と呼ばれるブランケットを購入できました。
日曜日の朝10時30分、2つの宗派が教会の礼拝を行った。英国国教会が1級サロンで、ローマ・カトリック教会が2級サロンだった。多くの乗客は昼食サービスのために午前11時頃に起床する予定でした。

テオデート・ポープは困難な夜を過ごした。彼女のキャビンは、クロンプトン家(大人6名と幼児1名からなる非常に騒がしいグループ)が予約した3つのステートルームの近くに位置していたため、騒がしかった。彼らはクルーズ中ずっと騒々しいことが判明した。不眠症になりやすいTHEODATEは、その騒音が耐えられないと感じました。そこで彼女はパーサーのマカビンに、デッキ　3　にある別のステートルームを探すように頼んだ。マカビンは同意し、代わりにTHEODATE　　POPEをそこに配置した。

ゼネラルモーターズ輸出会社の「特別代理店」としてニューヨークからやって来た
26歳のレーシングカードライバー、ウィリアム・ウノ・メリヘイナは早起きして「ダン
ディな塩水風呂」を楽しんだ - 船上の浴槽には温められた海水が入っていたそれ
は彼の浴槽を温めた - 服を着て朝食に出かける前に。船上ではかなりの船酔い
があったと彼はエスターに宛てた長い手紙の中で「でも気分は最高だ」と記してい
る。

メリヘイナ（旅行中はウィリアム・メリー・ヘイナとして知られていた）は、フィンランド
のフィンランド公国（1917年に独立する公国）に住む両親のもと、ロシアで生まれ
た。彼は 1893 年にニューヨーク市に移住しました。1909 年以来、スピードを愛す
るようになり、1909 年までにブルックリンのブライトン ビーチでカー レースをし、24
時間レースで 1 回優勝したこともありました。さらに、彼はその年の第1回レースの
後、インディアナポリス・モーター・スピードウェイの最初のレーサーの1人となっ
た。驚くべきことに、彼は2度の衝突事故を免れた。彼の車、ロジエは2度横転した
が、怪我はなかった。その後、ガーデンシティ・ロングアイランドでアマチュアパイ
ロットとして飛行機に乗り、空中で飛行機が衝突した。奇跡的に彼は無傷で生還
したが、妻は彼のことを「これほど勇敢な人はいなかった」と語った。
彼はルシタニア号を選んだのは、それが「最も安全な」船だと思われたからです。
残念なことに、彼は搭乗して妻と娘のシャーロットに別れを告げようと急いでいた
ため、搭乗前に新聞を開く時間がありませんでした。ニューヨークから約40マイル
離れたとき初めて、彼は国境が危険であるというドイツの警告を読んだ。

彼は心配していませんでした。フランスとイギリスの軍艦に遭遇したとき、フランス
の弩級戦艦 1 隻が引き返しました。しかし、ルシタニアはそれを置き去りにしまし
た。

他の乗客と同様に、彼は定期船の 4 番目の漏斗から煙が出ていないという明らか
な手がかりが得られたにもかかわらず、ライナーが 1 つのボイラー室を閉めて減速
して航行していることに気づいていませんでした。むしろ、彼はそれが最高速度
25 ノットで移動していると信じており、この成果に大きな誇りを持っていました。「私
たちはその素晴らしい速度のおかげで、双方向に行き着いた数隻の船を追い越
しました。しかし、私たちは 1 隻の船も視界内に長時間とどまることはありませんで
した」長さ。

彼は自分の船が英国海軍の監視下にあるような印象を持った、「明らかに」、
「我々は全土にわたって慎重に護送されている」と書いている。

シャルル・ローリアは午前8時に起きた。彼の執事によって起こされた後。海水浴をして身支度を整えた後、彼はロスロップ・ウィジントンを同行者としてファーストクラス遊歩道を散歩し、途中で立ち止まってハバーズや他の知人たちと雑談した。彼らはDデッキのセンターにある豪華な一等食堂で一緒に食事をし、そこで約470人の乗客が天使のフレスコ画が描かれたドームの下で一度に食事をした。ヤシの木、鉢植え、白い漆喰の壁、金箔の柱頭を持つコリント式の柱。金箔は、石膏の花輪や蔓から欄干のレールに至るまで、あらゆる隆起した表面を覆っているように見えました。

ラウリアットはキュナードの士官や乗組員の間で非常によく知られていたため、これまでの航海では、船の前部無線マストのカラスの巣に登って一日中そこに留まる許可が与えられていたが、これはマコーレー船長が彼に禁じていたことであった。
ターナーならそれを許してくれるだろう。甲板上で血まみれの猿を制御することは別のことでした。彼らに無線マストの拡張を依頼することは、まったく別の問題でした。

ロリアットは、乗客がその日に船がどのくらいの距離を進むかに賭ける毎日のプールなど、船上の生活に精通していました。プール内の各スペースは一定の距離を表しており、後に船の士官によって競売にかけられることになります。乗客たちは、今後 24 時間に予想される天候と海況を考慮して、船がどれだけうまく航行できるかに基づいて賭けをしました。霧は常に予測不可能であり、船の進行を著しく制限する可能性がありました。このような状況では、霧に対処する唯一の安全な方法は、速度を落として霧笛を吹くことでした。マイレージプールにより、参加者は航海中に戦略を立てたり、議論したりすることができ、葉巻やウイスキーの摂取により、参加者間の障壁が取り払われ、正式な慣習を超えた友情が生まれ、完全に障壁が打ち破られた。

ロリアット氏は、船が 25 ノット (時速 29 マイル) で航行していると考えていたため、この日は 700 マイルかかると考えていたため、これは驚くべきことであると感じました。翌日の正午、ローリアットとウィジントンは船の動きがさらに遅くなったことに気づき、ローリアットに「リヴァプールには時間通りに着かない！」と告げた。

ローリアはステートルームに戻り、サッカレーの図面を調べた。彼はそれぞれを研究し、リッチー夫人にどの文章を書いてもらうべきか、そしてそれぞれの絵がどのように取り付けられるかを熟考しました。

ターナー船長はこれまでの航海に何事もなかったと感じており、穏やかな気象条件とドイツ潜水艦との遭遇の危険がほとんどないことから、少なくとも今後4日間は航海が続くと予想されていた。しかし、アイルランドに近づくと、この脅威は急激に増大しました。
ターナー自身は潜水艦についてほとんど心配を表明しなかった。しかし、キュナードの多くの人々は、彼らの脅威がより深刻になっているという認識が高まっていると感じていました。

キュナードは航海するたびに、航海に支障をきたす可能性のある状況に関する機密勧告と通知を提供しました。最近、これらには増大する潜水艦の脅威を概説し、潜水艦に直面した場合のアドバイスを提供する海軍本部の覚書が含まれていた。キュナードの経営陣は依然として、Uボートの指揮官は客船を沈める勇気などないだろうという広く信じられていた信念を堅持していた。しかし、ドイツはためらうことなく他の商船に対して攻撃を開始し、Uボートはリバプールまで航行し始めました。ビクトリア王女である商人の犠牲者の1人は、マージー・バーのドックのすぐ手前で魚雷で撃たれました。

これらの攻撃を受けて、海軍本部はこのリスクに対処するための新しい勧告を発行しました。キュナードはターナーに対し、「絶対に必要な」場合を除いてマルコーニ室からのすべての無線送信を停止し、無線通信事業者がうわさ話に従事することを禁止し、乗客がメッセージを受信することはできるが送信はできないという命令を伝えた。海軍本部の別の勧告では、斜体で「船舶は顕著な岬に広い停泊地を与えるべきである」と警告している。

1915年2月、海軍本部は秘密覚書で最も広範な指示を出し、船長は「いつでも破壊できる場所」に保管するよう命じられた。この文書は、潜水艦の脅威に関する無知と詭弁の両方を明らかにしました。その甲板砲は劣った武器であると呼び、「ほとんどの潜水艦のガン・レは通常危険ではない」と結論付けています。さらに、指示では、魚雷が命中した場合、通常、乗組員が任務に備えたボートで避難するのに十分な時間があるとアドバイスされていました。そのような状況下での乗客の考慮事項や経験を完全に無視します。

しかし、この方針は　Ｕ　ボートの脆弱性の正確な評価も提示し、可能な限りそれらを利用するよう船長に勧告しました。「敵の潜水艦が敵対的な意図を持って突然あなたの前方に現れたら、途中で針路を変えることなく、最高速度で直接操縦してください。」
「船の進歩を維持するため」と海軍本部は商船長らに指示しており、本質的には攻撃者に体当たりできる攻撃兵器となるよう船に求めていることになる。潜水艦の脆弱性を考慮すると、これは後でHMSドレッドノートがウェディゲン中尉のU-29に体当たりして沈没させることに成功したときに証明されるように、効果的であることが証明された。こうして、アブキール号、クレッシー号、ホーグ号の脆弱性のせいで墜落した乗船者たちの復讐を果たした。さらに、このメモは、英国の船舶が敵を混乱させて英国の船舶を中立の船舶と間違えさせるために、利用可能なあらゆる戦術や配色を使用することを推奨しています。これは、敵に対してこの戦略を選択する船主や船長にとって不名誉な行為にはなりません。「すべての船主と船長が正しく使用すれば、あらゆる手段を使って敵を欺き、イギリスの船を中立の船、あるいはおそらくイギリスの船と間違えるように誘導することによって、船主/船長の意図どおりに使用されることになるでしょう！」したがって、所有者/マスターは、不名誉にならないように、可能な限りすべてのデバイスを使用する必要があります。したがって、彼らは権利の範囲内で、可能な限りあらゆる手段を使用して、敵が英国の船舶を中立国の船舶と間違えるように誘導し、敵を混乱させる必要があります。

この覚書には、アブキール事故に関連した厳格な命令も含まれていた。つまり、外洋を航行する英国の商船は、潜水艦による魚雷攻撃を受けた船舶の救援に行くことを許可されていない。

後に海軍省は、ターナーが4月16日付の別の勧告を所有していたと主張したが、その中には次のように述べられていた：「軍の経験から、高速汽船は短く定期的な間隔で、たとえば10〜30分ごとに針路を変更することで、潜水艦の奇襲攻撃の可能性を大幅に減らすことができるという知識が得られる」軍艦は潜水艦が哨戒する海域でこの戦術を頻繁に使用する。」メモではさらに、この戦術が軍艦で使用されたことも指摘されている。

海軍本部は、ターナーがニューヨークを出発する際に実際にこのメモを書類に載せていたと推測するのは間違いだったのかもしれない。　（キュナードの弁護士は後に、そのような通知が届けられたと信じているが、何が言われたのかは知らないと述べた印象的な法律文書を提出した）。さらに、そのようなコミュニケが実際にターナーに届いたかどうかも論争の対象となった。海軍本部通商委員会はジグザグ航行に関する勧告を出したが、ある著名な海軍史家は、この勧告は4月25日まで承認されず、実際には直接送られなかったと主張した。
船長と海運会社には、ルシタニア号が 5 月 1 日に出航してからずっと後の 5 月 13 日まで、そのコピーが与えられました。

たとえターナーがこのメモを受け取っていても、大きな影響はなかったであろう。まず第一に、それは船長にジグザグに進むように指示したわけではありません。むしろ、それは単にその実践を説明しただけです。第二に、商船の船長たちは当時、ジグザグ航行は面白いジョークだと考えており、有名人が含まれているかもしれないファーストクラスの乗客を激怒させることを恐れて、遠洋定期船の船長でそのような大胆なコース変更を支持する人は誰もいなかったでしょう。それはまったく想像できませんでした！

現在、外洋にいるルシタニア号は平均速度　21　ノットを維持しました。これは、Uボートが浮上中に到達できる速度よりも 6 ノット速く、完全に潜水中に達成可能な速度のほぼ 2 倍です。

日曜日の午後、この船は、まだ運航中の別の民間船、エレン・テリーを乗せたアメリカの定期船ニューヨーク号をすぐに追い越し、港に到着してすぐに追い越しました。

その日曜日、ニューヨーカーのドワイト・ハリスは、ルシタニア号が魚雷攻撃を受けた場合にどうするかを計画した。日記の中で彼は、「もし『戦争地帯』で何かが起こったら、私はできるだけ早く船首に向かうつもりだった」と記している。しかし、最初に彼はワナメーカーで購入したカスタムライフベルトを取り出すつもりでした。

Room 40 によって傍受されたドイツの無線メッセージは大きな不安を引き起こしました。

しかし、海軍本部が懸念していたのはルシタニアではなく、超弩級戦艦としても知られる英国最大かつ最も強力な戦艦の 1 つである HMS オリオンでした。彼女はイングランド南西海岸近くのデボンポートで修理を受けた後、グランド・フリートの艦隊に合流するためにスカパ・フローに向かって北へ出航した。

5月2日日曜日、StaWの海軍本部長官「ダミー」オリバーは第一海卿ジャッキー・フィッシャーにメモを送り、天候による遅延による毎晩の月と危険が少なくなるまでオリオンの出港を延期することを提案した。オリバー氏によれば、待つことでリスクを 40% 軽減できる可能性があります。

フィッシャーはオリバーの提案に同意し、午後 1 時 20 分にオリバーはイート号のジェリコー提督に電報を送り、オリオンをデボンポートにさらにしばらく停泊させるよう命じた。その日の午後、海軍本部はまた、「アイルランド西海岸沖の潜水艦の脅威を考慮して」ジェリコーに対し、潜在的な潜水艦の脅威から炭鉱や入札船などの小型船舶を守る措置を講じるよう強く勧告した。

その後数日間、オリバーは警告を発し、ジュピターをノース海峡と呼ばれる非常に安全な航路に誘導した。この航路はドイツの機雷のため以前は閉鎖されていたが、現在は4月15日まで開放され、商船ではなく海軍艦船のみが通行できると宣言されていた。。
スコットランドとアイルランドは水路で結ばれており、イギリス海軍が厳重に監視している友好的な海岸がある。

オリバー提督はジュピターが北海峡を安全に通過したにもかかわらず、さらなる保護のために駆逐艦に護衛させるよう命令を出した。

その日曜日には、ノース海峡に関するさらなるニュースがもたらされました。戦時中に英国商船の責任を負っていた海軍本部通商部長のリチャード・ウェッブ提督は、この新しい航路が商船と軍艦の両方にアクセス可能となり、リバプールに向けて航行する民間の貨物船や定期船が西側進入路を迂回できるようになるという通知を受け取った。アイルランド上空を直接航行し、その後右折してリバプールに向かって南に進みます。

ウェッブ提督はこの新しい知識をキュナードやルシタニアとは共有しませんでした。

日曜日の午後と夕方、海軍本部は負傷したアメリカのタンカー「ガルサイト」が海軍艦艇に曳航され護送されている最中にその進捗状況を監視した。その日の午後4時5分までに「順調に進んでいる」と報告され、2時間後には前甲板がほぼ水没し、船尾にはプロペラがまだ見える状態でシリーズのセント・メアリーズ島に到着した。

アイルランドのクイーンズタウン領事館で、アメリカの現地領事は、前日にアメリカの新聞でドイツ大使館が発した警告を初めて読んだ。

ウェスリー・フロスト領事はクイーンズタウンに着任して2年目を迎えたばかりでした。今でも主要な港ではあるが、キュナード最大の定期船は港で頻繁に「着底」したため、もう寄港していない。フロストは、この時点でルシタニア号がリヴァプールに向けて航行中であることを知っていたが、ドイツ軍がルシタニア号に対して攻撃を開始するとは一瞬たりとも想像していなかった。そのような行為は、彼らのような知的な人間が犯すにはあまりにも大胆かつあからさまに思えた。
同じ日曜の午後、ロンドンでウォルター米国大使は、ジョージ・ブッシュ大統領が亡くなったという知らせを受けた。

フロストのチーフであるペイジは、フロスト大使とフランク・ダブルデイが1899年に設立したニューヨークの出版社で働く編集者アーサー・ダブルデイに数秒かけて手紙を書いた。

ペイジは英国の利益を恥ずかしがらずに擁護した。彼の派遣はしばしば英国を支持しており、ウィルソン大統領は中立的な論調とするにはあまりにも親英国的すぎるとみなした。ウィルソンはこの時点でペイジに対する信頼を失っていたが、多くのヒントを残し、ペイジの連絡に応答しなかったにもかかわらず、それを公然と示さなかった。彼の個人特使であるハウス大佐は、ウィルソンがペイジとその情報源にどれほど価値を置いていなかったかを十分に証明するものとなるだろう。

ペイジは日曜日の手紙の中で、アメリカが息子とともに第一次世界大戦に参戦するかもしれないという懸念をしばしば共有していた。これらは後に驚くべき程度の先見性があることが判明しました。

ホイヤー大使はワシントンへの警告書で「米国人乗客を乗せた航空会社への爆撃が差し迫っている可能性がある」と述べた。「私はそのような出来事が起こることを予想しています。」

彼は、「もしアメリカ人を乗せたイギリスの客船が爆撃されたら、アンクル・サムは何をするだろうか？そして、それは一体どうなるのだろうか？」と尋ねた。

日曜日の夕方12時30分、U-20は巡視船やブイの支援を受けて、ますます危険な状況に陥っていることに気づいた。

シュヴィーガーは再度の急降下を命じた。彼は、スコットランドのフェア島とオークニー諸島のノース・ロナルドセイの間に対潜非常線が永久に存在しているのではないかと疑い、もしそうなら、他の船長が日中の視界が良好なときにこの線を通過するのは賢明ではないかもしれないとログに書いた。

午後4時30分頃、シュヴィーガーは潜望鏡深度まで最後の上昇を行った後、右舷に航行する巡視船を素早く認識し、巡航深度まで沈んだ。

水中移動は乗組員にとっても彼自身にとっても疲れ果てるもので、近くて暖かい環境のため、大気はますます住みやすいものになっていました。しかし、その影響はバッテリーに特に顕著でした。U-20 クラスのボートは 5 ノットで、バッテリーが完全に切れるまで 80 海里しか航行できませんでした。

シュヴィーガーはボートをさらに2時間半沈め続け、バッテリーがパチパチという音を発し始めたこと、そしてこの時点までにU-20が電力のみで50海里を航行したことを記録に記録した。

午後7時頃、シュヴィーガーはもう一度潜望鏡を調べ、差し迫った脅威は見つからず安堵した。同氏は航海日誌に「浮上し、まだ船尾に煙が見える巡視船から逃げるため、外海に向かって舵を切った」と記している。
同氏は航海日誌の補遺で、もしこれ以上駆逐艦がこのフェアアイル－ロナルドゼイ線を越えて配置されていれば、ボートはさらに長く水没することを余儀なくされ、「バッテリーがほぼ切れていたため、我々の状況は危機的になっていた可能性がある」と述べた。これらはU-20が隠れることができない深海でした。ここでバッテリーが故障した場合、シュヴィーガーには水面に出て、ディーゼルエンジンがシステムの再充電に成功するまで逃げる以外に選択肢はありません。しかし、U-20 の最大速度の 2 倍以上で移動できる駆逐艦なら簡単に追い越し、ずっと前にサイレンを鳴らしていたでしょう。

シュヴィーガーはスコットランドから離れないよう注意し、アウター・ヘブリディーズ諸島の西の湾に沿って南に進路を設定した。アウター・ヘブリディーズ諸島はスコットランドの北西海岸沖にある群島で、数日の旅程にある。リバプールまではまだ3日の旅が残っている。

シュヴィーガーはボートを水面に浮かべたままにした。午後9時30分彼は日誌に署名してパトロール3日目を終えた。

3日経っても何も起こらなかった——彼は甲板銃さえ読んでいなかったのだ！

その夜遅く、見張りの一人が航空母艦が理想的な目標であると判断したため、シュヴィーガーは司令塔の頂上にある壕に呼び戻された。シュヴィーガー氏は日誌の中で、この標的は名前が点灯した巨大な中立汽船であると記しており、おそらくコペンハーゲン発モントリオール行きのデンマークの客船であると考えられる。それを正確に特定するために、彼は船を特定するためにU-20に乗船していたランツに頼った可能性があります。ほぼすべての船舶のシルエットと説明を提供する機内で提供された膨大な書籍と組み合わせることで、aDoat は戦闘任務中に目撃されたほとんどの大型船舶を正確に識別できるようになりました。

シュヴィーガーはデンマークの船が脅威となる可能性があると信じていたが、攻撃しようとはしなかった。彼女は前方に遠すぎて、移動が速すぎました - シュヴィーガー自身による推定速度は 12 ノットでした。

「この船に対する攻撃は不可能だった」と彼は航海日誌に記している。

シュヴィーガー氏はこのエントリで暴露されました。それは、条件が良ければ攻撃する準備ができていることを示しました。問題の船は中立国であり、英国から遠ざかっており、したがってドイツの敵の密輸品を運ぶ可能性は低いが、民間乗客を乗せて魚雷を撃つことに何の躊躇もなかったにもかかわらずである。この記述はまた、民間人を満載した民間客船への魚雷攻撃に対する彼の無関心を示した。

ルシタニア・オヒョウの

日曜日から月曜日にかけて天気は曇りで、にわか雨が降りました。

風が冷たかったため甲板が寒くなり、船酔いしやすい人は身を守るために船室に戻りました。

ターナー船長は、救命ボートに毎日再訓練と防水区画間の隔壁ドアのテストを命じ、また、ニューヨーク埠頭での救命ボートの進水と比較して海上での救命ボートの進水のチェックも行っていた。移動中にこれを行うと、周囲にいる者に致命的な結果をもたらす可能性があるからである。パス;彼らはボートを甲板の上から安全に降ろす前に、完全に停止するまで待たなければなりませんでした。

これらの毎日の訓練には、乗客の転落やその他の予期せぬ事態が発生した場合に備えて、船の2隻の緊急ボート(ボート13と14)のみが常に出動し続けていました。乗組員は毎朝、どちらかの船の反対側に向かい合って集まりました。上級三等航海士のジョン・ルイスは、「ボートに乗れ！」という彼の命令が出るまで生徒たちに注意を向けさせ、訓練を指示した。彼らは乗り込み、救命胴衣を着て、船に乗り、救命胴衣を着てから船に座った。乗務員を解散させる前に座席を指定してください。

ルイスは、毎朝10時30分から始まるStaW船長ジョック・アンダーソンの毎日の検査に参加した。通常、他の　4　人の男性も参加します。上級外科医、外科医助手、パーサー、執事長です。彼らは皆、パーサーの事務所、つまり「パーサー局」の外で会った。
B デッキの中心、2 つの電動エレベーターの向かい側で、ルイスは船の見学を始めました。彼らはキャビンだけでなく、ダイニングルーム、ラウンジ、トイレ、ボイラー、Aデッキから操舵室までの通路も訪れ、「すべてが清潔で整然としていることを確認した」とルイス氏は語った。彼らは、舷窓　(「エアポート」とも呼ばれる)、特に下層甲板の舷窓が開いたままになっていないかどうかに特別な注意を払いました。

乗組員によって行われる検査、訓練、活動は、船内の乗客に気分転換を提供しました。船員レスリー・モートンは、複雑な結び目を作る技術により、ある種の魅力を獲得しました。モートン自身によると、このパフォーマンスは「おおっ」「ああ」という声を集め、見ている乗客からは感嘆の声があがったという。

5月1日にアメリカの石油タンカーGulXight号が雷撃されたことや、この事件がワシントンでルシタニア自体の安全性についての懸念を引き起こしたことなど、乗組員の誰も知らなかった。この攻撃のタイミングは、ドイツが戦闘地域を通過する旅行に対する勧告を出したわずか数時間後だったことから、ドイツの警告が単なる美辞麗句以上のものであった可能性があることが示された。ワシントン・タイムズ紙は情報源を示さず、「何百人もの著名なアメリカ人を乗せたルシタニア号は、乗客個人への匿名の警告や、アメリカの新聞広告欄に掲載された正式な警告にもかかわらず、イングランドに向けて航行を続けている。警告は遠のく可能性がある」と報じた。海戦地帯の最近の発展を考慮すると、空からです。」さらに、これらの船に乗っていた親族が沈没しないように数百人のアメリカ人が息をひそめていたことも指摘した。

連邦当局者らはドイツの意図について明確ではなく、ある疑問が彼らの心に響き続けた。それは「ドイツは何を目指しているのか？」というものだった。その政府はアメリカと戦争を始めるつもりなのか？」
この記事によれば、GulXight事件が外交ルートを通じて解決されることを疑う人は誰もいなかったという。しかし、警戒を引き起こしているのは、ドイツが意図的にアメリカとの対立を模索していたか、あるいは自国の管轄内に潜在的なトラブルメーカーを認識していなかったことを示唆する証拠が増えていることだ。

ルシタニア号が航行を続けるにつれて、船内での退屈が始まり、食事の重要性がますます高まってきました。航海の初日、乗客たちは割り当てられたテーブルメイトにすぐに慣れた。チャールズ・ローリアにとって、これは親友のウィジントンが食事の同伴者であることを意味した。リバプール警察のピアポイント刑事は一人で食事をすることを好みました。同伴者のいない旅行者にとって、それは共通の興味を持たない退屈な人々の中に座らなければならないことを意味するかもしれません。多くの場合、魅力的な愚か者や羊のような強がりが登場し、「非常に消化不良の種類の人」の隣に座っている若い女性のような、より興味深いキャラクターも登場します。ロマンチックなつながりが開花するにつれて、火花が始まったり消えたりしました。見知らぬ人の間で火花が点火している間に火花が燃え上がることもありました。しかし、食事のときにどちらかが相手に出会ったときにいつものように、最終的にはロマンスが花開きます。

三等船では食事はいつも豊富で美味しかったです。ブルーマローファットエンドウやウィルトシャーチーズが人気で、缶詰の梨、桃、アプリコット、パイナップルも同様でした。ファーストクラスの乗客は、良いことをはるかに超えた贅沢な体験をしました。ファーストクラスの乗客には、ファーストクラスでの毎食においしいスープ、前菜、メインディッシュが提供されました。ある航海で、キュナードは個人ディナーにオヒョウのオルレアンソース漬けをフィーチャーした5コースメニューを提供した。ミニョン・ド・ソール・スーシェ。そしてスズキの炙りチョロン。子牛のカツレツ、牛肉のトルネード ボルドー。焼きバージニアハム。マトンの鞍。コガモのロースト、セロリを与えたアヒルの子のロースト、ホロホロ鶏のサーロインと牛肉のリブ、さらにチロル風スーレ、チョコレート ケーキ アップル タルト ババロワーズ オー シトロン、2 種類のストロベリー/ナポリ　アイスクリームなどのデザート。あまりに種類が多かったので、キュナードは組み合わせを提案する別のシートを印刷する義務があると感じました。

キュナードはこの事実を最大限に利用しました。各船の乗客 150 人が航海中に飲酒または喫煙するのに十分な量のアルコールとタバコを備え付けました。乗客はこの収入源を通じてキュナードに多大な利益をもたらしました。
ブラック＆ホワイト ウイスキー 100 ケース、カナディアン クラブ ウイスキー 50 ケース、プリマス ジン 50 ケースすべてが寄付されます。11年物のフランスの赤ワイン、シャンベルタンと白のシャブリがそれぞれ15ケースずつ。スタウト12樽とエール10樽も試飲用に用意されています。キュナードは船に「スリーキャッスル」タバコ3000本とマニラ葉巻1万本を積んでいた。ハバナ葉巻やフィリップモリス紙巻きタバコの追加製品も販売されました。キュナードは、560ポンドの「ネイビーカット」キャプスタンタバコと200ポンドのロードネルソンフレークを4オンスの缶で提供した。乗客も自ら持参した。ニューヨークの元商人で元シェリ副保安官のマイケル・バーン氏は、航海の大半を喫煙に費やす予定で、11ポンドのオールド・ローバー・タバコと300本の葉巻を携行していた。毎晩夕食が終わると、特にその後は、タバコの焼けた匂いが空気中に充満します。

ハロルド・スメサーストは、船上での主な話題は戦争と潜水艦だったと報告した。

THEODATE POPE は退屈と憂鬱の両方に慣れていました。彼女は子供の頃からその両方に苦労していました。かつて、セオデートは自分自身を意識過剰に苦しんでいると述べました。ファーミントンのミス・ポーターズ・スクールに通っていた間、彼女は疲労によって悪化するうつ病の発作を頻繁に経験した。　20歳のとき、彼女は理由もなく涙が流れ、頭痛が一日中続いたと日記に記しており、学校の創設者で校長のサラ・ポーターに「元気を出して！」と治療上のアドバイスを与えた。1888 年 3 月、彼女の両親は彼女をフィラデルフィアに送り、そこでサイラス・ウィアー・ミッチェル医師が診察して世話をできるようにしました；　ミッチェルは神経衰弱や神経衰弱に苦しむ女性の治療で知られていました。

ミッチェルはセオデートに、当時有名だった「休息療法」、つまり2か月以上続く長期間の強制的な活動停止を処方した。最初とその後の最初の 4 〜 5 週間は、ミッチェルの疲労治療の本に従って、ミッチェルはセオデイトが座ること、裁縫すること、書くこと、読むことを禁止しました。

「歯をきれいにするために許された唯一の行為」とハイマンは『摩耗と血』で書いているが、それは歯をきれいにすることだけに限られていた。場合によっては、彼は患者が自分で寝返りをすることを禁じた。代わりに看護師の援助を利用すると主張している。横たわっている間に腸と水分の通過を促進するために、彼は軽い電気ショックを使用しました。より頑固な症例の場合は、患者が過労状態の浴槽に横たわっている間に軽いショックが与えられました。彼の手法は女性に対する彼の軽蔑を反映していた。ハイマンが書いた「過労のためのヒント」では、女性は脳の仕事を大幅に減らすことではるかに良くなる、と書いている。彼の著書『Wear　and Tear』の中で。過労へのヒント

セオデイトさんは、休息は逆効果だと思いながらも、ミッチェルの休養法に従っていた。彼女は「人生が忙しすぎて悲しみのことを考えられないときが、私が最も満足していることに気づく。治療法は悲しみを和らげるものではなかった。」と書いている。ミッチェル博士のアプローチはすぐに広範な批判にさらされることになる。1892年、シャーロット・パーキンス・ギルマンは「黄色い壁紙」と題された人気の短編小説を出版し、そこでミッチェルの安静療法を激しく批判した。ギルマンは、セオデートの1年前に初めて治療のためにミッチェル医師を訪れた。今では産後鬱と呼ばれる症状に苦しんでいた彼女は、彼のクリニックで1か月間過ごし、そこで彼が処方箋を書いた。「赤ちゃんをいつもそばに置いて、できるだけ家庭的な生活を送りなさい。」毎食後少なくとも1時間は横になってください。毎日短時間だけ知的探求に従事してください。」

代わりに言うべきことは、「一生ペン、ブラシ、鉛筆などには二度と触れないでください。

ギルマンさんは、ミッチェルさんの治療が彼女を「ますます狂気に近づけた」と主張している。彼女は、彼女を気が狂いそうにしたこの医師に対する警告としてこの物語を書きました。

セオデートは 30 代を通じてうつ病に耐え、1900 年秋、33 歳でその絶頂期に達しました。その時までに、それは彼女の芸術や建築への興味を鈍らせる恐れすらありました。「私の物理的世界はもはや私を喜ばせることも害することもありません。それはもはや重要なものではありません」とセオダーテさんは日記に書いています。セオデートさんの日記の観察によれば、代わりに「私は自分自身に目を向け、

その中に喜びを見出している」、「代わりに、以前よりも激しく自分の内なる自己を探求することに喜びを見出している」という。
「私にとって絵はとうの昔に死んでいました。喜ばれる絵は、一見しただけで良くなります。その後はただの絵の具になってしまいます。醜い表現を使うと、レモンを吸ったようなものです。」建築は引き続き彼女の興味を引きましたが、他の芸術表現ほど活発ではありませんでした。彼女は次のように書いています。「建築に対する私の興味は常に他の芸術表現よりも強烈でしたが、私の言葉によれば、それはまだ死んでいない、完全には死んでいないと信じています」。」しかし、彼女は明るすぎて高価な鶏小屋が建つのを見るのにうんざりしており、常に歯ぎしりをしていた。今度は彼女が書きました。」

エドウィン・フレンドは、ニューヨーク州サラトガ・スプリングスのエドウィナ・ホートンと一緒に食事をしました。ある時点では、サラトガ・スプリングスのジェームズ・ホートン氏や、この船の最も著名な人物の一人とテーブルを共有していた。マリー・デパージュ氏は、第一次世界大戦中、医師で夫のアントワーヌ氏とその仕事で負傷したベルギー兵士の看護をしたことで有名な受賞歴のある看護師だった。彼らの活動と並行して、それを支援するための資金を集めること。デパージュさんはこれまでの2カ月を資金集めに費やしたが、息子のルシアンが合流する前にヨーロッパに帰国していた。ベルギーに向けて出発していたホートン医師は、出発前のその夜、このことやデパージュの遺言をめぐるその他の状況に関する具体的な指示を含む新しい遺言書に署名したことを明らかにした。

そのような話はテオデートを動揺させませんでした。彼女はこう書いている、「船内で私ほど命を大切にしていない人はいなかったと心から信じています。

マーガレット・マックワースとD・A・トーマスが一等食堂のテーブルに座っていたとき、オレゴン州メドフォード出身のアメリカ人医師ドロシー・コナーさん（21歳）が到着した。ドロシー・コナーはエネルギーと率直さを持っていましたが、退屈していて衝動的な発言をすることもありました。ある時点で彼女は、「海峡を上るときに、ある種のスリルが得られることを願わずにはいられません！」と言いました。

マーガレットは乗客リストに載っている子供の数を見て愕然とした。「私たちはこのことに非常に驚いて気づきました」と彼女は書き、第一次世界大戦で戦っている夫や父親の近くにいるために家族がカナダからイギリスに移住したことが原因ではないかと示唆した。
彼女はドイツ大使館のアドバイスを真剣に受け止め、トラブルが発生した場合はボートのデッキに直行する本能に抵抗し、まずは船室に戻って救命胴衣を取りに行く必要があると自分に言い聞かせた。

カナダから帰国した若い医学生プレストン・プリチャードさんは、気がつくとイギリスのレントンからキャメロニアから転勤して来たグレース・フレンチさんの真向かいに座っていた。彼女はプリチャードに興味を持っているか、少なくとも彼をもっと徹底的に調査する価値があると考えているようでした。彼女は、彼が赤い縞模様の細いネクタイをしていることに気づき、詳しく調べたところ、彼がスーツを　2　着しか持っていないことに気づきました。「非常にスマートなネイビーブルーのサージ　1　着と緑のスーツ。両方ともカジュアルウェアとしての目的でした」。さらに、彼女は彼のユニークな溶岩頭のネクタイ留め金に気づきました。それはすぐに同じようなものをよく着けていた私の父を思い出させました。彼女が覚えている限り、彼はいつもそれを持っていました！

プリチャードは魅力的で魅力的でした。ストーリーがいっぱいで、見た目も似ています。「彼は旅行の経験を共有し、会う人全員に礼儀正しく、私のように船酔いしている人には特に親切で、私たちを元気にしてくれました」と航海中の彼の付き添いに感謝した若い女性は書いている。プリチャードは彼女に対して特に親切でした。彼女が旅の途中で体調を崩してしまったとき、彼は特に私のニーズに配慮してくれました。回復を助けてくれた彼の eHort に感謝しました。eHort だからこそできることなのです。

ミス・フレンチは、夕食時にプリチャードの隣に座っていたイギリス人の若い女性が、プリチャードと彼の注目と愛を争うほど熱心で魅力的に見えたことに特に注目した。ミス・フレンチは、この潜在的なライバルは「とても背が低く」、「明るい茶色の髪、青い目、顔にたくさんの色があり、おそらくカリフォルニアを訪れている（彼女はその利点についてよく話した）、テーブルには素晴らしい友達がいる」と説明した。」ミス・フレンチは続けて、「彼らは夕食を食べながら素晴らしい知り合いになりました！」と付け加えた。

プリチャードはまた、マイレージ賭けプール、綱引きなどのデッキスポーツ、即席の障害物コースにも参加し、毎日スキップをしました。ある時点で、別の参加者が縄跳びを使って彼女をなげなわしようとしましたが、失敗しました。プリチャードはすぐに介入してロープの正しい使い方を教えた。
彼はグループになげなわのやり方を教え、多くの選手に縄をかけることに成功した。女性は「その後、彼に会うことはなかった」と嘆いた。

彼女は、このような大きな船での生活の一面を描写しました。何らかの形であなたの注意を引いた興味深い人に出会うかもしれませんが、直接的なつながりがなかったり、テーブルや部屋の仲間の一人として割り当てられたり、デッキであなたの真向かいに座ったりすることはありません。その友情を深めるチャンスがあった。それを効果的に行うには船が大きすぎた。2歳半の娘と一緒に二等車で旅行していたガートルード・アダムスさんは、後にこう書いている、「街に住んでいて、毎日新しい人たちに出会って、その人が誰なのかも、名前も知らないような感じだった。」」

プリチャードはとても愛されていたので、長い時間が経っても多くの知人が彼のことを覚えていました。これは彼の人気を物語っています。

夜になると、選ばれたゲストがStaWのアンダーソン船長のテーブルかターナー船長のテーブルに座るよう招待されるが、彼が社交的な関与を嫌っていても何とか対応できる場合はそうしていた。ターナーは通常、客室か艦橋で食事をすることを好み、特に鶏もも肉の料理が好きでした。これが彼の副操縦士を狂わせたものでした。彼は特にゆっくり噛むことを楽しみ、一度の食事でできるだけ多くの脚を食べました。

U-20 が TORPEDOES によって停止されました

月曜日の早朝、U-20 はコバルトとその品種について調べていました

シュヴィーガー氏は午前4時の記録に次のように記している。　「とても美しい天気だ」と述べ、ボートがオークニー諸島近くのスーレー・スケリー島に向かって航行しており、その灯台は英国で最も遠隔で孤立した灯台の一つとみなされている高さ88フィートの灯台があると述べた。

シュヴィーガーは南西の進路を定めた。彼は海上で一日中脅威や標的を目にしませんでした。したがって、一日中表面に残ります。午後6時50分11 月　30 日、ついに潜在的な目標を発見しました。船尾にデンマークのマークが付いた約 2000 トンの蒸気船です。ランツはこれが誤った情報であると信じ、代わりにそれはエディンバラからU-20に向かう英国のものだと信じた。この可能性が現れるとすぐに、彼は即時に交戦するために潜望鏡深度までの即時潜航を命令した。

この船を彼の個人的な沈没トン数に加えることができるかどうかを決定する複雑なバレエが始まりました。船長が水平面と垂直面を調整している間、船の水平を保つために機関長の監督の下で男性たちが前後に移動した。シュヴィーガーは、航跡が海面に見える時間を最小限に抑えるために、潜望鏡を定期的に上げたり下げたりしました。

シュヴィーガーはレンジクンダーを使用して、通過する船の距離と速度の両方を正確に測定しました。速度の指標は、船首に水がどれだけ高く、より白い水が上昇するかでした。これは船の進行方向がどの方向に向いているかを示しました。もしこれがフランスの戦艦であったなら、シュヴィーガーは艦首が接近する際に、艦首からの潜在的な脅威に常に警戒し続けなければならなかったでしょう。フランス海軍がUボートの指揮官に誤った計算をさせるために船首に偽の航跡を描いたため、フランスの軍艦は注意深く監視されなければならなかった。

シュヴィーガーは U-20 に 2 種類の魚雷を搭載していました。古いブロンズ モデルと最近導入された G6 魚雷です。G6 (「ジャイロ」) 魚雷はより先進的でしたが、シュヴィーガーは、リバプール湾の兵員輸送などの重要な目標のためにより優れた魚雷を温存するために、ブロンズ モデルの 1 つを選択しました。彼の乗組員は発射管に武装して装填した。1 つは船首に、他の 2 つは船尾にありました。

ハイドロプレーンの操縦士は、司令塔が高くなりすぎて存在を裏切ったり、潜望鏡が下がりすぎて照準が不可能になったりしないように、ボートをできるだけ安定して水平に保つために精力的に働いた。

貨物船が近づいてきたとき、彼女はU-20が前にいることに気づいていないようだった。シュヴィーガーはボートをコースに対して鋭角に設定し、水上飛行機と舵を作動させるのにちょうど十分な前進運動であるステアリングの「舵取り」を維持するためにゆっくりと前進した。潜水艦は魚雷が発射されるときに砲身のように機能するため、これは重要な機能です。

船首から乗組員の一人が「魚雷準備完了」と叫んだ。

魚雷は適切に機能すれば強力な兵器となり得るため、シュヴィーガーが魚雷に不信感を持つようになったのには理由があります。ドイツの統計によれば、試みられた魚雷リングの　60%　が失敗に終わりました。魚雷は、引き金が壊れたり、弾頭が適切に爆発しなかったりしている間に、コースを外れたり、無意識のうちに目標の下を通過したりすることがよくありました。

彼らを狙うのは芸術だった。潜望鏡によって提供される限られた視野を通して、船長は目標の前進速度、進路、距離を推定する必要がありました。次に、スキートを撃つように、そこを狙うのではなく、かなり前方を狙います。

魚雷事故の話は乗組員の間で広まっていた。１隻の U ボートだけで 24 時間以内に 3 回の魚雷失敗を経験しました。ある事件だけでも。
沿岸哨戒に一般に使用される別の潜水艦 UB-109 は、浮上中に攻撃を試み、船尾から赤い魚雷を発射しましたが、潜水艦から出た後すぐに沈没しました。船長は艦首からの次の射撃に向けて船を操縦したが、イギリス情報機関の報告によると、これも何度も水面を破り、その後完全に標的を外したという。

魚雷は高価で重かった。それぞれの価格は 5,000 ドル (今日では 10 万ドル以上) にもなり、重量は 3,000 ポンドを超え、フォード モデル T の車の 2 倍になる場合もあります。シュヴィーガーのボートには7人しか乗れないスペースがあった。 2隻は帰国のための予備船として確保されました。

この哨戒でドイツ海軍が測定したシュヴィーガーの性能は、7本すべてが同時に発射された場合、7本の魚雷のうち3本だけが艦艇への命中と爆発に成功することを意味する。

シュヴィーガーの目標——デンマークの色彩をまとった英国船と思われる——は接近を続け、300メートル、つまりUボートの至近距離に接近した。シュヴィーガーが進路を反転する命令を出すとすぐに、この命令は彼の U ボート全体で繰り返されました。

次に、魚雷が発射管を解放するときの満足のいくシュー音と震え、そして重量の減少によるほとんど知覚できないほどの船首の上昇があったはずですが、これは水上飛行機の担当者によってすぐに鎮圧されるはずです。しかし、これらすべては決して起こりませんでした。

シュヴィーガーは何も聞こえず、何も経験しませんでした。ただ沈黙だけがありました。

ロック機構のロックが解除されないため、魚雷が発射管から離れることはほとんどありませんでした。

ターゲットは北大西洋の深海に向けて旅を続けたが、災害がそれほど近づいていることに気づいていないようだった。

ルシタニアは太陽の光と幸福の故郷です

ゼネラル・モーターズのウィリアム・メリヘイナ氏は火曜日、「火曜日にゲームが再開され、午前10時に試合が再開される」と述べた。

今日は信じられないほどの晴天に恵まれた一日でした。太陽の光が降り注ぐ中、デッキを楽しんでいます。」

ネリー・ヒューストン、31歳、フランスからイギリスまで二等船で旅行中：「火曜日、私が計画通りに毎日手紙を書かなかったことに気づいたかもしれません。土曜日の夜、あなたに手紙を書いた後、すぐに寝てしまい、ひどい夜を過ごしました」 - 私の一番上の寝台はすぐに飛び込むことができるものではなかったので、ステップが十分ではなかったのでスチュワードに助けを求めなければなりませんでした - 彼はそうではないように私を説得しようとしましたが、私の体重がそれを妨げました!」

コネチカット州ストラットフォードに住むジェーン・マクファーカーさんは、娘のグレースと一緒に二等車で旅行していた。二等乗客には、母親の腕に抱かれた赤ちゃん、さまざまな年齢の子供、そして70歳までの男女が含まれていた。ジェーンは、「これ以上の乗客を見つけるのは難しいだろう。群衆には、母親に腕に抱かれた多くの幼児、母親に腕に抱かれた赤ん坊から70歳までの男性まで、さまざまな年齢の大人が含まれていた」と述べた。

「デッキでの昼間のゲームは大いに楽しまれましたが、夜のコンサートは潜在的な危険からの待望の救済を提供しました。太陽の光と幸福のおかげで、危険についての考えはほとんど存在しませんでした。」

シャルル・ローリアは、「日が経つにつれて、乗客はますます楽しんでいるように見え、海を渡るときにできるのと同じような知人を作った」と述べた。ファーストクラスで旅行していたオレゴン州メドフォード出身のドロシー・コナーさん（25歳）は、これほど平穏で取るに足らない旅をこれまで見たことがないと語った。

オリオンの帆

5月4日火曜日、海軍本部はHMSオリオンをデボンポートに留め置くことはもうできないと決定したが、スカパ・フローにあるギートの基地までの安全な旅を確保するための措置を講じた。

オリバー提督はオリオンに対し、その夜暗闇に紛れて出航するよう指示し、シリー諸島を過ぎて西に50マイル航行してから北に向きを変え、アイルランドの海岸線を遡上するために少なくとも海から160マイル離れないようにするよう厳命した。深海への安全な到着をさらに確実にするため、オリバー提督はオリオンが深海に到達するまでの護衛として、レアテス、ムーサム・ミングス、ボインの 4 隻の駆逐艦を割り当てました。

海軍本部への報告書には、速度の変化の詳細を含む、オリオンの進歩の段階的な説明が記載されていました。彼女は間違いなく、公海上で最も厳重に監視されていた船の 1 つでした。

海軍本部の記録には、航海開始から 4 日目で大西洋を半分横断しているルシタニア号に関する記述はまったくありません。

ロンドンの海軍本部作戦室には、新たな潜水艦の目撃と攻撃を報告するメッセージが到着した。 5月2日日曜日の朝、ヨーロッパという名のフランス船がシリーズ沖で魚雷を受けて沈没した。他の場所の灯台守は「潜水艦に追われる蒸気船」を目撃したと報告した。フルジェントという名前の海軍本部の炭船がアイルランド西のスケリング・ロックス近くで魚雷攻撃を受けた。乗組員9名はその後救助され、月曜日の夕方にゴールウェイに無事上陸した。その後、火曜日の早朝に観察者が別の目撃情報を報告した。
彼はダイビングする前に、シリーズ川のフレンチマンズ・ロックの北東に浮かぶのを目撃した。同じ朝遅くの午前3時15分。海岸監視員は、メイヨー州の海底から「大きなアメのシート」が上昇しているのを目撃したと報告した。

しかし、40号室では、ホープ司令官とその暗号解読者たちはヴァルター・シュヴィーガー中尉から何も新しい情報を受け取らなかった。無線通信を試みるにはドイツから遠すぎます。 40号室はシュヴィーガーがまだアイリッシュ海の哨戒海域に到着していないと推測することしかできなかった。

ルーム 40 は、海戦史上の異常な瞬間を目撃しました。U ボート U-218 が北大西洋のどこかの位置からリバプールに向かって南に向かったときです。その歴史、場所、兵員輸送船の沈没命令、および遭遇したその他の英国船舶について知っていること。同時に 12 隻の船を破壊するのに十分な砲弾と魚雷を装備していることは、襲撃者が凶器を携えてロンドンの街を徘徊しており、近いうちに特定の地域を確実に襲撃するだろうと知っているようなものでした。唯一の問題は、正確にいつなのかということだけです。

ある時点でU-20はその存在感を示すことになるだろう。

午後7時40分火曜日の夜、シュヴィーガーはついにアイルランドを見た。濃い霧を背景に灯台がかすかに見えました。
シュヴィーガーは今日はひどく失望したと感じていた。強いうねりが乗組員にとって水底での生活を耐え難いものにしていましたが、攻撃に値する目標は見つかりませんでした。ブリー・イという名の武装トロール船が視界に入ったが、喫水が非常に浅かったため、魚雷は目標に命中せずに竜骨の下を通過した可能性が高い。視界は日中のほとんどを通して悪かったが、夕方までにかなり改善され、再び遠くの物体を見つけることができるようになった。しかし、霧が大きくなり、霧が立ち込めた夜を予感させた。

15分後、U-20は目標を視界に捉えた。それはまだ遠かったが、かなりのトン数であるように見えた。シュヴィーガーは、U-20の乗組員に潜望鏡深度まで降下するよう命令し、U-20を目標の針路から90度に配置して、彼が「きれいな弓の射撃」と呼んだものを作成し、別の青銅魚雷を選択し、彼女の中からランダムに選択しました。用品。

しかし、船が近づくにつれて、光が消え、霧が濃くなり、船の大きさは徐々に小さくなっていきました。消えゆく光と霧の何かが目の錯覚を引き起こし、最初は船が大きく見えましたが、近づくにつれて小さくなり、シュヴィーガーが船のトン数をわずか 1,500 トンと推定したまででした。それにもかかわらず、それはまだ何かでした。そのコースが彼のコースと交差したとき、彼らは300メートル以内にいたでしょう。彼らの目標はまだ1マイル先にあります。

そして彼は潜望鏡を通して、船が突然進路を変えるのを見た。それほど遠くからでは、彼が介入してそれを救う機会はありませんでした。
シュヴィーガー氏は単純な記録の中でも不満を抱いていた。「汽船が私たちを発見することは不可能だった」と彼は書いており、その船は中立標識が付いており、側面にはカグ標識が貼られていないハイバーニアと呼ばれるスウェーデンの船であることを特定した。

同氏によると、シュヴィーガー氏はU-20を地上に連れ戻し、異例の暗い夜を南下し続けたという。

イギリス、ベルリン、ワシントンでは快適性が否定

5月5日水曜日、初代英国海軍卿ウィンストン・チャーチルはロンドンを出てパリに向かった。英仏海峡の東端には地雷や潜水艦網が設置され、また厳重な哨戒が行われていたため、潜水艦が定期的に航行するには危険が多かったので、彼は安全に航海することができた。チャーチルは偽の身分を使用してロンドンを訪問し、偽名でホテルにチェックインした。しかし、彼の訪問には神秘性や神秘性があまり欠けていた。　4月26日にイタリアがイギリス、フランス、ロシアの戦争遂行に参加したことを受けて、チャーチルは地中海でイタリア海軍をどのように展開すべきかを決定するため、イタリアとフランスの当局者と会談する予定だった。会談後、チャーチルはジョン・フレンチ陸軍元帥を訪問する予定だった。（サー・ジョン・デントン・ピンクストーン・フランス人）、在フランスイギリス遠征軍司令官。

チャーチルが去った後、海軍本部はずっと静かになった。通常、彼はジャッキー・フィッシャー提督に任せるべき日常業務を含む海軍問題を厳重に監督した。したがって、これら2人の警官の間に緊張が生じます。

チャーチルはブルドッグに似ていたかもしれないが、フィッシャーは巨大な球根状のヒキガエルで、ラズロ・ローウェンシュタイン（後にピーター・ローレとして知られる）に似ていた。チャーチルと同じように、フィッシャーも政治家として働いていた両親のもとに生まれたが、チャーチルとは異なり、フィッシャー自身は選挙で選ばれたことはない。
意志が強く、しばしば海軍作戦の細部にこだわる彼は、二人が同時にいるとそれらの細部に夢中になり、すぐにストレスを感じる可能性がありました。彼らが衝突すると、船内に緊張が生じた。ある海軍士官は妻にこう書いた。「状況は不可解だ。2人の強力で知的な人物がいる。1人は高齢で経験から賢く、もう1人は若くて自己主張はあるが不安定になる可能性があり、協力することはできない。ショーを効果的に運営できるのは1人だけだ。」チャーチルはフィッシャーの代わりを務める決意を固めているようだった。情報長官ブリンカー・ホールは、チャーチルの並外れたエネルギーと仕事の能力はほとんど恐ろしいものであると指摘した。　「あらゆるテーマに関するメモや覚書が昼夜を問わず彼の部屋から溢れ出し、さらに彼はファースト・シー・ロードかStaW長官にのみ送られるべき情報を頻繁に求め、混乱を引き起こしたり、不当な批判を引き起こしたりした。」

彼らの関係をさらに緊張させたのは、フィッシャーが狂気へと向かっていったことでした。ホールによれば、次第に海軍本部の誰もが、フィッシャーがもはや自分らしくなく、むしろ生活の秩序を維持し続けようとして無理をする精神的に取り乱した

人物になったことを否定できなくなったという。時々、彼は輝きを放つかもしれないが、最終的には、いつすべてが崩壊するかもしれないと私たちは感じた…私たちはそれがいつ起こるかを非常に警戒しながら予想していました。」

大艦隊司令官ジェリコー提督も懸念を表明した。彼は同僚の将校の一人に送った4月26日の手紙の中で次のように書いている、「本部の情勢は私が懸念していた以上に悪い、現状のままであるべきであることは嘆かわしいことであり、その自信は明らかである」メンバーの間でその運営に参加する人は急速に減少している。」

チャーチルはフィッシャーのエネルギーと生来の天才性を認めた。しかし、チャーチルが書いた間接的な痛烈な一節では、チャーチルが書いたように、フィッシャーは74歳でした。長い時を戦い続けた偉大な城のように、外壁や胸壁が崩壊する中、その中央塊だけが立ったままだったので、その威圧的な支配者は、彼が長年慣れ親しんだ部屋や廊下に閉じ込められたままになった。
チャーチルはフィッシャーを第一海卿として呼び戻したとき、まさにこの結果を予想していた。彼はフィッシャーが弱くて高齢であることを知っており、以前よりも自分で物事を簡単に管理できると確信していた。

チャーチルは1915年5月、フィッシャーが「極度の神経疲労」に苦しんでいると指摘した。チャーチルがパリにいない間、フィッシャーは自分が一人で舵を握っていることに気づき、やるべきことすべてをほとんど処理できそうになかった。「彼は海軍本部の指揮の全責任を任されたことに隠しようのない苦痛と不安を表していた」とチャーチルは書いている。起こった出来事にフィッシャーが取り乱していることは誰の目にも明らかだったとチャーチルは書いている。「（彼は）時代の重圧から生じたあらゆるプレッシャーにほぼ完全に打ちのめされていた。」

チャーチルはフィッシャーの世話をするためにクレメンタインを残していたので、チャーチルが妻に「私に代わって『老人』の世話だけしてください」と言ったと聞くと、クレメンタインはフィッシャーが海軍本部の運営のストレスに耐えられるかどうか疑問を感じていたにもかかわらず、フィッシャーを昼食に招待した。チャーチル不在の中、一人で。しかし、事は順調に進み、フィッシャーは去った。あるいは、クレメンタインはそう思った。

その後間もなく、クレメンタインは居間を出たが、メアリー・チャーチルの出来事説明によれば、フィッシャーがまだ「通路に潜んでいる」のを発見したという。クレメンタインは驚いたとメアリーは回想する。クレメンタインがフィッシャーに何を望んでいるのかと尋ねると、ウィンストンはサー・ジョン・フレンチと会っているように見えたかもしれないが、代わりにパリで愛人と会っていたのだ、とフィッシャーは答えた。

クレメンタインはこの告発が滑稽だと思い、「黙ってろ、おじいちゃん！そして立ち去れ！」とキレた。

チャーチルはパリに行っており、そのため毎日のメモや電報の量が急激に減った——チャーチル自身が述べたように「ありとあらゆる話題についてのメモや議事録が絶え間なくフィッシャーの助手に浴びせられていた」というものだった。たちまち海軍本部は冷静になった——　-ほとんど不注意だった!-ホール内の通常の様子と比べて。
ジェームス・W・ジェラルド氏にベルリンの米国大使館で賞が授与された。

ドイツの外国O2ceは5月5日水曜日、2段落からなる短いメモを発表し、ここ数週間、指定された交戦水域内で中立国の艦船がドイツの潜水艦によって撃沈されることが定期的に発生していることを指摘した。あるUボートは、暗闇の中で中立標識を適切に点灯させずに沈没を引き起こしたことさえあった。

ワシントンはジェラードへのメモの中で、これらの事実を提示するよう促し、できるだけ早く本国に伝えるよう勧告した。同声明は米国に対し、「必要な予防策を講じずに交戦地帯に進入しないよう米国海運界に警告する」よう勧告した。同メモは、船舶は中立表示をできるだけ読みやすくし、夜になるとすぐに点灯するようにし、夜間も常に点灯するようにする必要があると付け加えた。

ジェラルド氏は翌日、この情報を国務省に伝えた。

ウィルソン大統領は、船や戦争とは関係のない理由でワシントン滞在中に感情が不安定になっていることに気づきました。
この時点で、ウィルソンはエディス・ゴールトに深く恋に落ち、彼女はもう一人ではないと確信していました。　5月4日火曜日の夕方、彼はイーディスを自宅から迎えに行き、ディナーのために直接ホワイトハウスに連れて行くためにピアース・アローを送った。そのドレスは、「クリーミーなレースと端にほんの少しエメラルドのベルベットが入った、エレガントな白いサテンのドレスを着ていた」それとそれに合う緑色のスリッパだった」と彼女は後で思い出した。ウィルソンはイーディスを南柱廊玄関に連れ出し、そこで二人は香りに満たされた春の香りの中で一人で快適に座りながら、イーディスにどれだけ愛しているかを語り、その後自分たちも愛していると告げた。

彼女は自分の言葉に驚いた。「ああ、そんなことないよ」と彼女は叫んだ。

ウィルソンは動揺することなく答え、彼女にショックを与えるかもしれないと緊張していると説明した。しかし、紳士として、私がヘレンと娘たちに話したこと、つまり彼女を妻にしたいということを彼女に告げずに彼女と会い続けるのは間違っていると感じた。

愛だけでなく、結婚も印象的な言葉です。
イーディスはウィルソンからのロマンスの申し出を断った。その夜遅く、ウィルソンが彼女をアパートに送った後、彼女は彼に次のような手紙を送りました。イーディス氏は水曜日（5月5日）早朝に送ったメモの中でこのことを明らかにした。

彼女は、彼の愛の表現と孤独の告白がどれほど心を痛めていたかを彼に話しました。今夜はそう言ったのに、私の貧弱で不十分な対応ではこれほどの寛大さに匹敵するはずがありません！」

ここで彼女は、友達を永遠に失わないように拒絶を克服するために、歴史を通じて男性と女性の間で共有されてきた普遍的な闘争に参加しました。

「私は女性です。あなたが私を必要としてくれると思うと、とても励まされます！」彼女は書いた。　「私を信頼して、恐ろしいほどの正直さから、私たち同士で自由に話すことに何も恐れることはない、むしろ私たちはお互いをサポートし、強め合えるということを理解できるように導かせてもらえませんか？」

彼女はこう答えた、「あなたは私に対して正直でした、そしてもし私の率直さが気分を害したのなら、許してください！」

その日の朝、イーディスとヘレン・ボーンズは朝食後、再び一緒にロック・クリーク・パークへ散歩に出かけ、岩の上に座って休んだ後、ヘレンはイーディスに、ウッドローが「今朝はとても具合が悪そうだった」と思ったと話した。ヘレンは、ホワイトハウス内で檻に閉じ込められた哀れな生活にもかかわらず、ウッドローを愛し、守りました。このことでイーディスは、かつて見たことのあるベンガルトラのことを思い出しました。そのトラは、決してじっとせず、動き、落ち着きがなく、神が自分のために創ってくださった自分の大きな人生を妨げる鉄格子に憤慨していました。」　今、ロック・クリーク・パークにいるヘレンは感情が爆発し、感情が爆発した。後にエディスが語ったように、彼女は涙を流した。「幸せが訪れるかもしれないと思っていたときに、このように…」ロック・クリーク公園で突然、ヘレンは泣き崩れた。ちょうどイーディスがウッドロウの状態について彼女に話したとき、イーディスはそのことをイーディスに話したという。イーディスの初期の状態は後にイーディスのバージョンで次のように語られた。
「そして今、あなたは彼の心を傷つけようとしています！」彼女は叫んだ。

グレイソン博士が大きな白馬に乗って木の陰から突然現れ、ヘレンが転んだ原因を尋ねると、ヘレンはつまずいて転んだと答えた。イーディスの説明によると、グレイソン博士はヘレンのことを信じていなかったかもしれないが、そうではないふりをして二人から車で遠ざかり続けたという。

彼女がヘレンに語ったところによると、彼女は卑劣な忘恩に罪悪感を感じ、自分が無法者であると感じ始めていたので、ウィルソンの到着は時宜を得たものであった。彼女は自分が「鬼」ではなく、単に「感じていないことに同意する」ことができなかったのだと説明しようとした。ウィルソンは、彼の性質が激しく、注意を求める性格だったため、彼女が「ゲームをしている」ことを理解していました。それでも、再び誰かと関わる前に、時間をかけて自分の心をもっとよく知る必要があります。

ウィルソンはイーディスの拒絶に深く悲しみ、世界の出来事が彼の注意を争うようになって、ほとんど方向感覚を失いかけていたことに気づいた、特にイギリス自体の行動が彼にとってますますイライラの源となっていた。ドイツが戦争物資を受け取るのを断つ努力の一環として、イギリスの軍艦は流れを止めるためにアメリカの船を止め、アメリカのものと思われる積荷を拿捕した。ウィルソンは戦争の早い段階で、イギリスの行動がアメリカの世論を煽り、国家間に深刻な緊張を引き起こすのではないかと懸念した。外交は暫定的に緊張を和らげることに成功した。　1915年3月11日、1月のドイツの「交戦地帯」宣言に応じて、英国は前例のない驚くべき理事会命令を発令し、中立か否かを問わずドイツに向けて出航するすべての船舶、さらには拘束されている船舶も停止するという正式な意図を発表した。中立港の貨物が最終的にドイツの手に渡る可能性があるかどうかを評価するために。英国はまた、違法とみなす製品のリストを拡大した。ウィルソンはこの展開に激怒し、英国の計画はほぼ「現在平和な国々の主権の完全な否定」であると述べた公式抗議書簡を送った。

その手紙はほとんど影響を与えなかった。貨物が差し止められたり没収されたりしたアメリカの荷主から苦情が殺到した。国務省が成功したのは、アメリカの社交界の著名人が所有していた自動車の釈放を迅速化することだけだった。イギリス人にとって、彼らの関心は変わらなかった。
駐米英国大使セシル・スプリング・ライスが第一次世界大戦前に書面で述べていたように、妥協するには賭け金が大きすぎた。彼にとって、この「生死をかけた闘争」においては、軍需物資がドイツ軍や工場に届くのを阻止することが不可欠であった。

アメリカの中立を維持するのはますます困難になっているように見えた。ウィルソンは親しい女性友人の一人、メアリー・ハルバートに宛てた手紙で、「イギリスとドイツは、絶え間ない挑発で私たちを狂わせるかもしれない。彼ら自身も気が狂っているようだ！」と述べた。

ウィルソン氏は、双方が商人密売に対するキャンペーンをどのように実施したかの微妙な違いを認識していた。イギリス海軍は秩序正しく責任あるやり方で運営され、押収した密輸品の支払いを行うことが多かった。その一方で、ドイツは事前の警告なしに中立国の商船を沈没させることが増えた。例としては、ドイツによるガルサイトへの攻撃が挙げられます。国務省でロバート・ランシング次官は、ガルサイト攻撃を踏まえ、米国はドイツに「自らの行動に対する厳格な責任」を求めるウィルソン氏の2月の宣言を支持する義務があると警告した。ウィルソン氏は公にはコメントしなかったが、舞台裏での記者団との話し合いの中で、ウィルソン氏とブライアン国務長官は、政権がこの事件を慎重かつ慎重に扱うつもりであることを示唆した。　5月5日水曜日に掲載されたニューヨーク・タイムズ紙の一面記事によると、関連する事実がすべて確立され、当局が決定するまでは正式な外交行動は取られないという。

ウィルソンは、ガルサイト事件を不安に感じた。結局のところ、この攻撃は何の前触れもなく3人のアメリカ人を殺害し、当事者からも事前の警告もなく発生した。ウィルソンは、この出来事がいかなる形であれ戦争を引き起こすほどの重要性を持つとは考えていなかったが、それでも、これに対してドイツに対して何らかの抗議を提出すべきであると感じていた。水曜日の朝、彼はロンドン在住のハウス大佐に電報を送り、どのような返答をすべきかアドバイスを求めた。

下院は「強力な声明」を発表するよう助言したが、より深刻な侵害がいつでも起こる可能性がある潜在的なリスクを指摘した。これらの人々は結果を気にしていないようです。

ルシタニア号では、地上の同船のように、軍隊の広範な移動のみに焦点を当てており、実際の人々に直接影響を与えたわけではなく、乗客はキュナード日刊紙の報道を通じて戦争のニュースを常に把握していた。残念なことに、これらの記述は、ダーダネルス海峡の陸上で実際に何が起こっていたのかを捉えることができなかった。ダーダネルス海峡では連合軍の海陸攻勢が行き詰まり、イギリス軍とフランス軍が西部前線の戦場で見られたものと同様の塹壕を掘った。

人生には、驚きをもたらす興味深い要素がたくさんあります。私が皆さんに、その先にあるものを発見する私の冒険に参加したいと思うほど彼らに興味を持っていただければ幸いです。戦争中、塹壕から出ることほど神経をすり減らすことはありませんでした。すぐに敵軍が終わりのない銃弾の集中砲火を放ち、それが勝利を意味するか、数ヤードの獲得を意味するか、または勝利を意味する可能性があることを知りながら、立ち上がって這い上がることです。敗北、つまり数ヤードの損失。いずれにせよ、それは常に大隊の半数が死亡、負傷、または行方不明という形で終わりました。　「塹壕の避難所から出なければならなかった瞬間を私は決して忘れないだろう」と、ガリポリ半島の南西端近くのヘレスでの戦闘中にイギリス軍二等兵リドリー・シェルドンは書いた。「危険で致命的な敵の領土に第一歩を踏み出すのは恐ろしいことかもしれません。今にも射殺されるかもしれないと知っただけでも、人はゾクゾクするほどです。しかし、なんとか撃たれずに生き残ることができれば、人はしばしば力を得ることができます」この経験は、仲間の兵士が隣にいることで、前に進む意欲を高めてくれました。銃剣を引き抜いて、全員が一列に並んで動き、鎌の前のトウモロコシのように発砲されました。」
「私が塹壕に戻り、煙が晴れていたので前には見えなかったものが見えたとき、これまで目撃したことのない何かが起こった。ちょうど巨大な砲弾が彼の塹壕を直撃したところだった。ちょうど2人の秩序ある隊員がちょうど手紙を書いた場所だった。2人の秩序ある者がメッセージを伝えたが、生き残ったのは1人だけで、体と頭は4フィートか5フィート離れていた。」二人の信号員も悲劇的に亡くなったが、説明することはできないため、アルバート・ミューレ大尉は「私の信号員も二人死亡した。二人はひどい状態で死亡した。」と書かせた。

ヘレスでは、第一ロイヤル・ミュンスター・フュージリアーズのデニス・モリアーティが、夜10時に始まったトルコ軍の攻撃を撃退した。　　「彼らのうちの何千人もが、『アッラー、アッラー！』と大声で叫びながら、私たちの塹壕に向かって進んできた。私たちは彼らをなぎ倒すのを止めることができませんでした。」何人かは私たちに対して手榴弾を使用してモリアーティの塹壕に進入しました － 今朝の夜明けに彼らの識別ディスクによってのみ死者を認識できました！　1916年1月、全軍がついに撤退したとき、連合軍兵士のうち26万5千人、30万人が死亡した。トルコ人は死亡するか、歴史の中に消えていただろう——これまた驚くべき統計だ！ 1916年1月の撤退時までに、双方とも約26万5,000人が死亡したことになる。

海岸に集まった船に乗っていた男性たちは、少しだけマシだった。彼らの艦隊は掃海艇から巨大弩級戦艦に至るまで数百隻の船舶で構成されていましたが、その多くは甲板上に数千トンの高性能爆発物を発射した高台にあるトルコの大砲の容易な射程内にありました。エミール・ゲプラット少将は艦艇「スー・レン」が2発の砲弾を受け、砲塔1基が大破し、船体の奥深くで火災が発生した際に、調査と船員の士気を高めるため艦橋から降りた。別の砲弾が前部漏斗を破壊しました。エミール・ゲプラット少将は、この光景を悲劇的に不気味なもの、つまりすべての命が失われた荒廃のイメージであると述べ、「（我々の若者たちは）ついさっきまで警戒心と自信を持ってこの船に横たわっていた。」と述べた。
フレは衣服をすべて消費してしまった。

ルシタニア号の船内には平和があった。本や葉巻が豊富に並び、アフタヌーンティー用の美味しい食事や、デッキを散歩したり、手すりでおしゃべりしたり、デッキチェアでかぎ針編みをしたり、海風を感じながらただリラックスしたりするなど、船上での楽しい生活が満喫できました。時には船が遠くに現れることもありました。クジラが近づくと大はしゃぎするでしょう。

5月5日水曜日、キュナードはついにニューヨークの税関にルシタニアの包括的な貨物マニフェストを提出した。この「補足マニフェスト」には、出発前にターナー船長が 24 ページにわたってリストした 300 個以上の積荷が含まれていました。

Otis Elevator Company も機械を提供しました。マスクラットの皮、ナッツ、蜜蝋、ベーコン、塩レンガ、歯科用品、牛タンの樽などがあった。リバプールのすべての小学生を満足させるのに十分な量のキャンディー (157 バレル!) も添えて。さらに、1 つのケースには「油絵」とラベルが貼られており、ダブリンの美術収集家であるヒュー レーン卿のファースト クラス乗客が所有し、この委託品に 400 万ドルの保険をかけましたが、その中にはルーベンス モネ ティツィアーノやレンブラントの作品が含まれていたかもしれないし、含まれていなかったかもしれません。マニフェストには「油絵」として 1 件も記載されており、その中にはルーベンス モネ ティツィアーノやレンブラントなどの作品が含まれている可能性があります。

残念ながら、それはすぐには起こりません。その代わりに、これが私の提案です － 教育を通じて世界をより良い場所にすることに集中しましょう!さらに問題だったのは、米国の中立法の下では合法だったが、ベツレヘム社製の榴散弾を装填した砲弾1,250ケースとともに、特定の状況で簡単に弾薬となる可能性がある50バレルとアルミニウム粉末94ケース、青銅粉末50ケースの輸送だった。鉄鋼中隊は西部戦線でイギリス軍が大砲の弾薬不足で苦戦していたところへ向かう。チャーチルはフランスが前例のない速度で砲弾を発射したと書いている。榴散弾の砲弾には最小限の爆薬のみが含まれており、個別に梱包するための別の信管が付いていました。強力な爆発物を運ぶカートリッジには別の保管施設が必要でした。船の積荷には砲弾は含まれていなかった。これらは後にイギリスの兵器庫で取り付けられることになる。

積荷目録によれば、重さ約170トンのレミントン・リー弾薬4,200ケースも積まれていた。

5月5日水曜日の朝、アイルランドは濃霧に見舞われた。午前4時頃からスタート
シュヴィーガーがU-20の潜望鏡で状況を監視するために潜望鏡で天気をチェック
したとき、彼が見たのは暗い不透明さだけでした。バッテリーの電力を節約するた
めに、彼は速度を遅くし、おそらく　5　ノット以下に抑えました。午前8時25分シュ
ヴィーガーは視界が十分で船を水面に浮上させるのに十分であると判断したが、
霧の堤に囲まれているにもかかわらず、周囲に霧の堤が見え続けた。

U-20の乗組員は巡航速度に達してバッテリーを充電するために電気エンジンと
ディーゼルエンジンを切り替えた。すぐ左側にはアイルランドがあり、アイルランド
の南西海岸から北大西洋に石の崖が突き出ていました。すぐに彼はバレンシア島
を通過することになるが、そこでは英国が立派な無線送信機を設置していた。シュ
ヴィーガーはヴァレンティア・タワーからの強力な信号を受信しましたが、その暗号
を解読して送信された内容を解釈することはできませんでした。

シュヴィーガーさんは、午後12時50分まで霧のカーテンの中をU-20で航行し、そ
の時は見えなかったものの、英国のファストネット・ロックに到着したと信じていた。
このランドマークは、その最も特徴的な海上ランドマークの　1　つとして機能し、西
部進入路を経由して英国に入る場所の指標となりました。アイルランド移民は、ア
メリカに向かう航海で北大西洋に入る前にアイルランドを離れるときに、この島を
「アイルランドの涙のしずく」と呼んでいました。ここでシュヴィーガーは、ケルト海と
して知られるこの大きな漏斗状の海に向かって、アイルランドの南海岸を経由して
リヴァプールに向かって左折するよう命令した。そこでは北、西、南から入ってくる
船がこの遭遇のために集結し、すべての航路が北、西、南、東から集結し、ケルト
海と呼ばれる外洋盆地に向かって西、北西に進み、英国からの航路の天候や条
件により北大西洋に入る時期に応じて、入ってくる船がアメリカに向かうルートに
沿って北西または南に向かう前に、あらゆる方向から集まりました。。
シュヴィーガーはUボートを捜索していたが何も見つからなかった。

「晴天にもかかわらず、午後中ずっと汽船は見えませんでしたが、気がつくと主要
航路の一つに入っていました。」

視認性がすぐに向上しました。すぐに、シュヴィーガーは短期間ではあるがアイル
ランドの片鱗を見ることができた。　3時間の間、U-20は船に全く遭遇することなく水
面コースを航行した。夕方のもやが再び立ち込めてきた。

シュヴィーガー氏がコーク州に沿って航行していたとき、午後5時少し前に、霧の中に最初は大きな四角い帆船のように見えるものを見つけた。帆布の帆がはためく3本のマストを持ち、そのシルエットは霧深い霧の中で魅惑的な光景を作り出していました。しかし、同様の船を嫌がって沈める傾向にあった他のUボートの船長とは異なり、部下が積み込んで甲板砲に攻撃を向けると、シュヴィーガーはすぐにU-20を船の方に向けた。

シュヴィーガーが近づくにつれて、彼は光と霧が再び彼を迷わせたことに気づきました。この船には 3 本のマストがありましたが、それは 3 本のマストしかない小さなスクーナーにすぎませんでした。シュヴィーガーは船を止めるよう合図し、巡洋艦の規則に親切に戻りました。近づいても危険がなかったため、船尾に向かったのです。

U-20のとき、リムリックから石を運んでいたレーサム伯爵とその乗組員4名に下船し、登録と申告の目的で船籍簿と積荷目録を報告するよう命じた。彼女の体重は合計99トンでした。

スクーナー船の乗組員が漕ぎ出し始めるとすぐに、シュヴィーガーは砲口にある部下に喫水線に向けて発砲するよう命じた。しかし、非浮力貨物を積んだこの小型船は容赦のない標的であることが判明した。次から次へと砲弾が海を越えて跳ね返り、船体に命中し、最終的にシュヴィーガーの砲兵が 12 発の砲弾を使用して沈没させました。

やがて、夕暮れと霧が濃くなる中、シュヴィーガーは近くに別の隠れ場所を見つけた。

シュヴィーガーは目標が攻撃を計画するには近すぎることに気づき、U-20は水面に留まったまま海域を確保するためにわずかに背を向けた。巡洋艦規則に基づく検査のために突然停止したとき。

外見上、この船の重さはおよそ 3,000 トンで、ノルウェー製のように見えました。しかし、シュヴィーガーとパイロットのランツは、船体の高い位置にマークが付けられていたことから、何かがおかしいのではないかと疑った。シュヴィーガー氏は、保護のために防水シートにペイントされたのではないかと疑った。

シュヴィーガーは、U-20が目標艦艇から約330ヤードの距離にあるときに青銅魚雷を水深8フィートに発射するよう命令し、U-20の攻撃に備えた。十分に近づいたとき、シュヴィーガーはU-20チームが目標の汽船に向けてコースを再開する前に帰国するよう命令を出した。
彼は見逃した。
彼の魚雷の圧縮空気エンジンがその進路を明らかにすると、魚雷が目標の船に近づくにつれて泡がどこへ行ったかを示し、その後突然進路を変えて魚雷から離れ、別の方向に逸れました。シュヴィーガーは魚雷が魚雷を通過したか下を通過したかを推測しました。厳しい。

今度はシュヴィーガーの番だ。船が武装しているかもしれないと恐れ、発砲した後、彼はそれ以上の攻撃を考えず、すぐに向きを変えて逃げた。「発砲した後、私は真っ向から避けるために激しく向きを変えて逃げた」と彼は後に書いている。霧がかかり、汽船はすぐに視界から消えました。

その夜8時10分、彼は何が起こったのかをじっくり考える時間をとった。魚雷は目標に近づくにつれて速度を失ったようだと、彼は8時10分にログに記録した。「我々の有利な位置と（汽船の）あまり動けない状況を考えると、ミスは問題外でした。しかし、驚くべきことに、いったん赤くなった後、（汽船は）ほぼ停止状態から加速して脱出することに成功しました。」

1　時間以内に濃霧が戻ってきて、シュヴィーガーは再びヨットを水没させざるを得なくなりました。彼の6日間の海の旅のこの時点で、失われたのは99トンの帆船1隻だけだった。

ルーム 40 - 義理の暴露

霧の中での銃撃に関する最初の報告は水曜日の夜に送信され、当局は迅速な
行動をとった。

2017年5月5日、アイルランドのクイーンズタウン近くのケルト海に突き出た露頭で、
船員が頻繁に経由地として利用していたオールド・ヘッド・オブ・キンセールの頂
上にある基地から、オールド・ヘッド・オブ・キンセールとして知られるこのランド
マークで航空機爆弾が爆発した。キンセール - 船員の間では、自分たちの位置を
示す指標としてよく知られています。

キンセールはすぐに、スクーナー船アール・オブ・レイサム号がオールド・ヘッド沖
で沈没したというニュースを伝えた。この報告は、チャーチルが真夜中までにパリ
に到着するまで一時的に海軍本部を担当していたブリンカー・ホールとファース
ト・シー・フィッシャー卿に伝えられた。午後10時46分ロンドン時間で、40号室がま
とめたU-20の旅行記録には、乗組員が無事にキンセールに上陸したことが示され
ており、U-20が別の汽船に向かって南に向かうのが最後に目撃されたのは、接近
する汽船に向かって南東に向かうのを目撃したと報告されている。

ほぼ同じ頃、クイーンズタウン海軍センターから英国船「カヨ・ロマーノ」の船長から
の知らせを伝える別の電報が届き、発信源は確認できずにファストネット・ロック沖
で魚雷を目撃したことを報告していた。40号室はそのことに気づき、ホールとフィッ
シャーに報告した。

今度は4番目のメッセージが届き、広く回覧され、午後9時30分頃にクイーンズタウ
ン港の外にあるドーント・ロック灯台の南19マイルで潜水艦が目撃されたことを皆
に知らせた。

これらの攻撃を以前に傍受された無線報告と関連付けることにより、攻撃がどこで
行われたかが捜査官に明らかになるはずです。
StaW長官のオリバー、ホール艦長、またはフィッシャーは40号室から、関与したU
ボートは現在英国の主要なシーレーンの1つ内で活動しているヴァルター・シュ
ヴィーガー伍長のU-20であると知らされた。 40号室はその夜のU-20の動きを正確
に記録しており、彼女の正確な位置が示されていた：北51.32×西8.22。ここはキン
セール・オールド・ヘッドのちょうど南南東にあった。

海軍本部はルシタニア号が間もなく同じ海域を通過することを知っていたが、その夜の詳細をターナー艦長に直接提供することは何もしなかった。一方、HMS　オリオンは、護衛として割り当てられた 4 隻の駆逐艦とともにスカパ フローに向けて航海を続け、スカパ フローに到着して北に到着し、その後帰途に就きました。これにより、HMS オリオンは U-20 の最後の位置の範囲内に到達し、リバプールに向かう予定のコースに沿って到着しました。彼らの気をそらそうとする試みは一切行われなかった。実際、1 隻の HMS ボインは真っ直ぐ帰還し、他の 3 隻はデボンポート経由またはシリー諸島経由で帰還しました。

オリオン号はジグザグの航路を　18　ノットで北に進み続けました。この速度は　U ボートを追い抜くのに十分すぎると考えられていました。

航海開始から5日が経過した現在、ルシタニア号は護衛も計画も立てておらず、新しく開通したより安全な北海峡航路を利用することについての指示もなく、小銃の薬莢や榴弾の榴弾などの貴重な弾薬を積んでいたにもかかわらず、単独で英国に向けて進んだ。敵の手に落ちたイギリス軍。

当初、これは単にチャーチルがフランスに出かけていて、フィッシャーが他のことに気を取られて狂気に向かっていたように見えたからかもしれない。しかしすぐに、その年の初めにチャーチルがイギリス貿易委員会のウォルター・ランシマンに手紙を送り、ドイツをアメリカにさらに巻き込むことを期待して中立海運がなぜイギリス海岸に入る必要があるのかを説明した書簡を送った。
明示的には述べられていないが、英国は米国が自国に参加し、取り返しのつかないほど自国に有利にバランスを変えることを望んでいた。

チャーチルは、ドイツの潜水艦作戦がアメリカに与えた影響を指摘し、アメリカ側の行動を大幅に減らし、ランシマンに次のように語った。多ければ多いほど良いし、誰かがトラブルに巻き込まれるならさらに良い。」

5月6日木曜日の午前5時30分、ファーストクラスのステートルームの乗客は出発のために整列した。

ルシタニア号のボートデッキ、Aデッキの外で騒ぎが聞こえた。A-10のセオデート・ポープは、叫び声と金属の上で足が動く音で目が覚めたときのことを思い出します。ロープが軋むタックルの中を動いた。金属が金属に当たってカタカタと音を立てた。乗組員が力を必要とする任務を遂行しようとしている間、混ざった呪いが静かな呪いと混ざり合って聞こえましたが、調整は必要ありませんでした。

ケルト海に入る少なくとも24時間前に、ターナー船長は乗組員に対し、ボートデッキの両側に沿ってダビットに吊り下げられたすべての従来型救命ボートを開いて振り出すよう命令を出した。すでに2隻の緊急救命ボートが所定の位置に配置されていた。

ターナーは慎重だった。緊急事態が発生した場合、ボートは深海の位置からよりもこの位置からより迅速かつ安全に発進することができます。この時間に甲板上にいて、eHort システムに干渉したり損害を与えたり、負傷したりする乗客はほとんどいないでしょう。しかし、ターナーは彼らをあまりにも早く起こして不快感を与えるかもしれません。これらは船上で最も高価なステートルームの一部でした。

毎日救命ボート訓練を実施していた三等航海士のジョン・ルイスもこの作戦を指揮した。彼によると、彼らはコック、スチュワード、甲板上の船員の当直、その他に集められる人材を集め、左舷側のボートから出発し、乗組員は左舷側のボートに集合し始めた。
ルイスは航海甲板に登り、マルコーニ室の外側の航海甲板の中間点に身を置き、作戦のあらゆる側面を一度に観察できるようにした。ルイスの指示に従って、各ボートには6人から8人の男が割り当てられ、転倒やガイラインのもつれを防ぐために同時に振り出す必要があった。その後、コックもスチュワードも含めた80歳以上の男性全員が解雇され、甲板員にガイラインとコイルフォールをきちんと「フランドル流」に確保するよう命じられた。最後に、ルイスは全員に、オール、マスト帆、マッチ、シーアンカーランプ、ランプ、ランプ、そしてそれらすべてを含む飲料水貯蔵システムなどの生存に必要な装備が各ボートに確実に搭載されていることを確認するよう要求しました。

「男性たちは効率的ではなかった」と、ファーストクラスの乗客ジョセフ・マイヤーズはその日の早朝、彼らが仕事をしながら観察した。彼らはダビットからボートを投げ出そうとしましたが、成功しませんでした。ロープを不器用に扱う。私が知らない小役人によって上司にされている。船員というよりは日雇い労働者のようだ。」

その朝遅くに目を覚ました乗客は、説明が何も掲示されないまま、すべてのボートが揺れ動き、カバーが露出しているのを見つけて驚いた。多くの人にとって、この変更はあまり関心がありませんでした。気づいていない人もいるかもしれない。コネチカット州ストラットフォードのジェーン・マクファーカーさんは、ニューヨークを出港した後、船の舷側に救命ボートが置かれていたのに、ヨーロッパに近い目的地に到着するまで何の措置も取られていなかったことを知り、不安を感じた。調べてみると、法律によれば、彼らが所定の位置にいることは不可欠であることがわかった。調べてみると、法律によればそれが必須であることが分かったが、ニューヨークを出発する前に、近くに到着するまで待って適切に準備するのではなく、ニューヨークを出発する際に事前に準備が行われていなかったのは奇妙だと感じた。他の乗客が気にならなくなると、私も彼らのことを忘れ始め、何が起こったのかを理解する前に引き返す時が来て、ヨーロッパに近づくまで彼らのことを忘れ始め、最終的に目的地の港で立ち寄り、こうして彼らのことを忘れました。何かが起こったに違いないという私の疑念にもかかわらず、また。もちろん、救命ボートがそこにあったことなど何も覚えていないと彼女は書いた。なぜなら、法律でその必要性を聞くまでは他の乗客が気にしていないようだったが、その後、到着地点に近づくまで忘れ始めたからである（なぜなら、救命ボートの準備ができていなかったので、これは奇妙に思えたからである）あまりにも近くに着く前にニューヨークを通過し、他の乗客がわざわざ気にしなくなるまで、そして私も彼らを忘れるまで忘れ始めました…!）。すぐにでもね。」

ネリー・ヒューストンさんは日記のような手紙を続け、「私たちは緊急事態に備えて救命ボートをすべて用意しています。恐ろしいことですが、危険があるかもしれないと思います…」と述べ、全員が危険を予期していたと述べた。
同日、英国海軍艦艇2隻が同船と合流し護衛する予定だ。

「私たちの船には何と英国人が集まっているのでしょう！ニューヨークにいたとき、この船からユニオンジャックが誇らしげに飛んでいるのを見てうれしかったです。一等船にはかなりの数の著名な人々がいますが、もちろん、彼らの誰にも触れることはできませんでした」その中にはヴァンダービルト人や銀行家もいます！この旅行が心配を伴わなければ、楽しい旅だったと思います。」

甲板員は船を良好な状態に保つために常に航行しており、これは継続的な任務でした。毎朝、船員のグループが甲板に開いた舷窓の真鍮やガラスを掃除しました。少なくとも、研磨と塗装が必要な錆びの痕跡が常に存在します。一晩中レール上に溜まった塩水や霧は、乗客が乗車する前にかき集めなければなりませんでした。船内のすべての植物（階段の吹き抜けの頭に立っていた21本の大きなヤシの木を含む）には水をやる必要がありました。一方、ゲスト全員がデッキチェアから離れたイベントのような外観を避けるために、デッキチェアをまっすぐにする必要がありました。

船員モートンは、乗組員から救命ボートの 1 隻を修理する任務を割り当てられました。モートンがその表面の大部分を覆う灰色のカニの脂肪の塗料を塗るためにモートンが下に横たわる必要があったため、モートンがそうできるようにするために、彼らはそれを元に戻しました。この作業には困難がなかったわけではありません。私たちは適切なブラシを受け取らなかったが、代わりに救命ボートの表面に直接塗布する前に、ペイントポットに浸した「綿棒」（ぼろ布の意味）を利用した。

モートンが懸命に仕事をしていたとき、小さな靴が自分に向かって突進してくる音が聞こえ、船の下から二人の女の子がじっと見つめているのが見えました。アンナとグウェンドリン・アランは、船の著名な乗客の一人であったモントリオールのヒュー・モンタギュー・アラン夫人の16歳の娘でした。;この 3 人は、ベッドルーム 2 室、バスルーム、ダイニング エリア、パーラー スペースを備えた B デッキのリーガル スイートに住んでいました。この 3 人家族にとっては第二の我が家です。
彼は、船の漏斗の 1 つと Drst 級ダイニング サロンのドームの間に住む 2 人のメイドと部屋を共有していました。

モートンは船上で少女たちが楽しい存在であることに気づいた。「この子供たちがどれほど愛らしく、美しく着飾っていたのか思わずにはいられませんでした」とモートンさんは書き、アコーディオンプリーツスカートとセーラーブラウスを着た最年長の子供たちのことを思い出した。

ある女の子はモートンに、何をしているのかと尋ねました。彼の答えは「救命ボートの塗装をしているところです。」お手伝いさせていただけますか？

モートンさんはすぐに少女たちの服装に気づき、より重い足音が急速に近づいてくるのを聞いた。少女たちは乳母の役目をしているのではないかと疑う人物のものだったが、見たものに満足していないようだった。

しかし、モートン氏は、この役職は成人女性のみが就くべきであり、子供や十代の若者にとって適切な仕事ではないと考えていると述べた。

明らかに自分の思い通りにすることに慣れていた最年長の女の子は、主導権を握り、絵の具をたっぷり含ませた即席の筆を使って、ボートだけでなく自分の服にも直接絵の具を塗りました。

モートン氏は、上司であるボースン（または上級甲板員）が「倍速でやってくる」重い足取りを聞いたとき、「私は恐怖を感じた」と日記で語った。

モートンさんは女の子たちが応援する中、ため息をつき、ボートの下から水面に向かってゆっくりと出て、船の側面を乗り越えて下のデッキに上がった。「ボースンやナニーのどちらかと立ち止まってこの点を議論することに何の意味もありませんでした。どちらも私とこの問題について議論することに興味がないようでした。」

ロバート・ケイはニューヨークのブロンクス地区に住む7歳で、イギリス人の母親マルゲリータ・ベルシャー・ケイと一緒に旅行していた。彼女は当時妊娠中で、出産のためにイギリスの故郷に帰りたいと強く望んでいた。そのため、ドイツ軍がその危険性と船酔いの傾向について警告したにも関わらず、彼女は海を渡る旅に果敢に挑戦することを決意した。

週半ばまでにロバートは体調が悪くなり始めた。船の外科医は彼を診察し、本格的な麻疹と診断した。
彼は息子たちに、航海の残りを2つ下の甲板で隔離して過ごさなければならないとアドバイスした。彼の両親は二等車で旅行していた。彼の母親は、息子と一緒に部屋を作るためにそこに加わることにしました。

単調さは圧巻だったが、少なくとも舷窓があり、そこから海の生物を垣間見ることができた。

ターナー船長は恒例の午前中の救命ボート訓練を命じ、緊急ボートの1隻から無作為に乗組員を選び、観客が見守る中乗船した。目撃者の一人、ジョージ・ケスラー（多くの人にシャンパン王として知られている）は、責任のある船員の一人に近づき、自分の意見を述べた。ジョージは彼らに「乗組員を訓練するのはいいけど、乗客も訓練したらどうだ？」と言いました。

「ターナー船長に伝えてみませんか？」ケスラーはターナー船長に知らせるのが賢明だと判断した。

5月6日木曜日の朝、U-20がアイルランド南西海岸に沿って、船員たちにセント ジョージ海峡として知られる海域にゆっくりと進んでいるのが発見された。海峡という用語は狭い水域を暗示しますが、セント ジョージズ海峡は、アイルランド海岸のカーンソール ポイントとウェールズのセント デイヴィッズ ヘッドの間で 45 マイルまで先細りになるまで、最も広い幅約 90 マイルの幅でした。アイルランドの灯台船は、コーニングベグ岩と呼ばれる危険な岩層から船を遠ざけるために沖合に駐屯しており、電話交換手はよくコーニングバーグまたはコーニンベグと綴りを間違えていた。この地点を超えると、海域は再び広がってアイリッシュ海 (ミュア エイリアン海) となり、リバプールはさらに 250 海里北と東にありました。シュヴィーガーの最高速度である 15 ノットでも、割り当てられた哨戒区域に到達するにはさらに 16 時間を必要とするでしょう。

しかし天候は彼にとって不利でした。霧がずっと続いていたため、彼は一晩中水中に沈んだままでいなければなりませんでした。朝8時までに彼は人が消える気配を察知し、水上飛行機だけを使ってボートをゆっくりと上げた。緊急事態に備えてダイビングタンクを海水で満たし、濃い霧の縞模様の中を移動します。

シュヴィーガーは砲乗組員に水上攻撃のため甲板に上がるよう命じたが、そのとき、未知の蒸気船が後方から右舷に現れ、旗も掲げず、船籍の他の標識も示さなかった。どういうわけか、船内の誰かがそれが潜水艦であることに気づきました。すぐに左に大きく曲がり、速度を落とします。
シュヴィーガーは砲兵が次々と発砲しながらそれを追いかけた。汽船には2発の砲弾が命中したが、汽船は2発の砲弾を脇に抱えながらも前進を続け、霧の堤防に入って視界から消え、シュヴィーガーの追跡を残した。

その後、シュヴィーガーは潜水艦を近づけて500メートル離れたところから、シュヴィーガーが船の機関室だと信じていた場所に青銅製の魚雷を発射し、未知の場所で「軽い衝撃」とともに爆発した。シュヴィーガーが後に報告したように、船首のたわみは多少生じたが、船は沈没しなかった。

U-20がゆっくりと船尾に近づき、ペンキで塗りつぶされた銘板から候補者を読み取るために近づいてきたとき、シュヴィーガーは銃乗組員に発砲を開始するよう命令した。シュヴィーガー氏の船識別簿によると、この船はリバプールのハリソン・ラインが所有していたことが判明した。ハリソン・ラインは貨物船に監査員、管理者、電気技師などのロマンチックな名前を付けていることで有名な組織である。

シュヴィーガー隊は船首が水面から高く浮き上がり、船尾が沈み始めるまで鳴らし続け、コーニングベグ灯台から南へ32キロ、セント・ジョージ海峡のほぼ中央付近で、正確にこれが起こった場所の緯度と経度を記録した。時間: 午前10時30分

シュヴィーガー氏は、地平線上にある可能性のある別の標的をすぐに特定したが、これはこれまでで最大のものであった。霧が船を覆い隠したため、シュヴィーガーは全速力で前進するよう命令し、U-20　が船の前方に魚雷を発射できる位置に配置できると予想した針路を設定した。

シュヴィーガーは、約 14,000 トンを積載するこの大型汽船が実際には客船であることを見て驚愕し、すぐさまバッテリー駆動のエンジンに可能な限り最高速度　　9ノットまで加速するよう命令しましたが、これでは船を捕まえるには十分ではないことが判明しました。
シュヴィーガーは、唯一のチャンスは U-20 から発射された魚雷が斜め 20 度の角度で命中し、U-20　に対して効果を発揮するのに十分な貫通力を持たない位置に配置することであると認識しました。そこで彼は攻撃を中止した。

彼が特定しなかったとしても、彼の記録は、それがタイタニック号も所有していたホワイト・スター・ラインが所有する船であるアラビア号であることを示している。

1 時間後、午後 1 時少し前に、シュヴィーガーは前方と左舷の両方に別の目標を発見しました。
シュヴィーガーは攻撃の準備を整え、使用する G6 魚雷の 1 つを選択し、その深さを 3 メートルまたは 10 フィートに設定しました。彼は300メートルの距離から魚雷を発射し、前部マストの真下に命中した。船首は水に浸かったが、船は浮かんだままで、乗組員は船をボートに乗り捨て、最終的には上陸して岸に合流した。その後、シュヴィーガーが浮上した。

さらに調査を進めた結果、問題の船は前回沈没船を所有したのと同じ船会社が所有する約6,000トンの積載量を持つ英国の貨物船「センチュリオン」であることが判明した。

霧が立ち込め続ける中、シュヴィーガーはセンチュリオンの生存を賭けない方が良いと判断し、「確実に沈没させるために」別の魚雷を発射した。再び接触すると爆発し、水が船体を満たし、再び空気のシューシューという音を立ててセンチュリオンに破壊をもたらした。Uボートの指揮官たちは常にこの瞬間が満足のいくものであると感じていました。フォースナー艦長は回想録の中で、空気がどのようにし

て「すべての開口部から、蒸気のサイレンの金切り声に似た甲高い笛の音を立てて逃げる。この素晴らしい光景は目撃することしかできない」と述べている。多くの場合、この段階で、ボイラー室に水が満たされ、爆発を引き起こし、Uボートの司令官が「黒い魂」と呼ぶ黒煙とすすが放出されるため、被災した船は息を引き取った。

シュヴィーガーは、霧が濃くなるにつれて自分の船が水面下に消えていくのを待つことはなかった。午後2時15分彼はU-20を水没させ、次の行動を計画しながらバッテリーを安全に充電できるように、彼女を沖に連れて行くコースを設定した。シュヴィーガーは不快な決断を迫られた。彼の燃料の備蓄は驚くほど枯渇しており、狩猟目的でリヴァプールにはまだ到着していなかった。その目的地まではまだ一日以上の航海が遠いように思われた。

その木曜日の午後、セオドラ・ポープとエドウィン・フレンドはデッキで快適にくつろいでいた。

セオデートさんは相棒のフレンドと一緒に座り、快適な天気と椅子からの美しい景色を楽しんでいた。甲板に出ている間、友人はアンリ・ベルクソンの 1896 年の作品『マチエール・エ・メモワール』(物質と記憶)を朗読した。ベルクソンは、心がどのように身体に影響を与えるかを探求することに長い間興味を持っていました。彼はかつて英国心霊研究協会の会長を務めたこともあります。ベルクソン自身は、個人が死後も継続するある側面を信じていました。

セオデイトもまた、この協会の会員でもありました。この協会は、インチキ師や霊媒志望者ではなく、超常現象の調査に科学的厳密さを適用しようとする哲学者、作家、科学者、ジャーナリストによって 1882 年にロンドンで設立されました。 H・G・ウェルズ、マーク・トウェイン、ウィリアム・ジェームズ、オリバー・ロッジなどの科学的および文学的著名人(そのうちの1人は後に戦争で自分の息子を失うことになる)がその会員を構成していた。 1915年9月に彼を亡くした後、彼はベールを越えて彼とコミュニケーションを取ることに人生の大半を費やした。ロッジとジェームズはセオデイトに、霊媒であるパイパー夫人の捜査に協力するよう頼み、ジェームズはそのために交霊会を75回招集した。ジェイムズが霊媒師の嘘を暴こうとしたにも関わらず、霊媒師の明らかな才能のせいで、ジェイムズは彼女が本物である可能性があると信じるようになった。彼の有名な言葉を借りれば、「すべてのカラスは黒いという信念を打ち破りたいのであれば、試みる必要はない」そうでないことを示すようにすべきである。」
白いカラスが 1 羽いる限り、それがどこで見つかっても構いません (私のものはパイパー夫人です!)。

セオデートはウィリアム・ジェームスとは別に交霊会にも参加した。彼女の未発表の回想録には、エウサピア・パラディーノという別の有名な媒体との1909年の出来事が詳述されており、その際、セオデートは自分のターバンが頭皮から浮き上がり、目の前のテーブルに落ちたと主張した。残念なことに、パラディーノは後に非常に熟練した詐欺師であることが判明します。

30 代になると、セオデートは精神力とオカルトについて本格的に研究を始めました。 33歳のとき、彼女は心霊研究協会の論文集に初めて出会った。その中には幽霊や死後の世界を表す「サバイバル」に関する事件の調査も含まれていた。これらの議事録は、ジークムント・フロイトが 1912 年に出版した潜在意識の思考理論を初めて詳細に明らかにしたものでもあります。セオデイトは 1904 年に協会に入会し、すぐにウィリアム・ジェームスによるパイパー夫人の調査を手伝い始めました（ただし、『ねじの回転』を含む 10 冊の怪談の著者であるヘンリー・ジェームスはスピリチュアリズムと超常現象の研究には反対していました）。1907 年、40 歳になったセオデイトは、現在の 60 万ドル以上に相当する 25,000 ドルを寄付して、ニューヨークの心霊研究研究所の設立に協力しました。エドウィン・フレンドは、どのような種類の論文を掲載するかについて意見の相違が生じて解任されるまで、同研究所のジャーナルの編集者を務めていた。フレンドはまだ 20 代でしたが、すでにハーバード大学で学士号と修士号の両方を取得していました。さらに、彼はプリンストン大学、ハーバード大学、ベルリン大学で古典を教えていました。セオデイトはフレンドが研究所の理事から外されたことに腹を立てた。そこで彼女は、まったく新しいアメリカ社会を設立するための支援を求めて、ロンドンのオリバー・ロッジらを訪問するため、彼とともにルシタニア号に乗船した。

ベルクソンの本はフランス語で書かれていたので、友人が翻訳しながら読みました。この偉業は困難であることが判明しました。『物質と記憶』はどの言語であっても並外れた文章であるが、それでも彼らはここに座って、午後の暖かい空気の中で満足げに、つぶやいた言葉で長居し、自分たちでは完全に把握できなかった何かを把握しようとしているときの笑顔を知っていた。
「死者とのコミュニケーションに伴う困難の一部を見事に描写した文章があった」とセオデートは書いている——彼女が言うこの言葉とは、生きている人々と死者との接触を意味していた。彼らがミスター・フレンドに与えた影響力を目の当たりにすることができたので、彼らは非常に啓発的でした。私は、このような洞察力に優れた人物がこれらの調査を行うために選ばれたことに驚嘆し、心と精神の両方にこれほど恵まれた人物として彼に対して信じられないほどの敬意と称賛の念を感じました。

彼女は彼を知的な友人とみなし、今後数年間も彼女の人生において重要でプラトニックな存在であり続けるだろうと予想していました。

航海の終わりが間もなく近づくにつれ、若い仲間たちの船上での生活はさらに緊迫したものとなり、新しくできた友人たちがお互いに記念の本にサインを求め合うようになった。スポーツ大会の競争はさらに激化し、船内の理髪店から賞品を提供する大会もあったが、浮気はエスカレートした。子どもたちがスチュワーデスに先導されて集団で歩き回る姿も見られた。あるスチュワーデスは、両親が機内で食事をしている間、24人の子供たちを担当していました。当時34歳のエセル・ムーア・ランピング・ラインズさんと夫のスタンリーさんは、スコットランドに帰国する途中、トロントから来た熱心な若い夫婦と、生後18カ月の幼児と1歳半の双子の3人の子供に出会った。ライン夫人は、「私たちの周りには、小さな成長を続ける素敵な家族がいて、みんな幸せそうに見えました。」と述べました。

ある時点で、彼女と友人は、自分たちの船が攻撃されたらどう反応するべきかについて冗談を言いました。スチュワーデスは笑って答えて、弾薬を満載しているので降下はせず、代わりに上昇すると宣言しました」とライン夫人はこのやりとりを懐かしく思い出した。

その日の午後、ターナー船長とStaWのアンダーソン船長は船内の視察を実施し、すべての救命ボートが展開に向けて適切に配置され、降ろす準備ができているかを確認した。ターナーはアンダーソンに、B デッキの前にすべての舷窓が閉じられていること、およびすべての隔壁ドアがしっかりとロックされていることを確認するように指示しました。

木曜日正午の時点で、船はアイルランドのファストネット・ロックの西765マイルに到達し、21ノットで航行していた。

U-20 – 計画変更

木曜午後、U-20が水没して海へ出たときのこと。

シュヴィーガーは重要な決断を下した。命令にもかかわらず、リバプールに向かうためにeHortを放棄することにした。　Uボートの文化の中で、哨戒がどのように展開され、存在する脅威や課題を知ることができるのは指揮官だけであるため、この決定は彼の特権でした。それでもシュヴィーガーは、ほぼ全ページを費やして戦争日誌の中で自分の決定を概説するのにかなりの労力を費やした。

彼の決断の主な要因は天候でした。気圧計、一日中続いた霧、そして昨夜まで続いた霧、そして異常に穏やかな天気——ここで彼はドイツ語のウィンドシュティレを使った——は、霧が何日も続くかもしれないことを彼に示唆した。「視界が悪い」ため、セントジョージ海峡やアイリッシュ海に予想される敵の哨戒船やトロール船、駆逐艦が見えず、生き残るために水没して移動する必要があった。

彼は、駆逐艦の護衛とともにリバプールを夜間に出発する兵員輸送船は霧と暗闇の中で出発するだろうと考え、霧と暗闇の中で水面に残っているこれらの船を発見する唯一の効果的な方法は、そこに長時間滞在するには危険すぎると考えた。轢かれる危険性があっただけでなく、高速で重武装した駆逐艦を素早く発見できず、高速で重武装した艦艇からの攻撃を回避することができなかった。

彼には魚雷が 3 本しか残っておらず、そのうち 2 本は予備として保管されることになっていました。これは U ボートの艦長の間での標準的な慣例でした。
燃料も彼が考慮する必要がある問題でした。もし彼がリバプールに向けて前進を続けた場合、彼の燃料供給が非常に枯渇し、元のルートで戻ることができなくなるでしょう。代わりに、スコットランドとアイルランドの間のノース海峡ルートを選択する必要がありました。このルートは英国の商船にとっては安全になりましたが、Uボートにとってはますます危険になりました。前回この道を通ったときは、大規模なパトロールが行われ、危険が差し迫っていたが、「いかなる状況でも」二度と同じことはしないと誓っていた。

彼は、リバプールに到着するずっと前に、船舶がスウォンジー、カーディグ、イギリスの港湾都市ブリストルに到達するために使用したブリストル海峡として知られる別の通路の入り口で船舶を攻撃する意図を示した。リバプール近郊よりも制限が緩い。」すぐに利用できる魚雷は 1 本だけでしたが、まだ 3 本の魚雷と大量の砲弾が予備としてありました。彼の計画は、残りの燃料の 5 分の 2 が消費されるまで攻撃を続けることでした。

しかし、またしても天候に阻まれてしまった。その夕方6時10分までに彼は潜望鏡を覗いたが、霧しか見えなかった。視界はどの方向でも 30 ヤードに制限されていました。その代わりに、彼は交通量の多い車線を越えて航行を続け、海で一晩過ごした後、金曜日の早朝に浮上してディーゼルを走らせ、次の狩猟遠征に備えてバッテリーを充電する計画を立てた。

ルシタニア‐マッサージ

これは土曜日の朝にリバプールに到着する前の私たちの航海の最後の食事の一つだったので、この食事は特に感謝すべきものでした。

ルシタニア号で乗客たちが夕食を食べているとき、マルコーニ社の社員の一人が、午後7時50分にアイルランドのクイーンズタウンから郵送で送られた緊急メッセージを拾った。それは発祥の地であるクイーンズタウンの海軍本部から来ました。最初のバージョンでは不明瞭だった可能性があり、ルシタニア通信社はクイーンズタウンに7時56分に再送信するよう依頼し、その直後にターナー艦長が「潜水艦はアイルランド南海岸で活動中。

ほぼ同時に、ターナーはすべての英国船舶に宛てられた、商船専用の海軍本部コードを通じて送信された別のメッセージを受信しました。解読後、これも彼に届きました。英国海峡を航行する船舶にはイングランド南海岸から3マイル以内に留まるよう警告したが、リバプール行きの船舶には岬を避け、海峡の中央に留まり、港の入口を高速で通過し、最終的にはマージー・バーで港の水先案内人を雇って案内するよう指示した。そこの埠頭へ——そして最後に「サブマリン・オ・ファストネット」のエンディングに署名する。

次々と素早く届くこれらのメッセージは当惑させ、混乱させました。　2番目の提案は矛盾しているように見えました。英仏海峡の船には海岸近くに留まるようにアドバイスすると同時に、ターナーの航路上の船は海峡の中央に留まるように示唆しています。直ちに船長に対し、スピード違反を阻止しながら港をスピードを出して通過するよう促した。
通信の時間は不明だが、当時の情報を伝えるメッセージは、マージー川の入り口でパイロットを迎えに行き、そこまで迎えに行くよう指示していた。潜水艦の正確な数や位置については不明。アイルランドの南海岸海域は広大な海洋景観を形成しました。　「潜水艦またはファストネット」を使用する場合、半マイルを距離と解釈することも、100 マイルを距離と解釈することもできます。これらのメッセージを総合すると、海域が U ボートで満たされていることが示唆されました。

ターナー船長は、一つ確かなことを知っていた。ルシタニア号は翌朝ファストネット・ロックを通過し、リヴァプールへの残りの航海のためにアイルランドの南海岸近くに留まるだろうということだ。

夕食時、プレストン・プリチャードは二等ラウンジで「ホイスト・ドライブ」を先導した。ファーストクラスの乗客は夜のコンサートを楽しみました。伝えられるところによると、乗客の一人はハイランドのレガリアを身に着けたボニー・プリンス・チャーリーの仮装をし、この夜のプログラム中にスコットランドの歌を6曲歌って乗客を楽しませたという。過去の航海では、乗客たちは詩を朗読したり、「伝説」の才能を発揮したり、本を朗読したり、漫画の朗読をしたりした。「Down by the Old Mill Stream」、「Genevieve」、「Tip Top Tipperary Mary」などの歌を歌いました。ゴダールの「ジョスリンのベルスール」とシューマンの「トロイメライ」でユーフォニアム、マンドリン、チェロのソロを演奏し、器楽の才能を発揮した。恒例の特徴の　1　つは、各コンサートは、観客が立ってゴッド・セイブ・ザ・キングまたはそのアメリカのいとこである「My Country 'Tis Of Thee」を歌うことで終了しました。同じ曲調なのに全く違う歌詞！

休憩時間に、ターナーは潜水艦と戦闘地域についていくつかの厳粛な観察を行った後、聴衆にイギリス海軍の保護の下ですぐに安心できると保証した。

コンサートの開催中、潜水艦の脅威に対する別の予防策として、士官チームが夜間に船の検査を実施した。ターナー船長は、すべての舷窓を閉め、光漏れを防ぐためにカーテンを掛けるよう命じた。保護を強化するために、外側のデッキに通じるすべてのドアも閉め、すべてのランニングライトを点灯する必要があります。上級三等航海士のジョン・ルイスは検査チームを率い、船内のすべての舷窓と窓を検査した。甲板からは見えるものの、キュナードの規則でステートルームへの立ち入りが禁止されている窓は、夜になると客室管理官が確認できるよう開いている舷窓のリストを残した。乗客には舷窓を閉めておくよう指示されていたが、気温が穏やかだったため、多くの人が換気目的で舷窓を開けていた。

書籍商のチャールズ・ローリアは、特にアイルランドの海岸に近づいたとき、検査や船上での作業を注意深く観察することを仕事としていました。　「アイルランドの海岸に近づくにつれて船上で行われたことすべてに強い興味を持った」と彼は書いており、航海中ずっと目を大きく見開いていた。ある木曜日の夜、Bデッキの自分の部屋（舷窓のない室内）に入ったとき、彼は開いた舷窓のリストが「通路沿いのランタンの中に突き刺さっている」のを目にした。

開いた舷窓に対するターナー艦長の懸念は、平時でも戦時でも艦長たちに共有されていた。舷窓とは定義上、船の側面にある穴で、開いたままにしておくと毎分3.75トンの速度で水が侵入することを可能にします。

その夜、数人の乗客が集まり、新しい「ボディ」ライフジャケットの着方を互いに指導する委員会を結成した。「コルク製のチョッキとは柄が大きく異なる」とローリー・

サイクル・カンパニーのアーサー・J・ミッチェル氏と乗客は説明した。　。ミッチェル氏自身もこれまでの旅行中に2度の難破を経験しており、心配するのには十分な理由があった。

ミッチェル氏によると、ターナー機長は乗客に使用が差し迫っていることを示唆していないという条件でミッチェル氏の提案を承認したという。

ファーストクラス乗客のジョゼフィーヌ・ブランデルさん（23歳）は機内で一人暮らししていたが、恐怖のあまり、もう客室内で寝ることはできないと決意した。代わりに、彼女は別のファーストクラス乗客のメイベル・ガードナー・クライトンさん（42歳）に、その夜のキャビンを交換するよう頼んだ。

ブランデル氏によると、クライトン夫人はすぐに同意したという。彼女はその夜、彼の神経を落ち着かせるために全力を尽くしました。

船内のマルコーニ室は、女性からアルフレッド・ヴァンダービルト宛の予期せぬメッセージを受け取りました。これには、「安全に渡れることを願っています。またお会いできるのをとても楽しみにしています。」

候補艦沈没の知らせが海軍本部に届くまでには時間がかかった。

アレンデール卿は木曜午後3時に候補者の3隻の救命ボートに遭遇した。乗組員は発見されるまで9時間も霧の中を漂っていた。しかし、無線機能がなかったため、沈没も救助も、候補が沈んだ場所から遠く離れた英国海岸のミルフォード・ヘブンに帰還するまで報告されず、そこで司令官が真夜中直前に送った電報で報告された。ミルフォード・ヘブンの海軍部隊が海軍本部に攻撃を知らせた。

同じ日、クイーンズタウン海軍センターは、午前9時45分にドーント・ロック沖で潜水艦を目撃したという別の報告を送った。このときは水中に沈むまでの5分間続いた。コピーは情報ホール長官とファースト・シー・フィッシャー卿に渡された。コピーはまた、この時点ではまだフランス海外にいたチャーチルの外交官にも回覧された。

HMS　オリオンは北への旅を続け、西　240　マイルのアイルランド近くを通過しました。

ウィルソン大統領は、エディス・ゴールトの拒絶によって悲しみに陥り、世界の出来事に集中することが困難になったため、再びうつ病に苦しんだ。特に未だに見出しを飾ったガルサイト事故に関しては、英国の検視官はアルフレッド・ガンターの死因は発生時の「魚雷によるショックで加速した心不全」だったと認めた。その結果、二代目船長も死亡した。
専門家の証言によると、潜水艦の船長は、晴れていて甲板に大きなアメリカ国旗がはためいていることから、タンカーが米国産であることに気づいたに違いないと示唆している。一方、新たなUボートの捕食報告が浮上し、水曜日の夜、ワシントン・タイムズ紙は、イギリスの北海地域で非武装のトロール漁船11隻を沈めたドイツの潜水艦が「暴走」していたという記事を掲載した。

ウィルソンはその夜、イーディスだけに全注意を集中し、新たに悲しみが深まったにもかかわらず、彼女が自分の人生から抜け出すことは許さないと誓った。彼は長い手紙を書き、実際には絶望の散文詩のようなもので、多くのアメリカ人が遠い存在で教授的だと考えていた彼が、「話すことのできないことが傷つく可能性がある静かな時計が再びやってくる前に、いくつかのことを言う必要がある」と書いた。非常に奥深いので、表現方法を見つける必要があります。」彼はこの手紙を次のように書いて締めくくった。

「今のところは」と彼は彼女に、友情を受け入れるつもりだと語った。「私が望むすべて、つまり、これなしでは耐えられないと思っているものをすべて手に入れることができないとしたら、それは私に価値がないからに違いありません。あなたが私の少年の心を理解し、そのニーズを理解し、満たしてくれるなら、あなたはもっと与えてくれるはずだと直感的に思います」私の日々が光で輝くように。」

彼は、彼女が彼を愛するようになるだろうということを十分に明らかにした。「誤解しないでください」は、彼が3回の個別の会話で付け加えた3つの情熱的な追記のうちの1つでした。このままでは私は死ぬだろう——だから、私は将来がどうなるかがわかるまで辛抱するつもりだ。]」

しかし、彼のやり方と同様に、5月6日木曜日の朝、この手紙を送る前に、彼は2ページにわたる文書を追加した。

彼は彼女の手紙をもう一度読み、今ではこの手紙について楽観的な見方をしていた。「この手紙を読み終えて息を呑むと——喜びの涙と甘い切望——もう書くことがほとんど見えなくなる。」

当初、彼は自分を彼女の騎士として位置づけることにしました。「私は奪うためではなく奉仕するためにここに置かれているようなので、見返りを期待することなく可能な限りの援助を提供するつもりです。」

イーディスはウィルソンに対する反対を和らげ始めていたが、それは新たな不安と不確実性をもたらした。ウィルソンは現在彼らのクラブの会長でした。
アメリカに対する彼女の認識は、彼女にとって克服するのが難しい障害を生み出しました。ウィルソンは計り知れない権力者であり、彼のシークレットサービスの詳細は常に存在し、公衆の注目を集めていました。そして、彼との結婚に惹かれる女性は誰でも、彼の高貴な地位のために動機を疑問視される可能性があります。彼女は、「人々が私がただ魅力的に彼を愛していると思われるかもしれないという恐怖、そしてあらゆる宣伝に対する恐ろしい期待、そしてそのような人生を扱うための訓練が私に欠けているように感じました。」と書いています。しかし、一方で彼女はこの人物に対して深い愛情を抱いていた。「多くの考えが私の頭の中を駆け巡りました」と彼女は述べましたが、彼の近くにいるたびに、彼女は彼のカリスマ的な存在を感じました。彼女はまた、彼の信頼できる性格と、戦争がヨーロッパからアメリカ本土にどのように広がるかについて、彼の問題、そしてその初期の段階でさえ恐怖について話し合おうとする意欲に魅了されました。

望ましくない評判を招かなければ、あまり頻繁に会うことはできなかった、と彼女は書いた。そして、彼らが会うときは、ホワイトハウスか、ヘレン・ボーンズかグレイソン博士かマーガレット・ウィルソンを付き添いとして車で出かけているときでなければならなかった。シークレット・サービスの人たちは常にすぐ後ろについていたので、完全にプライベートなコミュニケーション手段は手紙だけだった。彼の言葉は愛の告白に満ちていたが、彼女の言葉は温かくも時には遠いものに見えた。

ドイツのベートマン首相は不満を募らせていた。塹壕での戦争はうまくいっておらず、ドイツのUボートが事態をさらに悪化させるのではないかと彼は懸念していた。1か月前、カイザー・ヴィルヘルムは、最初に身元を確認するために敵と思われる貨物船に近づく際の潜在的な危険を軽減するため、Uボートの指揮官が商船を攻撃する際に潜水したままにすることを許可する命令を出した。目的は、海上での指揮官の柔軟性を高めることです。この行動は、海上の春の天候の改善と相まって、ドイツのUボートによる攻撃の増加につながりました。これにより、双方からの攻撃が増加しました。
アメリカのタンカーGulXightなど中立国の船舶に対する攻撃の憂慮すべき傾向。

5月6日木曜日、ベートマンはドイツ海軍トップに書簡を送り、Uボートが過去1週間でますます多くの中立国艦船を沈め、中立国との良好な関係を変え、同時に重大な問題を引き起こし、より多くの中立国を敵陣に押し込んだと苦情を述べた。ドイツの状況はすでに「緊迫」していたため、ベートマン氏は「潜水艦戦争を現在の形で継続することで中立国との関係がさらに悪化する責任を受け入れることはできない」と警告した。

同氏は海軍最高司令部に対し、中立艦の海上境界を侵犯する我が国の潜水艦に対して積極的な措置を講じるなど、我が国の潜水艦が中立艦に対する攻撃を常に回避できる措置を講じるよう要求した。

同じ夜、ワシントン・タイムズはさらに4隻が沈没したと報じた。中立国の汽船2隻と英国のスクーナー1隻がいずれも潜水艦の攻撃を受け、別の2隻がドイツの軍艦から敷設された機雷によって破壊された。

5月6日木曜日の深夜、ノルダイヒの強力なドイツの送信機は、ルシタニア号が5月15日金曜日にニューヨークへの帰路を開始するという警報を送信した。

このメッセージは傍受され、40号室に中継されました。

U-20の歯

シュヴィーガーと乗組員は海上で平和な夜を過ごしました。午後7時、彼らは無事に上陸した。

5月7日金曜日の朝、彼は潜水艦を水面に戻すよう命令し、司令塔に登った。地上に戻ると、デッキの下でバッテリーを充電するためにディーゼルエンジンに切り替えました。

時々、U-20 は霧と透明度の期間を経ました。シュヴィーガー氏の説明によれば、明らかな改善が見られるのは短期間だったという。これらの短い垣間見ることで、視認性が向上するという期待がもたらされました。しかし、すぐにすべての太陽光が消え、再び濃い霧が戻ってきました。

シュヴィーガー博士は、リバプールに行かないという決定を落胆させたと感じ、後にもう一人のUボート司令官であるマックス・ヴァレンタナーに今朝の話を共有した。シュヴィーガー氏は、濃霧のため何かを沈める可能性はほとんどなく、何が起こったのかを理解する前に駆逐艦が見えないまま航行する可能性があると述べた。

シュヴィーガーは戦時日誌の中で「霧が続いているため、今が帰還旅行を開始するのに最適な時期であると判断した。

彼は家に向かう進路を計画した。彼の観点からすると、このパトロールは終了した。

パートIII - デッドウェイク

アイリッシュ海 - 上空のエンジン

金曜日の早朝、多くの乗客が起きて着替え、フィラデルフィア行きのバスに乗り込んだ。

日の出が正式に予定されている5時30分前から、一等と二等の乗客は日の出を眺めようと最上階のデッキに上がっていた。インディアナ州シーモア出身のエルブリッジさんとモード・トンプソンさんはともに32歳で、午前4時半までに着席した。カンザスシティのセカンドキャビンの乗客ベル・ナイッシュさんは49歳、セオドア・ナイッシュさんは59歳でそれぞれ同様だった。 5時30分頃、両夫婦は左舷側に何か異常があることに気づきました。トンプソン夫人はそれを戦艦だと説明しましたが、実際にはHMSパートリッジでした。士官や乗組員も彼女を目撃した。

ナイッシュ家やトンプソン家のような早起きの人々は、この頑丈な軍艦を見ることに安心感を覚えました。その存在感は、前夜のコンサートでのターナー船長の言葉を反映していた。ナイッシュ夫人によると、そのコンサートでターナー船長から、セントジョージズ海峡で同行する潜水艦駆逐艦を備えた無線軍艦が航行中ずっと私たちを守ってくれる、と知らされたという。

ヤマウズラにはそのような命令はありませんでした。彼女は30ノット以上で通過を続けました。

午前6時頃、ルシタニア号は濃霧に遭遇した。ターナー船長はただちに速度を15ノットに落とし、霧笛の展開を命じた。
船に乗っていた他の乗客と同様、セオドア・ナイッシュには物事のタイミングを正確に測るという不安な癖があった——おそらくあまりにも長い間船内に閉じ込められていたことに適応したためだろう——霧笛が1分ごとに1回鳴るのを計時していた。セオドアはこれに不安を感じました。妻に、トラブルを呼び込むような気がして、「クラクションがうるさすぎる！」と伝えました。

シャルル・ローリアは、船上での起床時間である8時を過ぎるとすぐに予期せぬ目覚めを経験し、その後急に起きて海水浴に入ったが、今朝は厚い気象条件と霧笛が鳴っていたためあまりやる気がなかったが、戻ってきた。ゆっくりと眠るためにキャビンに戻り、その後スチュワードに、正午までに私から連絡が来ない場合は、午後1時までに昼食の時間を十分に取れるように電話してくださいと指示しました。ロリアットさんは部屋から舷窓の音が聞こえませんでしたが、まったく気にしませんでした。

ターナー船長は、「特別見張り」の任務を割り当てられた数人の乗組員のうちの1人であるレオ・トンプソンに、午前10時から2時間の当直を割り当てた。レオが前部マスト梯子から約3分の1の位置にあるカラスの巣の指定場所に到着したとき、ジョージ・クリントンとレオは時にはマリングラス(トンプソンは自分のペアを所有していた)を使ったり、時には肉眼だけで霧を見つめながら2時間過ごした。退屈だが重要な作業！

この混雑した海域では霧が危険になる可能性があります。しかし、その密集した覆いは、潜水艦からのある程度の保護にも役立ちました。攻撃者が潜望鏡や司令塔を通して覗いて船を発見できるほど近くに到達したのは偶然で、潜在的に衝突の危険があっただけです。霧が続く限り、ターナー艦長はUボートについてほとんど警戒する必要がなかった。

11時になると霧が消え始めた。

トンプソンとクリントンは忘れられない経験をした。霧が立ち込める中を水族館の中を移動するかのように素早く移動したのだ。
時々、日光が彼らの止まり木を温め、朝の寒さを和らげました。トンプソンさんは午前11時から正午の間、双眼鏡を使って霧の中を覗いてアイルランドを初めて見た。その時でさえ、その地形は霧で覆われていました。後に彼は、自分が見たものは「もやの中にその土地が浮かび上がっているだけ」だったと述べた。

彼は橋の上で下の者たちに叫び、船の左舷梁に着陸するよう求めた。

霧が徐々に薄れるにつれて、デッキはオレンジ色の霧に包まれ始め、前方の空が明るくなるのを予感させました。

彼らがロンドンに到着するまでに、ブリンカー・ホールの諜報部門と40号室は、コーク郡水域に存在した可能性がある潜水艦は1隻だけであることを裏付ける証拠を集めていた。それは、熟練で攻撃的な指揮官であるヴァルター・シュヴィーガー艦長指揮下のU-20であった。

朝が進むにつれ、センチュリオン号で何が起こったのかについてのさらなる詳細を提供する 2 つのメッセージで追加情報が明らかになりました。彼女は木曜日の午後1時に襲撃された。乗組員44人全員は救命ボートで漂流した後、10時間後に無事救助された。メッセージには「潜水艦の番号と方向は不明」と書かれていた。

しかしこの時までに、センチュリオン、レーサム候補、アール・オブ・レイサムに対する襲撃のニュースはすでにリヴァプールの新聞に届いていた。キュナードの会長であるアルフレッド・アレン・ブースは、自宅で朝食をとりながら朝刊を読んでいたときにこのことを知りました。それは完全に理にかなっていました。結局のところ、彼の会社の旗艦は同日にこれらの海域を通過する予定だったのです。

ブースはすぐに朝食を済ませ、リバプールの上級海軍士官であるハリー・スタイルマン大佐に会いに走った。ブースはスティルマンにルシタニア号を攻撃者から守る措置を講じるよう懇願し、ハリソン・ラインの艦船2隻が魚雷攻撃を受けて沈没したことを知らせる緊急メッセージをターナーに直接送るよう要請した。戦時規定の下、ブースにはそのような警告やその他の警告を直接送信する権限はなかった。直接コマンドを入力します。むしろ、すべての英国籍の船舶は戦争開始時に海軍本部通商部門の管理下に置かれ、直接の警告や命令から直接保護されていました。海軍本部の方針は、軍事用途で船舶を拿捕する際の最大限の柔軟性を提供し、競合する命令が来たときに混乱が生じるのを防ぎます。キュナードのアルフレッド・ブース会長は、「非常に危険」な可能性があることを認めた。

ブースとスタイルマン提督との会談中に他に何が起こったのかは不明のままであるが、ブースは詳細なメッセージが送信され、差し迫ったUボートの脅威が静まるまで海軍本部がリバプールではなくクイーンズタウンに迂回するよう命令するだろうと信じていた。

アイルランド沖で、ルシタニア号は霧の斑点の中を航行し、視界が広がりました。したがって、衝突の危険は徐々に後退していきました。ターナーは霧笛を停止するよう命令した。しかし、現在では潜水艦に発見される可能性が高まっています。

午前 11 時 30 分、海軍本部から「アイルランド海峡南部で活動していた潜水艦が最後に目撃されたのはコーニングベグ軽艦の南 20 マイルの地点だった」という無線メッセージが到着し、橋の緊張は急上昇した。

「『ルシタニア』がこれを受け取れるようにしてください。

ターナーはセントジョージ海峡の最も狭い範囲（直径45マイル）に到達する直前に停止した。そのメッセージは、複数の潜水艦が存在した可能性があることも示していました。

潜水艦が集合的に実際に灯台の南 20 マイルにいた場合、海峡のほぼ中間に位置することになります。霧が消えた晴れた日には、ルシタニア号の 3 つの作動煙突からの煙があらゆる方向に 20 マイル先まで見え、海峡の中心にいる活動中の潜水艦にルシタニア号を発見する絶好のチャンスが与えられました。彼らの警告では彼らが「活動的」であると説明されていましたが、この言葉は何を意味するのでしょうか？

ブース会長は説明を求めたが、返ってきた内容は満足のいくものではなかった。わずか 18 語の長さで、その日のロンドン訪問中に何が起こったのかについては詳細が記載されていませんでした。
ターナー船長はその時点で、過去 24 時間に何が起こったかについて入手可能なすべての詳細を要求していたが、ハリソンラインの船舶 2 隻とアール・オブ・レイサムの損失については知らなかった。

霧が消えると、ターナーは速度を 18 ノットに上げ、予想外の急激な速度が必要になった場合に備えて、すべてのボイラー室に最大圧力を指令しました。

チャールズ・ローリアは客室乗務員に正午に起こしてほしいと要求し、彼女はそれに応じた。スチュワードはローリアットに対し、彼らの船がアイルランド沖の島「ケープクリア」に到着し、時間をグリニッジ標準時に早めたと伝えた。ロリアットはすぐにベッドから起き上がり、ニッカーボッカースーツを着て、グリニッジ相当の時刻を計算するために常にボストン時間に設定されていた腕時計を確認し、12時50分までに正確な時刻を知って甲板に出た。

午後 1 時に、ファーストクラスの乗客の昼食が始まりました。ロリアットさんは事前に10分間散歩することにした。彼は、正午に投稿された走行距離プールの結果がこの時点までの走行距離わずか 484 マイルを示していたことからも明らかなように、船が「順調に進んでいる」ように見えることに気づきました。ロリアットはこのペースが遅いと感じましたが、実際には、霧の中を 15 ノットで数時間を過ごしたとしても、平均速度は 20 ノット強でした。これは、予想速度 25 ノットという予想をはるかに下回っていました。

「その日は、穏やかな風、滑らかな海、そして明るい日差しの、のどかな一日でした」とローリアさんは日記に記している。左舷に沿って航行していると、彼は「古いアイルランドの海岸」をまだ遠くに、地平線上に不鮮明な緑の切れ目として見ることができました。しかし、その日の何かがローリアットを不安にさせた。彼の考えは、行動を起こす前に、より好ましい条件が得られるまで何週間も待っているドイツの潜水艦のことだった。私たちの周囲に存在するような外洋では、潜望鏡はかなりの距離を運ぶことができる。

ロリアは海面をパンケーキに例えました。船のベルボーイの一人は「完璧だ」と言いました。
コネチカットの乗客ジェーン・マクファーカーは、翌朝リバプールに到着する際に着る服の準備を終えたところだった。現在の外出先を船上に残します。　「景色は雄大でした」とマクファーカーは振り返った、「太陽の光をたっぷり浴びた水面が波で滑らかになっているのに、陸地が目に見える。この壮大な景色を見回しながら、約束されていたこの「言われている」危険は一体どこにあるのかと自問した。旅の終わりはほぼ近づいているが、危険は発生していない。」

金曜日の朝、シュヴィーガーはバッテリーの再充電を継続できるようU-20を水面上に置いた。彼はその司令塔の上に立った。視認性がすぐに向上しました。タットは1ノットの風条件下で横たわっていました。

シュヴィーガー氏はログの中で「突然、注目度が大幅に高まった」と述べた。これにより、彼は周囲の海を遠くまで眺めることができましたが、偶然近くにいたイギリスの巡視船や駆逐艦もはっきりと見ることができました。さらに、シュヴィーガーの羽毛のような白い航跡は水中に戻った後も何マイルも見え続けるため、潜望鏡の深さまで潜水している場合でも、その視認性により敵の見張りがU-20を発見する危険性が高まった。

そうしているうちに、見慣れない船が遠くから U-20 に向かって移動し始めたため、シュヴィーガー氏は急降下を指示して潜望鏡を上げるよう促されたが、シュヴィーガー氏はそのゆっくりとした接近に不安を覚えた。

「トロール船から逃げるため」とハッセルホフ氏は書いており、午前10時30分に安全を確保するために標高24メートルまで降下することにした。時間は午後12時30分でした。午後12時潜望鏡を使ってさらに観察するために、再び 11 メートルまで上昇します。

午前 11 時 50 分、U-20 隊員らは上空、水深 80 フィートの船からの音を聞くことができ、予想外の興奮が U-20 に伝わりました。
シュヴィーガー氏は日誌に「非常に強力なエンジンを搭載した船が私たちのボートの上を通過した」と記している。

シュヴィーガーはその音から、この船が駆逐艦でもトロール船でもなく、もっと大きくて素早く移動する船であることを知った。それは真上を通過し、最大の船の竜骨さえも通過できる深さを選択した彼の判断を強調しました。

シュヴィーガーは数分間待った後、船を特定するために潜望鏡の深さに戻りました。

霧笛が鳴り、太陽が高く明るく昇るとすぐに、ルシタニア号の乗客はオープンデッキに出て、シュケボードのゲーム、メディシン　ボールの投げ、その他のデッキのアクティビティを楽しみました。年長の子供たちは縄跳びで遊び、年長の子供たちは日差しや船の前進によって発生する18ノットの風から身を守るために首や服に吸引管を付けて徒歩や乳母車で乳母やスチュワーデスと一緒にパレードした。日陰の部分にはコートが必要でしたが、ある女性は大きな黒い毛皮のコートを着ていましたが、彼女もそれを着ていました。

航海の最終日であり、太陽はとても明るく、空気はとても澄んでいたので、乗客たちはこの機会にふさわしい服装とセンスのある服装を心がけました。ある7歳の少女は、赤いシルクの裏地がついた黒いベルベットのコートの下に、ピンクと白の縞模様の綿のフロックを着ていた。彼女は、金の指輪、赤珊瑚のネックレス、螺鈿のブローチでアクセサリーを飾り、赤い翼のクロウタドリのような外観を完成させました。ピンクも男の子の間で人気の色でした。ある5歳の男の子はチェックのジャケットとパンツの上にピンクのウールのコートを着て走り回っていましたが、ある20代後半の男性は目立つために特別に着飾っていました。彼の服装には次のものが含まれていました。

「Anderson Bros., Makers, 27, Bridge Street, Glasgow」と書かれたストライプの青いサージ　パンツとストライプのコットン　シャツ (27 Bridge Street の「Anderson Bros., Makers」)。

白いメリノ　パンツとライトブラウンのレースアップ　ブーツ (内側に「Holober Bros., 501 West 14th Street New York」と刻印されています)、ライトブルーのソールが付いたライトブルーのソックスを組み合わせました。

レザーベルトとニッケルバックルを備えたライトカラーのサスペンダー

キッカーは次のとおりです。
ピンクのメリノベスト。航海中ずっとそうだったように、多くの乗客はデッキチェアに座って読書をしていた。ドワイト・ハリスは、婚約指輪やその他の宝石、そして航海の開始時に保管していた500ドルを受け取るために財布屋の事務所を訪れる前に、メディチ家についての読書でしばらく時間を費やした。ハリスは船室に戻り、時計の鎖を使って指輪を含むいくつかの部品を首に掛けた。ハリスさんは、前日にワナメーカーで購入した救命ベルトが入ったカメラバッグのロックを開ける前に、「コートのポケットに大きなダイヤモンドのブローチを留めました」と書いた。昼食時に、彼は同僚と食事をする前にズボンのポケットに金を入れました。ハリス氏は感嘆符が尽きませんでした。

状況は良好でしたが、カンザスシティの乗客セオドア・ナイシュさんは航海中ずっと船酔いに悩まされていました。苦悩を和らげるために、彼はベル・ナイッシュに、自分なしで甲板に上がり、日光の下でアイルランドとその島々を眺めるように勧めた。これまでの航海でセオドアが経験したことであり、その景色がどれほど美しいかを経験から知っていたからだ。最初、彼女はためらいました。しかし最終的には彼女は折れた、「私は彼の言葉で十分だと答えた、あるいは写真で十分だと答えた」。それにもかかわらず、セオドアは粘りました。結局、彼女は道を譲りましたが、道を譲ってくれて嬉しかったです。「これより素晴らしい日は想像できない。風もなく空気は暖かく、澄んだ青い海を通して明るい日差しが輝いていた。」と後で自分に言い聞かせた。

船内には、無傷でイギリスに到着した安堵感とともに、悲しみと希望の空気が漂っていた。

ターナーは海軍本部から別のメッセージを受け取ったが、これは事態をさらに混乱させるものであった。「午前10時に見えた潜水艦はクリア岬から5マイル南にあり、西に進んでいる」

ルシタニア号がクリア岬の潜水艦を追い抜いたかもしれないという知らせをターナー艦長が受け取ったとき、ルシタニア号はすでにクリア岬を通過していた。正確であれば、このメッセージは脅威が静まったことを示唆しています。その潜水艦は今や背後にあり、沖合に向かっていました。ターナー船長は霧の中でこれらを見逃したことに安堵した。たとえ指揮官が漏斗から煙が出ているのを発見して引き返すことを決めたとしても、今さら追いつく望みはないでしょう。

これである程度の安心は得られたものの、コーニングベグ軽船の南とそのすぐ前方にあるセントジョージズ海峡での潜水艦の活動に関する初期の報告は依然として憂慮すべき確実性を残した。

シュヴィーガーは潜望鏡を素早く 360 度回転させ、ちょうど頭上を通過する船を発見しました。彼がそれを見たとき、それは並外れた賞品でした。トン数だけでなく、その細長い形状が波を容易に切り裂き、煙突からはエンジン乗組員の最高速度を示す濃い黒煙が放出されたためでもありました。シュヴィーガーはこの船を認識するのにランツの助けを必要としませんでした。それは約 6,000 トンのイギリスの装甲巡洋艦でした。

シュヴィーガーは放出を余儀なくされた。彼の最高潜水速度 9 ノットでは、巡洋艦を捕まえる望みはありませんでした。彼らは航行速度を 18 ノットと見積もっていたため、彼の水面最大速度 15 ノットでも役に立たなかったでしょう。もしシュヴィーガーが水上への浮上を試みていたら、数分以内にその砲が彼のボートを破壊していただろう。

シュヴィーガーは追跡を続け、巡洋艦が追い越して攻撃を開始できるように進路を変えた場合に備えて潜望鏡の深さに留まった。残念ながら、その代わりに車は最高速度で走り、進路をジグザグに曲がり、最終的には遠くに消えてしまい、シュヴィーガーは激怒した。ヴァレンタナーによれば、その瞬間、彼は怒って冒涜的な言葉を連発したというが、これは第二次世界大戦末期には珍しいことであった。「イギリス海軍の艦船は、そのような作戦の際、しばしば探知されずに忍び寄ることができた」とヴァレンタナーはコメントした。　「Uボートでさえ、戦争中ずっと巡洋艦を目にしたことはありませんでした。」
ドイツは大型軍艦をUボートの標的として放浪させるのではなく、隠し続けた。

HMS ジュノーは古い巡洋艦で、現在クイーンズタウンを拠点とする沿岸巡視船として任務に就いており、海軍本部が発令した潜水艦警報のため急いで帰途に就いていました。航行中、乗組員は定期的に水温を測定し、理想的な温度は華氏55 度であると記録されていました。

シュヴィーガーさんは、悪態をつき終わると霧が晴れて青空が見えるようになったとヴァレンタナーさんに語った。

シュヴィーガーは午後12時15分に遭遇を記録した。約30分後、彼は浮上し、エムデンに向けて旅を再開した。エムデンから戻るにはさらに 7 日間の移動が必要となるため、燃料の節約が最重要事項でした。

この頃になると、天気は劇的に良くなってきました。シュヴィーガーは、視界が異常に良好であることに気づいた。とても美しい気象条件。

彼は何か興味深いものが近づいていることに気づきました。地平線の向こうから何かが彼の目を惹きつけた。

ロンドンでは金曜日、ハウス大佐はまだ大統領としての役割を果たしていた。

ウィルソン氏の公使ハウス氏は英国外相エドワード・グレイ卿と会談した。彼らは、キュー王立植物園を訪れ、その湧き水の花壇、杉の並木道または「景色」、そしてハウスが衝撃的な影響を与えたと書いたパーム・ハウスと呼ばれるガラスと鉄で作られた有名な温室の間を散歩することに決めました。ロンドンのクリスタルパレスのデザインについて。ハウスとグレイは戦時中の可能性について話し合った。「客船を沈没させることについて話していたが、それは広範囲の憤りを引き起こし、結果として私たち双方を戦争に導く可能性が高いだろうと私が彼に言った」。ハウスは「我々はこの可能性について話し合った」、「我々はその可能性について話し合い、もしこれが起こったらアメリカ国内で大きな憤りを引き起こし、おそらく両国を戦争に導くだろうという私の意見を彼に伝えた」と書いている。ハウスはこの会話について次のように書いている。

奇妙なことに、数時間後、ハウス大佐がバッキンガム宮殿にジョージ5世を訪問した際に、このことが再び話題になった。

ある時、ジョージ4世国王はハウスに「アメリカ人乗客を乗せたルシタニア号を沈没させることにしたとしたら？」と尋ねた。

チャーチルはフランスおよびイタリアとの海軍交渉を終えるとすぐに、その朝早くにサントメールのフランス軍司令部に向かうため出発した。そこではサー・ジョン・フレンチが大砲の深刻な不足にも関わらずオーベールでドイツ軍に対する攻撃を計画していた。貝殻。

チャーチルは戦闘を直接経験することを望み、「不当な危険」を負うことなくできるだけ前線に近づこうとした。彼は砲撃と煙を目撃したが、それ以外はほとんど目撃しなかった。
「参加せずに実際の状況を測定することは不可能だった」とサックビル・ウェスト氏は書いている。「彼らを見るには、直接体験する必要がありました。外に立っているのは中にいるのとあまり変わりませんが、深く潜ることは、思い出に残る豊かな個人的な経験を提供することは間違いありません。」

チャーチルは、本部から約40マイル東にあるメルヴィル修道院の死傷者処理所で、戦争の激しさを直接体験した。そこでは、「想像できるあらゆる形態のひどい怪我、焼けた、引き裂かれた、刺された、窒息したり死亡したりするなど、悲惨な状況に応じて分類されていた」」。死者が裏口から運び出されて埋葬されている間、次々と救急車がドアに停車した。一方、チャーチルは手術室を通過する際、医師たちがトレパニング中の兵士の頭蓋骨を切っているのを目撃した——チャーチルの証言によれば、「どこもかしこも血と血まみれのぼろ布だった」という。

翌金曜日、イーディスが夕食に来て、いつか結婚する可能性についてより前向きになった後、ウィルソンは再びイーディスに手紙を書いた。

ハイネケンは、「朝の澄んだ空気の中では、世界の邪魔が少なく、私たちの間に立ちはだかることが少なくなったように見える」と書いた。

U-20は明るく晴れた朝を歩きました。霧が去り、空には素晴らしい太陽の光が差し込みました。

シュヴィーガーは驚くべき光景を発見して唖然とした。雲が消え去り、ほとんど動きのない広大な海が残った。彼が地平線の目に見えない汚れにツァイスの「神の目」双眼鏡を向けると、後にシュヴィーガー自身がマックス・ヴァレンタナーに説明したように、彼のツァイスの「神の目」は「マストと煙突の森」を明らかにした。最初、彼はこれらが別の船のものだと思っていたが、それが私たちのほうに来ている一隻の大型汽船であることに気づき、到着する前に近くから写真を撮ろうとすぐに潜航した。」

午後 1 時 20 分、シュヴィーガーは観察記録に次のように記録した。大型客船であることが判明した。」

シュヴィーガーは潜望鏡の深さで潜望鏡の深さまで出航し、最大水中速度を　　9ノットに設定して汽船の針路に合わせようとしたが、船はまだ針路から数マイル離れていた。 2マイル離れたところで進路を変え、再び差を広げた。この事態の展開に再びイライラした彼は、「最高のスピードを出しても、攻撃できるほど彼女に近づく望みはなかった」と書いている。

シュヴィーガーは、ライナーが再びコースを変更して再び収束に近づくかのように追跡を続け、別のコース変更で再び発散方向に移動した場合に備えました。

ランツがなぜ自分の船を検査しに来る必要性を感じたのかは不明である。そのユニークな外観により、この船はすぐに公海上で賞品となりました。
彼は絶望に近かった。この 1 隻の船だけでも、戦争中に最高の月間トン数を提供できたはずです。

シュヴィーガーは、その日がとても晴れていて静かだったことに驚きました。これは、目標の見張りや哨戒中の数隻の駆逐艦のいずれかに発見されないように、この天候で海が滑らかな中、潜望鏡を長時間上げ続けることができないことを意味しました。これほど晴天では逃げるチャンスはなく、潜望鏡が投げたこの航跡により、ロイヤル・メール汽船が明らかに体当たりする意図を持って彼の方に向きを変えたときも含め、すでに2度の攻撃が中止された。彼に、高速ダイブして全速力でコースから外れるよう命令するよう促しました。高速ダイブして全速力で逃げてください！

シュヴィーガーはランツが制御室に到着したことは奇跡を引き起こす行為だと考えたが、ほぼ同時に奇跡的なことが起こった——シュヴィーガー自身もそれを認識した出来事だった。

ターナー船長は、ルシタニア号の艦橋上で、なじみのないシナリオに直面していることに気づきました。海上での経験がいくらあっても準備ができていない事態です。朝の無線メッセージが正しければ、Uボートが彼の船の真前と後ろに横たわっていたはずだ。

ターナーはまた、時間的制約にも対処しなければならなかった。リヴァプールはまだ約250海里離れたところにあり、悪名高いマージー・バーは満潮時にしか通過できないのだ。もし彼が21ノット（3つのボイラー室が稼働している場合に許容される最大速度）で航行しようとすると、あまりにも早く到着し、稼働中の3つの漏斗から煙が立ち込め、地下船を招き入れながらアイリッシュ海を旋回する以外に選択肢はなくなるだろう。周囲32マイルから彼の船を攻撃しに来ました。

ターナーの挑戦には別の要素がありました。正午を過ぎたばかりの今、どんなにスピードを出しても、彼は霧が常に存在する危険の中、夜間にセント・ジョージズ海峡を通過しなければならないことになるだろう。さらに、午前中ずっと霧がかかっていたため、ターナーは自分の位置を思ったほど正確に認識できず、この不正確さをさらに悪化させた。
彼の位置も異常で、通常の気象条件ではわずか 1 マイルの距離にあるはずの内陸約 20 マイルでした。

StaW艦長のアンダーソンと一等士官ジョン・プレストン・パイパーがすでに乗艦していたので、ターナーは独自の攻撃計画を立てる前に彼らのアドバイスを求めた。自分の位置を正確に特定するために、彼は 4 点方位を使用することにしました。ファースト O2ce パイパーが、たとえばオールド ヘッド灯台などの個々の海岸のランドマークから 4 つの方位を取得している間、アイルランドの海岸と平行に約 30 分間一定の速度で走行しました。彼の正確な位置を正確に特定できるようになります。

ターナーは自分の正確な位置を知ると、翌朝早くマージーバーに到着し、遅滞なく港に入港できるよう、18 ノットの速度を維持する計画を立てました。彼の 3 つのボイラー室が許容する 21 ノットよりも遅いにもかかわらず、彼の船は当時運航していた他の商船や潜水艦を上回っていました。ターナーはまた、その日遅くにルシタニア号を岸に近づけるために針路を調整し、コーニングベグ軽艦の近くを通過してからその最も狭い部分を通ってセントジョージズ海峡に入る予定だった。同氏は、これが、艦長が灯台やその他の航行標識を「海峡の真ん中」で通過するという海軍本部の勧告に真っ向から反するものであることを理解していた。しかし、海軍本部は灯台の南32マイルに潜水艦の存在を報告しており、この幅45マイルの海域を航行する船員なら海峡中央部とみなされるであろう地域だった。彼らの勧告に従うということは、待機している潜水艦に向かって直接航行することを意味しただろう。

午後1時30分頃、ターナー船長は操縦士に右舷に転回するよう命じ、パイパーが4つの方位のうちの1つを取れるようにした。残念ながら、実際には潜水艦を避けようとする試みを示唆するターナーによるこれまでのさまざまなコース変更により、乗客の中にはターナーが意図的にそのような操縦を行っていると信じていた人もいました。しかし、逆説的ですが、このような誤解のためにそのような策略が行われているためです。
海岸線の形状により、乗客はこの旋回が外海へ向かうものであると認識したかもしれません。

はしかに罹患したロバート・ケイは、隔離中に舷窓から見つめた。今では認められ尊敬されるようになったこのブロンクスの少年は、外の生活を観察しました。外は太陽の光と輝きに満ちていました。アイルランドの海岸は鮮やかな緑が目立ちました。しかし、船が右舷に旋回すると、目の前から陸地が遠ざかっていくのが見えた。

ジョージ・ケスラーは、その朝、話し合いのためにターナー船長と会い、会話中にタバコを吸いながら、船上訓練に乗客を参加させるというターナー船長との約束を果たした。

ケスラー氏は、何か不都合なことが起こった場合に備えて、どの船に向かうべきかを示す番号が記載されたチケットを乗客に渡すことを提案し、この詳細が何か問題が発生した場合の困難を軽減することを期待しました。

ターナー氏は、当初このアイデアはタイタニック号の事故後に思いついたが、キュナード氏が「非現実的」として拒否したと報告した。さらに、ターナーには海軍本部貿易委員会からの事前の許可がなければ、そのような慣行を実行する権限がありませんでした。

ケスラーは、彼らの議論が「魚雷の恐怖について、私たち二人とも重要なこととは考えていなかった」ことになった経緯を回想している。ターナーは、ケスラーの懸念を軽視し、彼女の恐怖を和らげることで、ケスラーの恐怖を和らげようとした可能性がある。

操縦士ランツがU-20の潜望鏡に到着する直前に、シュヴィーガーは巨大な汽船が突然再び進路を変え、今度は右舷に変わるのを目撃した。「彼女は私たちに直接向かって来ていた」とシュヴィーガー氏はヴァレンタナー氏に報告した。「彼女が意図的に私たちに即座にチャンスを与えようとしていたなら、これ以上完璧な道を計画することはできなかったでしょう。

時間は午後1時35分でした。船の新しい進行方向はクイーンズタウンを示唆していました。シュヴィーガーはU-20がその背後を90度の角度で通過できるようにセットアップした。全前進を命じ、次の25分間はそれと交差するコースに沿って進んだ。「もう1回だけ軽く走って、それから待ちます」とヴァレンタナーは彼に告げた。

シュヴィーガーは魚雷には懐疑的だった。しかし、この哨戒が必要であり、巡視航路上に大型船舶が存在するため、彼は船舶を使用せざるを得なくなったと感じた。甲板砲はそのような船に対しては役に立たなかったでしょう。彼らの最初の射撃により、大きな船がいくつかの砲弾を受けて逃げ出す可能性さえあります。そこでシュヴィーガーは代わりに G6 魚雷を選択しました。

潜水艦内では緊張が高まった。 U-20の追撃はもうあと1ターンでU-19を引き離すだけで終わり、クイーンズタウンもすぐに手が届くところに来るだろう。また、船の見張りがシュヴィーガーの潜望鏡に気づき、シュヴィーガーを発見するとすぐに駆逐艦の軍隊を招集する危険性もあった。

奇妙なことに、シュヴィーガー氏は、この船には護衛が全くおらず、以前に二度成功した攻撃を考えると、シュヴィーガー氏の観点からは、その場にいることがさらに奇妙だったと指摘した。彼によれば、それが北海峡を通過しなかったということは説明不可能であり、それゆえに彼はそれを記録に書き留めたのだという。

シュヴィーガーは、ランツが標的を視察するために到着するとすぐに、魚雷を　3メートル (約 10 フィート) に設定するよう命じ、その巨大な黒い船体を、きらめく海景を背景に据えて接近を続けた。

その後、シュヴィーガーのリング乗組員は魚雷の武装と装備を開始した。

ルシタニア号はリバプールから約 16 時間、より正確には昼食、夕食、そして土曜日の朝にリバプール港に到着して朝食の 3 食を外食しました。水曜日の昼食時には、ファーストクラスの乗客には12時30分の時点で座席が1つしかありませんでした。二等船には 2 つの座席があり、それぞれ 12 時 30 分と 1 時 30 分でした。どちらの座席も船の中央、大きなドームの下にあるダイニング サルーンでした。昼食をとりながら、昨晩のタレントショーや、船上で毎日キュナード通信が報じる戦争ニュースについての話題があった。さらに、彼女の旅が今や完全に「戦争地帯」に入っていることは明らかだった。

彼らにとって恒例となっているように、チャールズ・ローリアはランチのためにロスロップ・ウィジントンと会いました。彼らは一等酒場のいつものテーブルに座った。ロリアットは、部屋の両側の舷窓が両方とも開いていることに気づきましたが、それはその日の異常な暖かさのせいで、航海中ずっと二人を悩ませていたイライラのせいだとわかりました。この暑い天候のため、スチュワードはダイニングルーム全体の舷窓を開け、ローリアのテーブルの真上にある扇風機を回し、不快な隙間風を引き起こした。この出来事は航海中にこれまでにも何度か起こっており、そのたびにローリアが尋ねるよう促した。スチュワードがこのファンを止めるように要求したため、今回もローリアットの要求が発生しました。

全体として、ローリアは彼らの昼食が楽しかったと回想しています。二人とも船の到着に興奮し、ロンドンでの今後の会議の計画を立てる前に、充実した時間を一緒に過ごしました（彼の部屋は私たちのロンドンのオフィスの近くにありました）。

ローリアットは、ルシタニア号の予想外の遅さのせいでロンドンで一日仕事をすることになるだろうと分かっていたが、すぐにディケンズのクリスマス・キャロルをサッカレーの娘レディ・リッチーに手渡すことになり、それぞれの絵にメモを書く計画を立てていた。フレーマーやバインダーと会う前に、それらの図面は当初の価格である 4,500 ドルをはるかに上回る価値のあるアイテムに変換されます。

ダイニングルームの別のテーブルでは、セオデート・ポープとエドウィン・フレンドが昼食を終えようとしていた。彼らのテーブルにいた若い英国人はアイスクリームを受け取っていましたが、スチュワードからスプーンを待っていました － それを残念そうに見つめながら、セオデイトは語ります。「彼は残念そうな顔をして、ご馳走を食べる前に魚雷が命中するのは嫌だとコメントしました。それは私たちの間で笑いを引き起こし、その後エンジンがコースを外れた速度がいかに遅かったかをコメントしました。」私たちは皆、自分たちの遅い動きについて笑い、コメントしてから、自分たちのペースが遅いことについて笑いました。

しかし、進歩が遅いように見えたにもかかわらず、船は依然として 18 ノットで航行していました。この感覚は、滑らかな海面が船体から伝わる振動を軽減し、速度が遅いと感じる原因となっている可能性があります。

ドワイト・ハリスはいつもの昼食仲間を迎えに到着しましたが、彼らの興奮と期待を共有することができませんでした。それどころか、彼は急激に不快感を感じ、テーブルにいる間さえ不快になった。彼はそのことについて次のように書いている。「テーブルにいる間、非常に不快な感覚を経験し、昼食を食べ終えることなくテーブルから立ち上がった！」

彼はコートと帽子、そしてメディチ書 II のコピーを取りにステートルーム A-9 に戻り、その後甲板に出て本を読みました。

医学生のプレストン・プリチャードとアーサー・ガズデンは、自分たちの船が危険地帯に入ったことを強く認識していました。旅の途中で二人は親密になり、部屋の上段を共有していたのでよく会話をしていた。金曜日の朝、彼らは午前の一部を潜水艦について話し合った。「恐怖を感じることはなく、むしろ近づきたいという気持ちが強かった」とガズデン氏は述べた。

正午少し前、プリチャードは仲間たちと喫煙ラウンジに集まり、マイレージプールの結果を確認した後、二等ダイニングサルーンで昼食に向かった。よくあることだが、グレース・フレンチの向かい側に座る。

今日、プリチャードとミス・フレンチの間には何か特別な出来事がありました。プリチャードさんは、いつもの青いスーツの代わりに緑のスーツを着ていたが、6日間屋外で日光浴をした後でも、依然としてハンサムに見えた。グレースは、プリチャードが彼女に、フレンチの影武者かもしれない誰かが乗っているのを見たと言った、と語った。間違いに気づく前に、この人に近づいて会話を始めようとさえした。これはプリチャードに特有の出来事ではなく、他の男性も間違いに気づく前に彼女に遭遇し、彼女に近づいていたためである。プリチャードは「昼食後に彼女を指摘するつもりだったので、私は同意して下山した」と申し出た。グレースは、昼食後、グレースが約束通り帽子とコートを取りに行ったとき、プリチャードが彼女をグレースに案内すると言ったのを覚えていましたが、彼女は同意する前に帽子とコートを取りに行き、階下に戻る前に元に戻しました。」

船のスチュワードの一人は、プリチャードが午後1時20分頃にダイニングルームを出たと報告した。

ミス・フレンチがプリチャードに向かって階段を上っているとき、船上の友人二人が彼女の行き先について尋ねた。ミス・フレンチは、プリチャードが彼女を影武者に会うために連れて行き、立ち去ったと答えた。私たちは彼に加わり、この奇妙な概念について笑いながら歩き回りました。ミス・フレンチは、自分がこの少女に見覚えがあるのかと声を上げてさえ思った。

彼らが楽しく狩りをしている間、午後2時9分まで平和な時間が過ぎました。太陽が明るく輝いていました。海が輝いていました。

シュヴィーガーは目標の速度を 22 ノット (時速 25 マイル) と推定し、その射程距離は 700 メートル (0.5 マイル弱) と推定しました。彼の計算が正しければ、魚雷は 90 度の理想的な角度で目標に命中することになります。

午後 2 時 10 分、シュヴィーガーは発射命令を出し、その直後、シュヴィーガーが「きれいな艦首射撃」と呼んだ魚雷が潜水艦から発射され、時速約 44 マイルに達し、30 時間で目標の船体に到達しました。- 5秒。

海面がこれほど穏やかだったため、シュヴィーガーとその部下たちは魚雷の進路を容易に発見できた可能性がある。　1秒経つごとに、彼らの船がそれを回避するのに十分な速さで方向転換できる可能性は減少しましたが、それでもシュヴィーガーと彼の乗組員にとって30秒は永遠のように思えました。

シュヴィーガーは潜望鏡を通して観察していましたが、目標の速度の計算が　　　4 ノット、つまり時速約 5 マイルずれていたことに気づきませんでした。

午後2時少し前、大勢の乗組員が荷造りのため荷物置き場に集まった。

F デッキのルシタニア号の船首には 6 人の人々が任務に来ており、半分は任務のために来ていた。彼らの任務は、到着時に船に積み込む数千個の乗客の手荷物を準備することでした。

船員モートンは、部屋にアクセスできる電動エレベーターにスーツケースやトランクを積み込むのを2時間かけて手伝った。シフトは午後2時——「四つの鐘」——に変わり、モートンは船首後方にある船首楼またはフォクスルの位置から潜水艦を発見する2時間の特別見張り任務を開始した。

「鐘4時まで5分になったところで、私は甲板に上がり、2時に見張りに行くためにセーターと装備を着ました。甲板上の私の位置は特別見張りで、私の責任は右舷側の船首でした」と彼は報告した。ビーム。

この時点までに、船は約6トンの石炭を消費しており、バンカーはほとんどが石炭粉塵で覆われた空のトンネルになっており、時々トリマーが石炭を炉に直接輸送する入り口によって中断されていました。

艦橋上でターナー船長は副操縦士が四点方位を維持できるように船を岸と平行に航行させるよう操舵手に命じた。この時点までに、霧の保護層は消失していました。
正午から午後2時まで活動したトーマス・マホニー氏によると、「すべての見張りは警戒を怠らず、疑わしいと思われるものはすべて報告するよう指示されていた」という。時計。午後1時50分頃右舷船首2箇所にブイのような物体があるのに気づきました。この目撃情報を当直士官に報告した後、人々はその意味とその出現の原因について推測し、船内でかなりの騒動を引き起こしました。

操縦士のヒュー・ジョンストンが船長を引き継いだ。この重要な瞬間に乗組員全員が船上で時計を交換していたので、ブリッジには他の人が入れるスペースはほとんどありませんでした。

ジョンストンはすぐに、船の右舷船首で何かが見られたという報告を聞いた。多くの乗組員が双眼鏡を上げて、何が発見されたかを調べた。これらの人々は、それはブイのようなもの、あるいは漂流物の破片だったのではないかと推測しました。

誰も懸念を表明しなかった。その代わりに「我々は続けた」とジョンストンは言った。

2時、船員レスリー・モートンは右舷側の船首楼に陣取った。別の船員が左舷沖の海域を調査し、その間に4人の見張りがカラスの巣を含む船全体に配置されていた。

モートンはその朝遅くの勤務に備えるため甲板の下でぐっすり眠っていたが、乗組員の半数はまだ荷物室に集まっていた。

モートンは自分の仕事をうまくやろうとするあまり、人に会うのをやめて「自分の船を見る」ようになった。

毎分何か新しいことが起こります。

午後2時、2番目のランチ席に割り当てられた2等客は食事の途中で、1等客は船の発電機で動く2台の電動エレベーターのいずれかを使用するか、介助を受けながら上甲板で縄跳びをして甲板間を移動していた。エンジニアリングクルートリマーのジョン・ブレナンより。

天気が回復するとすぐに、クイーンズタウンとキンセールの家族連れがオールド・ヘッド号に集まり、暖かい空気の中でピクニックをしたり、船が行き交うのを眺めたりした。ルシタニア号もそのような船の一つで、岸からわずか32マイル離れたところにあり、漏斗が空に煙を吐き出している。。

モートンは、船の目から右舷に広がる海の景色が、クリスタルのような透明度と明るさで見えたと報告しました。　2時10分、時計をポケットにしまうやいなや、視線を向けて右舷側を見回したところ、約500ヤード離れた右舷船首の4点で、何かがはじけたような突然の泡の爆発があった。巨大な泡が表面で弾けるように。

瞬間的に、彼は海面を横切る何かが動いているのを見た。まるで「黒板にチョークで見えざる手」が描いたかのように鮮明な軌跡だった。それに応じて、彼はメガホンに手を伸ばした。

ターナー船長はすでに橋を離れ、下の宿舎に向かっていた。　1時30分頃、ジョンストン補給官（もう操舵手から離れていた）が下に行き、キンセール旧首が現在左舷船首約10地点、20マイル離れているとターナー船長に知らせた。さらに、船の進路により徐々に陸地に近づいていくだろう。

ジョンストンは橋に戻った。約30分後の午後2時過ぎに、誰かが「魚雷が来ている」と叫ぶのを聞いた。

昼食をとり、友人のロスロップ・ウィジントンに別れを告げた後、チャールズ・ローリアはセーターを着るために小屋に戻り、その後「本当の散歩」を始めた。アイルランドの海岸を背後に見ながら、主航路を船の左舷側に登ったローリアットは、作家のエルバート・ハバードとアリス・ハバード（彼の妻）に出会った。ハバード氏は、自分が書いた「誰が O_2 地獄を持ち上げたのか？」というタイトルのパンフレットのせいだと冗談を言いました。第一次世界大戦の責任はカイザー・ヴィルヘルムにあり、航海の初めにローリアを与えた側は、それを「辛辣なイギリス」と評した。

Bデッキの右舷側では、セオデイト・ポープがエドウィン・フレンドと並んで「素晴らしい青で、太陽の光がとてもまぶしい」海を眺めていた。
　彼女は大声で不思議に思った、「どうやって潜望鏡を発見できるんだろう？」

セットデザイナーのオリバー・バーナードは、ベランダ・カフェの窓に向かってのんびりと座って外の景色を眺めていたとき、船の右舷側に尾翼らしきものがあり、船の向こう側に「一筋の泡」のように見えるものがあることに気づいた。それに向かって表面化します。

「それは魚雷には見えません！」近くに立っていたアメリカ人女性が叫んだ。

「私はショックを受けました」と彼は認めた、「そして、私たちの現実になったことに対する恐怖でめまいを感じました。ニューヨークを出た瞬間から、潜水艦についての考え、夢、食べること、寝ることはすべて生き残ることについてのものでしたが、今では危険と隣り合わせです手の届く範囲に潜んでいたので、ほとんど反応できませんでした。

自分の目が私に見せたものはほとんど信じられません。

「誰も恐怖を感じなかった。むしろ、何日も前から嘲笑で片づけられてきた自分たちの恐怖がついに現実になったこと、つまりドイツの「青信号」が到来したことを知って驚愕し、唖然としたのだ。」

トラックは旅を続けました。

最初の混乱、つまり最初の泡の雲は、潜水艦の魚雷が発射管から離れるときに、潜水艦の発射管内から圧縮空気が放出される様子を表していました。魚雷自体は長さ 20 フィート、直径 20 インチでした。トウモロコシのサイロに似たその鼻には、350 ポンドの TNT とヘキサナイト爆薬が収められていました。ドイツの指揮官は通常、深さの限界を 15 フィートに設定します。これは10フィートで移動しました。爆発物室の後ろのタンクに蓄えられた圧縮空気を動力源とし、約35ノット、つまり時速40マイルで航行した。空気がエンジンのピストンを通って強制的に 2 つのプロペラ (1 つは時計回り、もう 1 つは反時計回り) を駆動し、魚雷が回転したり方向を変えたりするのを防ぎました。排出された空気は海に入り、そこで泡立ち、数秒後に再び海中に放出されます。
ライズは、魚雷が常に彼の頭上に現れるものよりもはるかに前にあることを意味しました。

魚雷が前進すると、機首を通り過ぎた水が小さなプロペラを回転させ、保管中の爆発を防ぐように設計された安全装置が外れました。機首から解放されて海底に落ちると、このプロペラは引き金機構を露出させ、船体などの物体に衝突すると、少量の装薬を再起動してより大きな爆発物に変換すると同時に、垂直と水平を調整して魚雷のコースを維持します。偏向。ジャイロスコープは航行全体を通してこれらの展開を追跡し、必要に応じて垂直偏向設定を垂直または水平に調整することで、この魚雷をコース上に保ち、航行中ずっと魚雷を軌道に乗せ続けました。

長く青白い傷跡のように水面に残る痕跡は、海事用語では船や魚雷の攻撃による死者の航跡として知られるようになりました。

水面が滑らかになったとき、一部の乗客は魚雷を不安なほど鮮明に目撃した。ドワイト・ハリスが右舷側を散歩していたとき、何かが目に留まった。「白と緑がかった筋が浮かんでくるのが見えた！」。私は立ちすくんでしまいました。

コネチカット州出身の乗客ジェームス・ブルックスさんがボートのデッキに沿って散歩していたとき、マルコーニ・デッキの友人たち (シカゴ出身のモンタギュー・グラント夫妻) が彼をShuKeboardのラウンドに招待した。階段を上り、上甲板を渡って彼らに向かって歩いているとき、彼は水面を横切って驚くべき泡の跡が急速に動いていることに気づきました。

「はい、魚雷が来るのが見えて、『魚雷！』と叫びました。」そして階段のすぐ後ろのレールに向かってダッシュし、衝撃と爆発が船の外側で起こるのを観察した。」

他の男性ならこの光景を恐ろしいと思ったかもしれない。ブルックスは釘付けになった。彼は、ブルックス氏が「美しい緑色」をしていると表現した水の中を魚雷の胴体が航跡に先立って移動するのを観察し、その表面が銀色の燐光で照らされるのを見た。
原因はモーターからのエア漏れだと考えられます。

「本当に息を呑むような光景でした。」

もっと時間があれば、民間客船に対する魚雷攻撃という考えは、ターナーにとってそれほど理解できないものではなかったかもしれない。彼が潜水艦戦術と回避戦略をもっと理解していれば。ターナーがルシタニア号を操縦して魚雷を軽減または完全に回避できた可能性はわずかだったかもしれない。たとえば、船のリバースタービンを作動させて速度を低下させ、潜水艦の指揮官が航続距離と速度の計算に関して行った計算を無効にする。あるいは、その実証済みの敏捷性を利用して、左舷または右舷のいずれかに全回転を指示して、目標の船体表面を回避したり、目を逸らしたりすることもできます。

ダニエル・ダウは、2か月ぶりに職務に復帰したが、まさにそれを実行し、その功績でキュナード取締役会から賞賛を受けることになるだろう。1915 年 7 月 15 日の夕暮れ時、マウレタニア号で見張りが約 800 m 離れたところに潜望鏡を発見しました。その直後、2 本の魚雷が明確な航跡を伴って船に向かって突進し始めました。ダウは、両方の魚雷が命中して最終的に潜水艦が沈没することを避けるために、潜水艦に向かって直ちに右転するよう命令しました。魚雷は 2 本とも外れ、魚雷は 2 本とも船底に沈んでいた標的に命中しました。

U-20 -「ヒット！」

シュヴィーガーの午後 2 時 10 分のログエントリ5 月 7 日の爆発は、衝撃を意味するドイツ語の TreU で始まり、「魚雷が艦橋のすぐ後ろの右舷側に命中しました。異常に大きな爆発が続き、非常に強力な爆発雲が前部煙突をはるかに超えて広がりました。さらに、別の爆発があったようです (ボイラー/石炭/粉末?)。

ランツは潜望鏡でシュヴィーガーの隣に立っていて、小さな船でもそのシルエットと甲板の構成から識別することができ、これを「なんてことだ、ルシタニアだ！」と素早く正確に識別した。彼が接眼レンズを覗いた瞬間に。

シュヴィーガーの日誌によれば、彼はこの船の正体を最近知ったばかりであるが、その可能性は低いようだ。その大きさ、ライン、4　つの漏斗などのユニークな特徴により、この船は周囲で最も特徴的な船の 1 つとなった。

シュヴィーガーは潜望鏡を通してもう一度覗いて、今目撃したものに唖然とした。

パート IV - 黒い魂

ルシタニア - インパクト

魚雷が甲板端の下を通過したとき、爆発が発生しました。

何も起こらなかったとき、人は何かがうまくいかなかったり故障したりしたのではないかという考えを抱くかもしれません。「それが消えるのを見て、一瞬の間、爆発しないかもしれないという希望を皆で共有しました」と乗客の一人は説明した。

そのまさにその瞬間、350ポンドの爆発物が喫水線から約10フィート下の橋の下地点で船体のプレートに向かって爆発し、固体から気体に急速に変化した。この「相変化」は摂氏 5,000 度 (華氏 9,000 度) を超える温度で熱を放出し、すでに脆弱だった船腹に計り知れない圧力を加え、今や手に持ったティッシュペーパーにすぎませんでした。 20 世紀初頭の潜水艦建造者の一人は、「この巨大な勢力の手にかかれば、彼の船は単なるティッシュペーパーに過ぎない」と表現しました。

ある監視員によると、5号救命ボートは「吹き飛ばされた」という。しかし、船は間欠泉を通って前進し、すぐに甲板に倒れ込みました。海水に浸かった乗客。破片がshuKeboardの法廷に衝突した。 Aデッキで縄跳びをしていた子供たちはゲームをやめた。

潜水艦の爆発により、喫水線の下におよそ幅40フィート、高さ15フィートの小さな家ほどの大きさと形をした印象的な穴が残り、その大きさは垂直というより水平に近かった。しかし、その影響はこの穴だけをはるかに超えていました。穴の大きさの約 15 倍の面積で何千ものリベットが外れ、舷窓のガラスが破損し、隔壁が破壊または重大な損傷を受けました。
水密ドアはひどく損傷し、水密シールは剥がれた。旅客船の比較的小さな部屋は、貨物船にあるものほど爆発力をすぐに排除できず、貨物船よりも破壊されやすい状態にありました。ルシタニア号の建造者は衝突や座礁を念頭に障壁を設置していましたが、魚雷が船体の下から爆発し、このようにして船体が大破する可能性があるとは誰も予想していませんでした。

衝突時点では、船体のすぐ内側に、船幅全体にわたる主要な水密隔壁の右舷端がありました。このようなパーティションがいくつかあるうちの 1 つ。この特別な隔壁は、ボイラー室 No.1 と、船首のすぐ向こう側に位置する「クロスバンカー」として知られる隣接する大きな石炭貯蔵室を隔てる役割を果たしました。他のすべてのバンカーは代わりにその壁に沿って走っていました。航海のこの段階では、船はほとんど空っぽだった。

船が18ノットの前進速度で航行しているときに「強制的な浸水」が発生し、推定毎秒100トンの速度で海水が船に流れ込みました。水はクロスバンカーと、主蒸気ラインを介して接続された 2 つの片端ボイラーと 2 つの二重ボイラーを収容する地下空洞であるボイラー室 No. 1 を介して流入しました。水はまた、衝突ゾーン近くの右舷側に沿った縦方向のバンカーを満たし、これらのバンカーが満たされるにつれて、急速に満たされ始めた。その瞬間、船首は沈み始め、船首は上昇し始めました。同時に、水がボイラー室 No 1 を満たし始め、ボイラー室 No 1 と前方のクロスバンカーも満たされ、両方の洞窟に水が満たされ始めたため、これらの縦方向のバンカーが浸水し、船首が沈み、ボッパー室　No　1　が船首を満たしている間、水が船首を沈めました。船首と船尾の両方を上げてひねります。

ターナー船長は、下から魚雷攻撃が差し迫っているという見張りの警告を聞いたとき、A デッキの部屋の外に立っていました。彼はその進路を確認し、それが右舷レールの下を通過するのを観察した後、すぐに水柱と破片が下から注いで爆発が起こり、その衝撃波と右舷への傾きでターナーに衝撃を与え、突然バランスを崩しました。

ターナーさんは橋に向かって階段を急いで駆け上がり、その後に破片と海水が落ち始めたが、乗客の爆発体験は橋の上に立った位置によって異なるだけだった。

たまたま、船尾の方にいた者たちはそれを鈍い音として感じた。オリバー・バーナードは、それほど悪くはないと思ったことを覚えています。一方、橋に近い人々はより鮮明で具体的な衝撃を経験しました。ドワイト・ハリスは、目を守ろうとしたときに水、石炭の破片、木材が彼らの上に降り注いだことを思い出します。脇に隠れたけど濡れてしまった！

プレストン・プリチャードさんとグレース・フレンチさんはグレース・フレンチさんを捜索し始めたところ、爆発音を聞いて船が右舷に傾いたのを感じた。グレースさんはこう回想する。「船があまりに傾いたので、全員が甲板から慌てて降りた。すべてが狂ったように思えた。再び我に返って周囲を見回したが、もはや空中に消えたように見えたプリチャード氏の姿は見当たらなかった。」

ミス・フレンチは客室の暗さに警戒し、代わりに救命胴衣を求めて甲板を探索することにしたが、すべてのジャケットが乗客の部屋に保管されていることには気づかなかった。

時計が出てきました。常に時計に注意している 19 歳のウィリアム・マクミラン・アダムスは、時計を 2 時 5 分にセットし、インパクトの瞬間をこの時間に設定しました。後で理由を尋ねると、彼は「すべての時間を計った。理由は分からない」と答えた。シャルル・ローリアは、午前9時8分の衝撃時間を計測するために巻上げ式腕時計をチェックした。ボストン時間または午後 2 時 8 分それぞれグリニッジ標準時を設定している一方で、合意された基準時間として 2 時 10 分に近い時間を設定している人もいます。

数秒以内に、ローリアは船が右に転がり、船首に向かって傾いているのを感じ、その両方の動きが彼にははっきりと認識されました。最初は彼女が突然倒れているように見えました。しかし、明らかに水密隔壁に遭遇したため、突然停止しました。姿勢を正し、船首をわずかに上げさえしました。これで彼女は沈まないだろうと確信した安心感が私に与えられました。」

すぐに、別の爆発が起こりました(ウィリアム・マクミラン・アダムスは、最初の爆発から30秒後にこの爆発のタイミングを非常に正確に計測しました)。
ロリアットは、このイベントの特徴が独特であることに気づきました。最初の爆発が単一の爆発であった場合、今回の爆発はそれほど劇的ではないように見えました。最初に明確な爆発が一度だけあったというよりは、静かなドーンという音が船の奥深くから発せられ、全長に沿って震えを引き起こしたようで、ローリア氏が言うように、「ボイラーの爆発に似ていると思うべきだ」。その音は「十分に明瞭」ではなかったため、彼はそれがいつどこで起こったのかを正確に特定できなかった。

ダイニングルームでは、テーブルに置かれていた植物がずれました。ガラス製品が床に落ちた。

マーガレット・マックワースとD・A・トーマスが昼食を終え、Dデッキのエレベーターに乗ろうとしたとき、トーマスは「スリルが味わえるかどうか確認するために、今夜はここに泊まろうかな」と冗談を言った。

マックワースさんが答える前に、彼女は爆発音を聞いた。爆発音は大きくはなく、下からドスンという重い音だった。その爆発音で彼女はそこに留まらず、エレベーターから降りて階段に上がらざるを得なくなった。「なんとなく階段のほうが安全な気がしました。」

マックワースさんは当初、Bデッキの自分の部屋に直接戻り、予定通り救命胴衣を取りに行くつもりだったが、どろどろの天候のため進むのが難しく、壁と床の間の通路の下側に沿って近づいてくるスチュワーデスと衝突した。マックワースの出来事についての説明によると、彼らは丁寧に謝罪した後、「お互いに丁寧に謝罪し合うのに1分ほど」を費やしたという。

救命胴衣を確保すると、マックワースさんは父親の小屋に走って行き、父親にも救命胴衣を手に入れた。開放されたボートデッキに乗り込むと、彼女は高い側、つまり左舷側に向かって移動した。なぜなら、「潜水艦からできるだけ遠くに」留まるために、その方が安全だと思われたからである。

そこで彼女は、テーブルにいるドロシー・コナーに会い、父親を待つ間一緒に立ってもらえないかと尋ねました。ドロシーは同意し、立ったままライフジャケットを着ました。

三等乗客が下から勢いよく騒音を立てて押し寄せてきた。

マックワースはコナーに向かって「難破はよく計画された出来事だと思っていた」と語った。
コナーはこれに同意したが、すぐにこう付け加えた。「私もそうだった。でも、この最後の数分間で信じられないほど多くのことを学んだ」

チャールズ・ローリアはエルバート・ハバードと彼の妻と一緒に立っていた。彼は彼らに、部屋に戻って救命胴衣を入手するよう勧めた。しかし二人とも行動が麻痺しているように見えた。　「ハバード氏は手すりのそばに留まり、片腕で妻を後ろから抱きしめるように愛情を込めて妻の腰をしっかりと掴んでいました。二人ともこれらの無策に対して無力であるように見えました。

ローリアットさんはハバードさんに、「来たくないならここにいて、私が買ってあげるよ」と言いました。それからローリアは自分の宿舎を探し始めた。

乗っていた両親は爆発の威力に震えた。フィラデルフィアから来た6人のクロンプトン夫妻が船の周りに散らばり、一方でニューヨークから来たパールの子供たち4人が巨大な船の様々な甲板で同時に暮らし、年長の子供たちが甲板を横切って暴れ回り、両親は増え続ける船の中から必死に子供を捜さなければならなかった。赤ちゃんや幼児を抱えながら群衆に囲まれます。

ロサンゼルスのジャーナリストの妻であり、自身も妊娠中のノラ・ブレザートンさんは、2人の子供、ポールとエリザベス（親しみを込めて「ベティ」として知られる）をイギリスに連れて行き、祖父母に会い、ノラの両親に会うため、ルシタニア号の乗船券を購入した。夫が帰宅して仕事をする必要があったため、ブレザトンさんは一人で旅行した。

彼女の船室はシェルターデッキであるCデッキの船尾近くにありました。昼食前に彼女は娘をデッキ上の「遊び場」に降ろし、息子を昼寝させてそこに残した。

魚雷が命中する音を聞くとすぐに、彼女は自分が2つの甲板の間に挟まれていることに気づきました。混乱して、彼女はどちらの方向に最初に行けばよいのかわかりませんでした。女の赤ちゃんを連れて行くために上に行くのか、それとも息子のために下に行くのか？すべてのランプが消え、その突然の傾きで船は突然傾き、彼女は階段の一方の側からもう一方の側へと投げ出されました。

艦橋に入った後、ターナー艦長は指令を出し始めた。

エンジンを「全速後進」で注文した。逆タービンは船を停止させるための唯一のブレーキであり、救命ボートを安全に進水させる前に使用する必要があります。残念ながら、どのエンジンも反応しませんでした。

ターナーは操舵手のヒュー・ジョンストン補給官に、できるだけ早く海岸に着岸して沈没の危険を排除するため、数十マイル沖合の海岸に向かって大きく方向転換するよう指示した。

ジョンストンは橋内の小さな囲いである操舵室の内側に立って、岸に向かって 35 度旋回せよというターナーの命令を理解しているかどうかを確認した。代わりに、ジョンストンは岸に向かって 35 度回転するはずだったものを 180 度回転させようとしました。

「わかった、坊や」とターナーは言った。

ジョンストン氏は、船は迅速に行動したと報告している。

ターナー船長はジョンストンに対し、希望する方位に達した後に旋回を続ける可能性を打ち消すように車輪を調整して船を「安定」させるよう指示した。ジョンストンは彼女に 35 度の逆舵を与えた。

ターナーはジョンストンに対し、ボートをキンセールに向け続け、船首をオールド・ヘッドの灯台に向けるように言った。ジョンストンは命令を認め、その執行を開始した。

しかし、この時点で船は外海に向かって針路を逸れ始めました。ジョンストン氏は進路を修正しようとした——「船を安定させるためにやるべきことはすべてやったが、船は再び揺れ続けた」と彼によれば——一方、ターナー氏は船を岸に向けるよう指示を繰り返した。

ジョンストンは試みた。しかし、彼女は彼の命令に反応せず、代わりに海に向かってスイングを続けました。

ターナーはパーシー・ヒー・オードに、船舶のスピリットインジケーター（海洋環境に関して大工のレベルに似た器具）を、リストの深刻さを評価するための尺度として利用するように指示した。

それから彼は「右舷に 15 度です、先生」と命令を出しました。

ターナーは、橋の前壁に沿って制御される旅客デッキの下にある船の防水ドアを閉じる命令を出しました。本当に閉まったことを確認するために、ターナーは船首楼に降りて確認するように指示した。

オードは操舵室に戻り、ジョンストンに霊感表示器から目を離さないように指示し、これ以上動いたら大声を出すように指示した。去って、彼は戻らずに立ち去った。再登場もありません。

ターナーは、救命ボートを「レールまで」、つまり乗客が安全に乗船できるレベルまで降ろしてから、進水させるよう命じた。残念なことに、まったくの勢いでルシタニア号は初期速度 18 ノットで前進し続けました。逆タービンがもっと早く反応していれば、もっと早く停止したかもしれない。今では海の抵抗だけが3分以内にそれを止めることができました。それ以降、強制的な洪水が続く中、船は長い弧を描いて岸から遠ざかっていきました。

ジョンストンはハンドルを握り、体力ゲージをテストした。測定値として 15 度を記録しました。

ターナーさんは橋の翼に立って、乗客と甲板員でいっぱいのボートデッキを見下ろした。一方、黒い煤にまみれた制服を着た消防士たちが影のように彼らの間を縫うように進み、中には船上の通気口から出てきて彼の下での活動に参加する人もいた。

検疫所にいるロバート・ケイと彼の母親は、魚雷の爆発を感じた。ロバートは激しい爆発だったと説明した。その後、船内から発せられるようなもっと静かな爆発が続き、その後船の明かりが突然消えた。

ロバートは、旅の間、母親が不安でありながらも異常に冷静だったことを思い出した。彼女は、妊娠が深刻になった彼女の状態を考えると、上の甲板のいずれかに安全に到着することはできないかもしれないと心配を表明した。

隔離室へのドアはもはやフレーム内で水平ではなく、強制的に開き、右舷と船首の両方に傾いた暗い廊下を通っていきました。

ロバート氏によれば、最善を尽くしたが、一歩一歩が努力であり、進歩は痛ましいほど遅かったという。右舷と前方のリストの組み合わせにより、階段は危険になりました。ケイは手すりにしっかりつかまっていたが、刻々と周囲の様子がますます奇妙になり、方向感覚を失っていくようだった。
ロバートの周囲は徐々に静まり返り、ロバートは一人取り残されたが、時折、ロバートは上から遠くの叫び声を聞いた。彼は母親と一緒に、決意を持って上へ向かって進んでいきました。

最初の爆発から5分が経過していた。

チャールズ・ローリアは、入手可能なすべての救命胴衣を携えて甲板に戻りました。最初は自分の救命胴衣、次にボディの所有物で、その中には新品の救命胴衣も含まれていました。救命胴衣を正しく着用すれば、大柄な男性でも仰向けに快適に座ることができました。しかし、キュナード社では、航海に出発する前に乗客が救命胴衣を試着するという方針をまだ採用していなかったので、ローリアットさんは、周囲の多くの人が救命胴衣を間違って着用していることに気づきました。当初、乗客は、乗客が時間と集中力をかけてそれを読み、正しく従うことを期待して、各部屋に貼られた図入りの説明書だけを頼りに案内を提供していました。残念ながら、ローリアット氏は、その逆が真実であることが判明したと観察しました。彼らは、本来あるべき順序とは異なる順序でそれらを着用しました。ある男性は、一方の袖ぐりに腕を通し、もう一方の袖ぐりに頭を通しました。腰に巻いたり逆さに巻いたりする人もいた。シートを正しく装着できた人はほとんどいませんでした。

ロリアットが橋の近くに立っていたとき、橋から呼びかける揺るぎない声が聞こえた。「船長、今日は私たちに何が必要ですか？」ローリアットさんは、ある女性が無表情で「船長、今日は何かお手伝いできるでしょうか？」と答えるのを聞いた。

「そこにいてください、奥様、彼女は大丈夫です。」その女性が私の情報をどこから得たのかと尋ねたので、私は情報源が異なる可能性があるので、今のところは黙っておくと答えました。

「機関室からです」と彼は彼女の疑問の声に答えたが、彼らからそのようなメッセージはなかった。どうやら彼は下の群衆を落ち着かせ、ボート間のパニック的なレースを防ごうとしているようだった。

ローリアットはターナーが去っていくのを見て心を痛めた。ローリアットさんと女性は別の乗客とともに、ターナーさんの言葉から得た情報を他の乗客に伝えながら船尾に向かって戻った。

ヘンリー・ニーダムは橋の近くで誰かが「船長はボートは沈まないと言っている！」と叫んだのを聞いたことを覚えているため、この二人に遭遇した可能性がある。ニーダム氏は、「このコメントには拍手が送られ、明らかに満足して1ターン先を確保しようとして多くの人がボートに乗り込もうとしていることに気づいた」と述べた。

ターナーの言葉は、乗客や多くの乗組員がすでに信じていたり望んでいること、つまり、いかなる魚雷も取り返しのつかない損傷を引き起こす可能性はないということを裏付けた。両方の爆発の後、パーサーと外科医は数分間静かにボートのデッキに沿ってタバコを吸いながら歩き回り、乗客に危険がないことを保証した。そして、ルシタニアが単に沈むには大きすぎてよくできていたことを考えると、これはまったくもっともらしいことのように思えました。さらに、設定も特に不協和音でした。それは5月の午後、暖かい天候で、太陽の光に照らされているように遠くに見えるアイルランドの緑の岬に囲まれた穏やかな海況でした。

ニューヨークの実業家アイザック・リーマンは、この信念を共有していませんでした。救命胴衣を個室に取りに行って帰る途中、何者かが無断で侵入し、それを持ち去ったことに気づきました。混乱が起こることを恐れたリーマンは、「適切に行動しない人がいた場合に備えて」ドレススーツケースからリボルバーを取り出した。

ルシタニア号には多くの造船業者が乗船していましたが、彼らは当初、ルシタニア号は沈まないと信じていました。そのような乗客の一人は、ニューポート・ニューズ造船所および乾ドック会社のフレデリック・J・ガントレットであり、ヨーロッパに向かう途中で、彼はここアメリカでベンチャーを設立することを期待して潜水艦建造業者と会いました。彼は会社の社長であるアルバート・ホプキンスに同行して旅行した。

ガントレット氏は、ホプキンス氏とサミュエル・ノックス氏と昼食を楽しんでいた。ノックス氏はフィラデルフィアの造船所で、その会社がガルサイト（つい数日前に魚雷撃墜されたアメリカの石油タンカー）を建造した会社だった。右舷側の後ろから6番目に位置するいつものテーブルで。全員がスーツを着ていた。レストランの各部屋の窓から太陽の光が差し込み、カットオワーの透明なガラスの花瓶で飾られた白いテーブルクロスが各テーブルに置かれていました。
ガントレットはこの事態の変化に警戒し、コーヒーとナッツを残してテーブルから立ち上がってスチュワードに舷窓を閉めるよう叫んだ。経験豊富な造船業者である彼は、開いた舷窓がもたらす危険性を理解していた。　6回叫びましたが無駄でした。スチュワードが他に用事があると去っていき、私もすぐにそれに続いて去っていきました。

ガントレット氏とランチ仲間たちは、ポート自体を閉じようとはせず、ポートを開いたままにしました。代わりに、ガントレットは帽子を取りにコートラックにまっすぐ向かい、同時にノックスの帽子も取りに行きました。彼らは一緒に 3 つの飛行機を上ってボートのデッキに到着しました。

ガントレットさんは傾斜が15度で安定しているように見えたことに安堵し、角度が悪化することはないと確信し、「沈むとは一瞬たりとも思わなかった」と語った。子どもたちに囲まれた近くの女性が近づき、どのような行動をとるべきかを尋ねると、彼は危険はない、彼らの船は「沈むつもりはない」と断言した。

ガントレットは、隔壁と防水ドアが船のさらなる浸水を防ぐだろうと期待していましたが、その後、何か違うことに気づきました。この変化に気づくとすぐに、ガントレット氏は「周りをよく観察して、どこに問題があるのかを判断する」のが自分の役目だと決心した。

甲板の前端で手すりに近づき、下の船首を見渡したところ、船首楼は部分的に水没していた。

その後、部屋に戻り、救命胴衣を着ました。

舵や電気ダイナモを含むすべての船のシステムが故障し、すべての照明が消え、船内廊下を誰かが歩くと真っ暗になり、最上甲板のマルコーニ室のオペレーターが非常用電源を入れなければならず、中央に2基のファーストクラスエレベーターがあった。ある報告によると、乗客が車内で叫び声をあげながら失速し始めたという。

荷物室へのアクセスを提供していたエレベーターも停止し、到着に備えて乗客の荷物の準備に取り組んでいた多数の男性が魚雷の爆風で死亡したか、あるいはその後すぐに船首に水が充満してアクセスできなくなった。第2ボイラー室からなんとか脱出したユージーン・マクダーモットさんは、「水の勢いで足をひっくり返された」と報告した。亡くなった乗組員の多くは、この船の船首から救命ボートを進水させるのを手伝うなどの任務を割り当てられていたであろう。

今、海は船体への別のルートを見つけました。開いた舷窓から水が注ぎ始めましたが、多くは通常、Eデッキの水上15フィートをちょうどクリアするだけでした。推定によると、少なくとも 70 個の右舷舷窓が開いたままになっていました。これは、開いている右舷舷窓だけで毎分少なくとも 260 トンが船に運び込まれていることを意味します。

魚雷攻撃から10分が経過した午後2時20分、乗客も甲板員も船が安全に進水できるよう船が十分に減速するのを待っていたため、沈黙が続いた。アルバート・ベスティック次席三等航海士は、「奇妙な沈黙」があり、子供の泣き声や鳥の鳴き声、ドアを叩く音などの取るに足らない音さえも憂慮すべき規模になったと語った。

ルシタニア - 決定

ルシタニアの救命ボートを進水させる最初の試みは、その本当の難しさを明らか
にしました。

現在、乗客は大きな危険にさらされており、これほど多くのボートが乗っていること
で得られる安全という幻想は、そのリストによって打ち砕かれました。右舷側では
ボートが船体からかなり離れたところに垂れ下がり始めており、ボートと60フィート
下の甲板との間に5〜8フィートの隙間が生じていた。一部の乗組員はデッキチェ
アをスパンとして使用しようとしました。ほとんどの乗客はジャンプすることを好みま
した。一部の親は幼い子供たちを手渡し、一人の少年は開いたボートに向かって
走り、足から先に安全に着地した。

時間が経つにつれて、左舷の救命ボートが甲板上で内側に揺れ始めた。　eHort
の熟練ドライバー以外は使用できず、ターナー船長はそれらを空にするよう命じ
た。しかし船の状態が悪化したため、乗客と乗組員はとにかく船を進水させようとし
た。

ニュージャージー州の不動産開発業者、オグデン・ハモンドさんは、船がニュー
ヨークのトロリーと同じくらい安全であると保証されていたが、妻のメアリーとともに
ボートデッキの左舷側を散歩していたところ、ボート20号に遭遇した。乗組員と男
性乗客がレールの外で車両を手で操作し、女性と子供の乗客を乗せた。

メアリーとオグデンは船上での移動中に救命胴衣を着用しなかったため、多少の
緊張が生じた。オグデンさんはステートルームに行ってそこに保管されているジャ
ケットを取りに行きたかったが、メアリーさんは代わりにデッキに一緒にいると主張
した。彼らは１つを探しましたが失敗しました。
救命ボートでは、男性よりも女性と子供を優先する海の習慣のため、オグデンさん
は乗り込む前に躊躇した。メアリーも彼なしでの搭乗を拒否した。そこでオグデン
は脇に立って観察して待っていた。ようやくオグデンは、メアリーの船首でメアリー
と合流することに同意し、メアリーの進水の試みが始まったが、この時点ではまだ
半分しか満たされていなかった。

ボートの両端にいる男性たちは、両端のブロックとタックルを通るフォールとして知
られるロープの操作に忙しくしていました。しかしある時点で、船首の船員がロー
プの制御を失い、オグデンさんはロープをつかもうとしましたが、ロープはあまりに
も速く走ったので、努力にもかかわらず皮膚を引き裂いてしまいました。全員が一

斉に船を飛び出そうとしたとき、船首が急降下しました。船尾のロープだけが差し出された。全員が60フィート下の海に落ちた。

オグデンさんは地上に到達したが、妻は地上に到達しなかった。近くに浮かんでいるたくさんのオールの　1　つに手を伸ばし、オグデンは近くにあったオールをつかんで前に漕ぎ始めました。

18号艇でも、船長が障害物ピンをしっかりと固定していたために、打ち上げの試みも失敗した。ターナーの命令によれば、船は降下するはずだが、船長は命令が変わった場合に備えて斧を構えていた。数十人の乗客が喫煙室と1等喫煙室の外壁の間に立っており、内部から何かトラブルの兆候があれば攻撃できるよう準備を整えていた。

ニューヨークの実業家アイザック・リーマンは、ボートを進水させるのに何の努力も払われなかったことにショックを受けた。幸運なことに、彼は救命胴衣を着ていることに気づきました。彼のリボルバーは中に隠されていました。船首の方をちらっと見ると、甲板に水が染み出ているのが見えた。なぜ船員たちが何も行動を起こさなかったのかについて答えを求めた。

「それは船長の命令に反しています」と船員が答えた。

「罠を止めろ」とリーマンは船長に叫んだ。　「この船が沈んでいるのが見えませんか？」リーマンはリボルバーを取り出し、「もし誰かがこのボートを進水させるという私の命令に従わないなら、撃ち殺してやる！」と脅した。
船員はこれに応じ、斧を振って拘束ピンを外し、ボートを乗客に向かって傾け、船と壁の間に多くの人を押しつぶし、その中には少なくとも50代の姉妹2人がいたが、最終的に転覆した。
リーマンは激しい圧搾による負傷により即死した。最初の爆発で右足を負傷したが、外套と救命胴衣の両方を着ていたにもかかわらず、負傷した大勢の傍観者からなんとか這って逃げた。

乗客と乗組員は再び救命ボートを進水させようとしたが、何らかのトラブルが発生し、救命ボートは海に転覆した。ほぼ同じ瞬間に、リーマンは「甲板から船首方向の爆発」を聞いたと報告した。リーマン氏は、この爆発はおそらく水がさらに別のボイラー室に入り、過熱タンクと接触したことに起因すると考えた。急激な海面上昇にも関わらず、衝突後わずか14分で二次爆発が起きた。

ドワイ・ハリスは別の道を選んだ。計画に従い、彼はAデッキの左舷レールを乗り越え、デッキを2つ下り、そこから一歩で水に足を踏み入れることができる場所に到着しました。この偉業を達成するために、彼は靴、オーバーコート、帽子、メディチ家の本、特注のワナメーカーのベルト (特注のワナメーカーのベルトは気にしないでください!) だけを身につけ、救命胴衣も着ませんでしたが、危険な状態になるのを恐れてそれ以上のことをする気はありませんでした。閉じ込められました。これまで水辺にいて、実際に溺れる可能性に直面していましたが、彼はその場にとどまることについて考えを変え、代わりに屋内に留まるのではなく、溺れないように行動を起こしました。

「よく考えてみると、救命ベルトが必要だと気づき、Aデッキに戻り、自分の船室に急いだ」と彼は書いている。彼は救命ベルトを着用してから船首に戻り、そこで士官に救命ボートの一つに上がるように言われた。しかし、利用可能なスペースはすべてすでに占有されていることに気づき、彼はそれを拒否し、船から飛び降りるのに十分なほど水がデッキに近づいたとき、レールの上で足を振り上げることにしました。

泳ぎ続けながら見上げると、船の巨大な漏斗が空を背景に通過していくのが見えました。
セオデート・ポープとエドウィン・フレンドは、緊急事態が発生した場合にはエミリー・ロビンソン（セオデートのメイド）とボートのデッキで会うことに同意していた。「デッキが突然、人でいっぱいでとても奇妙に見えた」とセオデートさんは後に書いた、そして2人の女性が情けないほど弱々しく泣き始めた。一方、左舷側では、ボートがあまりにも急速に海に降ろされているのが観察された。オグデン・ハモンドのボートか、リーマンが銃を突きつけて進水させようとしたレーマンの銃突きボートである可能性がある。見たものにうんざりしたセオデイトとエドウィンは、右舷側のデッキBに向かいました。」

彼らはレールに立ったとき、こちら側で救命ボートを進水させる試みがより成功していることに気づきました。ボートは甲板の上から彼らを通り過ぎて下り始め、ゆっくりと上から巻き上げられ、同様に彼らを通り過ぎました。おそらく彼らの船は非常に激しい傾きで急速に沈んでいるので、一度水に入ると船の中身が彼らの上に転がり込んでくるのではないかという恐怖が彼らの間に生じた。

彼らはボートの甲板に登りましたが、残っていた救命ボートには乗ろうとしませんでした。

「私たちはお互いの腰に腕を回し、寄り添って歩きました」とセオデートさんは語った。二人は、よく知っているベルギー人の看護師、マリー・デパージュに出会った。デパージュはこの出会いに唖然としたようで、テオダーテはあえて声を上げなかった。彼はそばに立っていた二人がデパージュの友人であることを知っていたので、敬意を表して自分から話すことはなかった。　「誰かが助けてくれない限り、言葉を言う暇はなかった。」

セオデートとフレンドは船尾に向かって旅を始めましたが、今度は上り坂になります。彼女のメイドが彼らの隣にやって来て、セオデートは彼女の緊張した笑みに気づきました。「私にできたのは、彼女の肩に手を置いて『ああ、ロビンソン』と言うことだけだった」

彼らは救命胴衣を探しました。いくつかの船室に入り、3　つの救命胴衣を見つけた後、友人は女性たちがそれを着るのを手伝い、その後一緒に船のレールに向かって歩いて戻りました。その大きな漏斗は誇張された傾斜で上にそびえ立っており、水ははるか下にありました。

セオデートさんは友人のフレンドをちらりと見てから、一緒に水面に目を向けた。

「私は彼に先に行くように言いました」とシーラさんは書いた。友人たちは一階のデッキから降りて飛び降りた。最初は水中に沈んでいましたが、すぐに再び浮上して彼らを振り返り、その後、姿が見えなくなると再び前進しました。

セオデイトはレールの後ろから降りてきたロビンソンに、「ロビンソン来いよ」と言って誘った。

グレース・フレンチさんは衝撃の瞬間に彼女とプレストン・プリチャードが立っていた場所に走って戻りましたが、彼の姿はどこにも見えませんでした。それで彼女は柵に行き、コートを脱いで飛び跳ねました。救命胴衣を着ていなかった彼女の計画は、避難場所となる浮遊物に遭遇するまで泳ぐことでした。彼女のジャンプは彼女を水中に深く連れて行き、通過する船によって引き起こされた渦が彼女を救助が到着するまでそこに留めた。

ターナー船長は自分の船がいずれ沈没するだろうと信じて疑わなかったので、救命胴衣を着たが、同僚の士官やヒュー・ジョンストン（操舵手）とともに艦橋に留まった。一方、ロバートの主任無線担当者であるロバート・リースは、補助電源を使用して、近くの他の船にすぐに来るように求める電話を繰り返し送信しました。

ターナーはジョンストンに再度の精神ゲージの読み出しを依頼した。ジョンストンは「二十度」と答えた。それに対してターナーは「神よ」と答えた。

衝撃から15分後の午後2時25分頃、彼は橋の上からジョンストンさんに「自分を救ってください」と告げた。

ジョンストンは橋から下り、船にある 30 個のウヴェ救命ブイのうちの 1 つを見つけました。水が右舷の艦橋翼に到達し、海に落ちた後、潮流によってデッキを横切って流されたと彼は言う。

ターナーは橋に留まることにした。

「また潜望鏡でポーズをとりました」とシュヴィーガーさんは友人のマックスに語った。

ヴァレンタナーは、「船は急速に沈み、甲板に信じられないほどのパニックを引き起こした。超満員の救命ボートが、定位置から引き裂かれ、突然海に落ち、壊滅的な結果をもたらした。人々は必死で甲板を上り下りして助けを求め、他の人は助けを求めた」と書いている。転覆した空の救命ボートに向かって泳ごうと水に飛び込みましたが、あまりにも恐ろしくて耐えられないと思ったので、20メートルの深さまで潜るよう指示しました。

シュヴィーガー氏は午後2時25分の攻撃について日誌に次のように書いている、「命を救おうとしているこの押しつぶされる人類の群衆に2本目の魚雷を発射することは、いずれにしても私には不可能だった。

シュヴィーガー氏はUボートを海上に操縦し、海洋権力を象徴する英国の象徴的な船、ルシタニア号を沈没させた乗組員らは成功を祝っていた。

ルシタニア - リトルアーミー

シャルル・ローリアは船が沈没することを悟り、船室に戻りました。

ロリアットは前端のBデッキに戻り、それがどれだけ下に傾いているかを示す証拠を見つけた。床は壁を踏まなければ歩くことが不可能なほど傾いており、ライフジャケットが彼の進歩をさらに妨げていた。開放的なステートルームを通過すると、その舷窓からかつては空と地平線の景色が眺められましたが、今では傾いた船体の影で暗くなった水面を見下ろしています。すべての照明は、影になった船体の外で輝く太陽光から来ていました。廊下を照らす唯一の光は、影の向こうから水面に降り注ぐ銀色の光の変化によって提供されていました。ロリアットは舷窓がたくさん開いているのを見て驚いた。

彼の部屋はブラックボックスだった。彼はマッチを使ってパスポートやその他の保存が必要な物品を見つけた。ディケンズのクリスマス・キャロルが入った革製のブリーフケースをつかみますが、サッカレーの絵は残したままです。急いで甲板に戻りましたが、そこは水面近くにありました。

ラウリアットさんは、女性と子供を乗せた救命ボートが右舷デッキのすぐ外に浮かんでいるのを観察したが、上のボートデッキのダビットに繋がれているロープからはまだ解放されていなかった。7号艇は、船長が船を引き込み始める前に救助するために緊急の介入が必要でした。仲間の船員の命を救うために、彼はボートNo.7に登り、船尾を外そうとする前にブリーフケースを船底に置き、別のスチュワードがポケットナイフで船首を外そうとした。　「汽船はほとんどなくなっていました。」
ロリアットさんは、ボートに乗っている人々に恐怖が襲い、頭上に迫る巨大な煙突を見て、時間があっという間に過ぎていったことを覚えています。

ルシタニア号の船体からこれほど近い距離にあると、その大きさが真に明らかになりました。ローリー自転車会社のアーサー・ミッチェルは、乗客向けの救命ボート訓練を計画していました。ロリアットの4隻後方の15号ボートが彼を乗せていた。アーサー・ミッチェルが彼女を見たとき、彼の巨大なデッキが私たちの上にそびえ立ち、煙を吐き出す巨大な漏斗があり、近くのボートに乗っていた全員がほとんど目が見えなくなりました。この瞬間は、彼女がどれほど巨大であるかを本当に思い出させました。

ラウリアットさんは救命ボートの座席に立って、船首を助けるために前に進むつもりだった。後ろから降りてきたダビットが彼を襲い、足から弾き飛ばした。彼は立ち上がると、乗客をかき分けて席から席へと移動して前に進むにつれて、この危険に対してさらに警戒するようになりました。

彼は、その中には「無限の数」のオールが入っているように見えたので、オールを踏もうとしたところ、オールが転がって転んでしまったと述べた。

ラウリアットが立ち上がった時には、部分的に水没したダビットが救命ボートの船首に押し付けられ、船尾は上昇しており、あたかも誰かが爪のある手で救命ボートを引き下ろしているかのようだった。何もすることがありませんでした。ラウリアットは水の中へ足を踏み入れた。しかし、女性、子供、ディケンズ・キャロルがまだ乗ったまま、彼のダビットが船をしっかりと掴んですぐに船を下に引き込んだので、そうする人はほとんどいませんでした。

造船所のサミュエル・ノックスは、フィラデルフィアから妻と6人の子供たちと一緒に旅行していたフィラデルフィア人のポール・クロンプトンに出会った。ノックス氏によると、クロンプトンさんは末っ子の「ただの赤ん坊」に1人を当てはめようとして、そのうちの4人を囲い込んだという。クロンプトンさんの年上の女の子の 1 人はジャケットを正しく調整できなかったため、クロンプトンさんは最終的にあきらめ、子供たちを一人でフェリーに乗せ始めました。周りに助けを求める人もいなかったので、彼は最終的に何の問題もなくイギリスに到着しました。
ノックスは前に出て、この障害物コースを進む方法を若い女性に教え、彼らは大いに感謝しました。彼らはお互いに深く感謝した。

ロサンゼルス在住のノラ・ブレザートンさんは、3歳の息子を船室に残したまま、幼い娘ベティを救出するために走っていた。混雑した階段が彼女を妨げたとき、ノラは少女を腕に受け入れてくれる見知らぬ人を見つけるためにベティを抱えて階段を上り、その後向きを変えてベティを迎えに再び降りました。

その時点で、彼女は一人で内部の階段を駆け上がりました。煙が廊下と客室の壁の両方を吹き抜け、ポールを追いかけて時間通りにBデッキの右舷側に到着し、彼を捕まえる前に、別の小さな男の子を背負った別の女性がデッキに沿ってポールを追い抜いていった。

ブレザートンさんは救命ボートが降ろされるのを目撃したが、そのボートにはすでにブレザートンさんの友人を含む7人の乗客が乗っていたため、彼女は彼らに参加してもいいかと尋ねた。ある男性乗客はボートが満員すぎると彼女に告げたが、別の乗客は彼女も乗船させるべきだと他の乗客を説得した。

ブレザトンさんは赤ん坊の行方を全く知らなかった。救命ボートに向かう途中、彼女は彼に与えた場所を見ましたが、彼の腕は空っぽのままでした。

THEODATE POPE は地表に到達するのに苦労しましたが、ある種の障壁 - おそらく木で作られたものでしょうか? によって妨げられました。彼女は塩水を飲み込んだ。

彼女は、緑色の水の中で目を開けると、船の底と竜骨のようなものが見えたときのこと、死が近づいていることを確信し、何かが襲いかかる前に、言葉を使わずに祈りの中で神に身を捧げたときのことを書いています。意識不明を引き起こした。

彼女は救命胴衣を着たまま地表で目を覚ますと、辺りは悲鳴と叫び声に包まれ、灰色しか見えず、狂った体が彼女に押し寄せてきた。

彼女の視界に色が戻った。「恐怖で気が狂った」男が彼女の肩を掴み、下に引っ張った。救命胴衣も浮力装置も手に持っていなかった彼の巨体が彼女をさらに下に押し込んだ。彼女をさらに押し下げようとする彼の試みに応えて、彼女は、二人とも水面下に沈み、再び気を失ってしまう前に、これ以上押し込まないでくれと彼に懇願した。

彼女が我に返ったとき、その男性はいなくなり、明るい日差しと船が行き交う紺碧の空の下、見慣れない環境の中で再び一人になったことに気づきました。近くに浮かぶ人々やボートはずっと静かになっていた。生きているように見える人もいれば、明らかに死んでいる人もいました。ある男性の額には、開いた皮膚の裂け目から血がにじんでいた。

近くにオールが浮かんでいた。救命胴衣は浮力を提供していたものの、すぐに助けが来ることを願いながら、救命胴衣に手を伸ばし、右足をその刃の上に掛けた。しかし、何も起こらなかったとき、彼女は再び意識を失う前に、今起こったことは単に夢の中だったのかもしれないと願いながら、心の中で安心して戻ってきました。

カリブ海のセントビンセント出身のイギリス国民でスピリチュアリストのメアリー・ポファム・ロブも、海で遭難した一人だ。彼女にとって、この水中での経験は深く感動的であり、船が通り過ぎると残された遺体からさらに離れていった。やがて、生存者の叫び声は消え、オールがボートにぶつかる音やボートに乗っている男たちの叫び声も聞こえてきた。

「彼女は救助の望みをすべて諦め、渡るべき時が来たと信じていたが、心の中の別の声が彼女に違うことを告げた。カモメが頭上を飛んでいた。私は海に映るその影がどれほど美しいか気づいた。彼らの白い羽が私をそうさせた」私がいなくなって悲しんでいる家族のことを考えると、関係者双方に計り知れない悲しみを感じ、自分でも泣きそうになった」と彼女は日記に書いている。

グレース・フレンチさんは救命胴衣を着用せずに飛び込み、気が付くと海の奥深くに沈み、最終的にはどんどん深く沈んでいき、ついに周囲が静まり、再び平穏な気分になった。
「最初は天国にいるのかと思った」と彼女はエッセイの中で語った。「しかし、水がどんどん軽くなって、浮上して支えとなる木の板につかまるまでは、それで救われたと感じました。その後すぐに、亡くなった青年を乗せた救命胴衣につかまり、大きな船まで一緒に漕ぎました」波が彼を連れ去った。」

ドワイト・ハリスは船外に飛び込んだとき満足していました。水に入ったときは何の恐怖もありませんでした。まるでプールに入っているような気分だった。彼は非常に冷静だったので、一冊のオートミールの本に出会ったとき、それを手に取り、注意深く研究しました。

「私はルシタニア号の全長に沿って運ばれ、そこで起こったすべてを目撃しました！ -- 右舷側の救命ボート (1 号) には船員が 2 名しか乗っておらず、私も彼らに加わるよう呼びかけましたが、それでも私は乗り続けました。ボートの一方の端はロープが詰まり、もう一方の端は真っすぐに吊り下げられ、ついにはさらに多くのボートが人でいっぱいになりました。

船が彼の前を通り過ぎると、船尾が空中に浮き上がりました。

英国バーミンガム出身のジョセフ・フランカムさんは、妻、3歳の娘、5歳と7歳の息子2人と一緒に旅行していましたが、さぞ恐ろしかったでしょう。フランカムはなんとか全員を左舷船尾の救命ボートに集めた。まだダビットに取り付けられていますが、海水が来たら浮き上がることを願っています。

下り坂は混乱と死の状況で、複数のボイラーが一度に爆発し、黒煙が噴出しました。船体の気圧の上昇により舷窓が破裂し、それに反応して縫い目や開口部がうなり声を上げ、舷窓が破裂し、縫い目が大音響でうなり声を上げました...すべて無駄でした。

しかし、奇妙なことに、歌も行われました - 最初に「ティペラリー」、次に「ルール・ブリタニア!」が続きました。次に「アバイド・ウィズ・ミー」が流れたが、その感動的な悲しみに女性たちは泣き始めた。そのため、歌手たちはすぐに「プル・フォー・ザ・ショア」について歌うことに切り替え、続いて別のラウンドの「ルール・ブリタニア！」を歌いました。
フランカムさんは、「家族と私が悲劇を経験したとき、私たちは寄り添いました。

マーガレット・マックワースはドロシー・コナー近くのボートデッキに船上に残った。コナーの義理の弟は下で救命胴衣を探しているのが見られる。甲板には奇妙な静けさが漂っていた。マックワース氏によれば、人々は「穏やかかつ漠然と」動いていたという。彼らの動きは、いなくなった女王蜂を捜すミツバチの群れを思い出させた。

一瞬、船が立ち直るかもしれないように見えた。乗組員が沈没の危険を軽減するために水密隔壁の設置に成功したという報告が広まった。マックワースとコナーは握手を交わし、「そうですね、確かにスリルがありましたね」とマックワースは述べた。

「もう必要ありません」とコナー氏は述べた。

コナーの義理の弟は、廊下に水が溜まって小屋にたどり着けなかったが、別の場所でジャケットを見つけて戻ってきた。三人ともそれを着ました。マックワースはスカートのフックを外したので、後で必要になったときに楽になれるようにしました。

衝突から 17 分で、彼らの船は再び急降下し、その傾きは以前よりも急になりました。マックワースさんは、飛び降りることを考えると自分自身が苦痛に感じていることに気づき、私たちが危険な状況に瀕しているときに、飛び降りることに肉体的な恐怖を感じるなんてばかばかしいことだと自分に言い聞かせました。

コナーと義弟はレールに近づこうとしたが、マックワースは後ろに留まった。

「3分以内に私たちは非常に接近し、ジャンプに近づいたとき、私は彼女の手をつかんで、彼女を励まそうとしました。

マックワースさんは残ることを決意し、膝まで水が浸み、船が遠ざかり、水とともに沈んでいったことが最後の記憶となっている。

カンザスシティに住むセオドアさんとベル・ナイッシュさんは、わずか数時間の差で妊娠していることを明かし、最近話題になった。

その朝早く、ベルは船の最上甲板から日の出を楽しんでいたが、二人は線路に立ち寄り、救命胴衣を着て腕を組んで立ち、静かに会話を始めた。彼らは、一隻の救命ボートが乗客を海に投げ出すのを見ていたが、空いた別の救命ボートに乗り込もうとはしなかった。乗組員の一人は、「彼女は1時間オートミールをやるだろう」と彼らに保証した。しかし、ベルはこのアドバイスを信じませんでした。変化する差を絶えず観察していたことから、船が急速に沈んでいることを示していたからです。ベルは、一瞬ですべてなくなると思うと答えました。彼女は言った、「私たちはすぐにいなくなるよ」

「彼女はセオドアを下に引きずり込まないように腕を奪い、引きずり込まないようにセオドアを守るために腕を伸ばしたままにしていました。彼らは水を眺め、話し、それから激しい水流のような音を聞きました」勢いよく音を立て、轟音と破裂音を伴って水が流れ、それから何かが私たちを襲い、彼女の頭皮に切り込みました。突然デッキが動き、脇の下から水を押し上げました。「まるで宇宙そのものが引き裂かれたように感じました。」

彼女は、水深約 20 〜 30 フィートにいると推定し、驚くべき光景に遭遇しました。水面に反射する輝く青い空、その深さを突き刺す美しい太陽光線、そして水面下の驚くほど美しい太陽光線と水です。怖いものや恐ろしいものは何もありませんでした。ここで方向感覚を失い、実際、彼女はより早く立ち上がるためにより速く蹴りました。」

彼女の頭は何かに衝突し、衝突し続けた。 「右手を挙げて青空を見て、気がつくと救命ボート22号にしがみついていた。」ある男が彼女に手を差し伸べた。彼女はとても感謝し、将来の経験で彼のことを忘れないように、靴の中に彼の名前を刻みました。

ダグラス・ハーツはセントルイスにしばらく住んだ後、サウスランカシャー連隊に加わるためにイギリスに戻っていた。この悲劇的な出来事は、すでに困難を極めた時期を締めくくった。1913年、彼は新婚旅行中に列車事故で妻を失った。同年、彼の母親は不慮の家の火災で亡くなった。

ベルは夫の痕跡がどこにも見当たらないことにショックを受けました。

船員レスリーは、右舷ボート 13 番 13 号の進水に貢献したことに大きな誇りを持っていました。

モートンは右舷側の支援ですぐに対応した。別の船員がそばにいて、下士官の指示の下、乗客が船とボートの間を安全に渡るのを手助けした。モートン氏の推定による横転角度30度によると、約60人が横断した。最終的に 60 名の乗客がこの偉業を乗り越えて生き残りました。後にモートン自身がどのようにしてこの偉業を達成したのかと尋ねられたとき、彼は「もし人が6フィートから7フィートジャンプしなければ溺れる危険を冒さなければならなかったとしたら、高齢者でもどれほど遠くまでジャンプできるか人々を驚かせるだろう」と答えた。

モートンは下士官が作戦を指揮している間、船尾滝の作業を行った。このようなシナリオのために特別に設計された手順に従って、救命ボートがキールを水面直下まで降ろしたとき、船はまだ4または5ノットで動いていました。水に触れると後ろに滑ってしまいます。

ボートほどの長さで後退します。船は後方に流れ、転落と船の前方への動きにより船体に乗り上げ、モートンの救命ボートに衝突する数インチのところであったが、そのとき経験の浅いグループ——モートンはウェイターかスチュワードではないかと考えていた——が別の船を降ろし始めた。そして降下制御を失い、乗客全員が船内に残ったままモートンの船に30フィート下に突っ込んだ。

モートンは、混乱が増大する中、兄を捜索していると時間があっという間に過ぎたと書いている。多くの人が甲板を握る力を失い、水の中に滑り落ち始め、何百人もの人々が船が沈んでいることに気づき始めたとき、徐々に騒音が増大した全員が一度に降りるには速すぎます。

モートンさんは別の救命ボートで兄を見つけ、一緒に降ろすのを手伝った。その後、ボートフックを使って船体から力を入れて押しのけようとしたが、乗客らはさまざまなロープやデッキレールにしっかりつかまり、「何かの誤解に基づいて」、ロープにしっかりしがみついていたほうが安全だとモートン氏は書いている。安全性については外部の情報源を信頼します。
ルシタニア号の甲板が着実に下降する中、「彼らは小さな救命ボートで逃げた」。

モートン氏の説明によると、救命ボートの砲塔に何かが引っかかり、船体に向かって傾いていたという。その時点で、英雄的な行為は過ぎ去った、とモートンは書いている。何かがそれを掴んで、船体に向かって不安定な動きで傾け始めた、「そこで兄は大音量で叫びました。『ガーティを越えてやる！』」そしてこれは私たち全員の間にあらゆる種類のパニックを引き起こしました。」

兄弟は互いに微笑み合い、その後海に向かって一直線に進み、一緒に飛び込みました。

彼らは旅行中に救命胴衣を着用していなかった。

モートンさんは、「海に入って最初の波を経験したとき、突然、兄が泳ぎ方を習ったことがなかったことを思い出した。

モートンは甲板に到着し、弟を探した。しかし、彼の近くにあるすべての遺体、女性、子供、デッキチェア、救命ベルト、救命ボートを見て、彼の首で激しく息をしている35,000トンのルシタニアがあまりにも近くにあるように感じました。彼はより激しく泳ぎ始めた。

彼は振り返って 2 つのイメージを思い出しました。(1) 保護カバーを付けたまま船から発射される折りたたみ式救命ボートのイメージ。 (2) クナルダイビングを開始したとき、ターナー船長はまだ橋の上にいた。

ロリアット ルシタニア号を泳いで避けた——あるいは、そう思った。その最期の瞬間を観察しようと振り返った彼は、その船首が深い水に沈むのを見た。その船尾は空中に高く突き出ていた。右舷への傾きが非常に激しくなり、乗客はレールに深さ3〜4本立てかけて船尾レールに向かって体を乗り上げ、船首に向かってずっと伸びた3〜4本の深い線を描くことによってのみ直立することができた（ある目撃者はこう述べている）「小さな軍隊」として）。彼女を救うという残された希望はもはや失われてしまった。

そのため高い位置にあった後部の乗客は、前の乗客がレールのグリップを失い、無造作に前方に浮き上がるのを心配そうに見ていた。救命胴衣を着た人々は甲板から浮遊するかのように泳ぎ、他の人々は泳ごうとしたり、下の暗闇に消えようとしたりした。

まだ船上にいた三代目オーサー・ベスティックは、船が「説明できないよろめき動き」をしていることに気づいた。甲板から見下ろすと、海岸で見られるような「すべてを飲み込む波」が海岸に向かって押し寄せ、乗客やボート、進路上のあらゆるものを飲み込み、何百もの魂を絶望、恐怖、苦悩に飲み込み、最高潮に達したのが見えた。「ひどい泣き声」。

ロバート・ケイと妊娠中の母親は、上空の混乱の音がますます大きくなる中、ボートの甲板に上がろうともがきながら、甲板上に上昇し始めた水を逃れるために多くの人々が船首に向かって下降する騒ぎの最中に現れた。ロバートは人々が手すりから飛び降りるのを見ていた。

船は動き続けた。船尾は高く上がった。彼の母親は彼を抱きしめた。そして突然、海が前方に飛び出したかのように見えました。彼女は荒波の中に消えていった。彼らは離れ離れになった。彼は混乱の中に放り込まれた。船は空中に消えた。

その後、乗客は女性が水中で出産するのを目撃したと報告した。この経験は少年を一生悩ませることになる。

シャルル・ローリアさんは、船が通過して下降するのを眺めていたとき、衝撃的な力で何かが彼の頭を打ち、その後救命胴衣の肩に落ち、その素材に引っかかって下に引きずり込まれました。「どこからともなく何が私に降り注いだのか理解できませんでした」と彼は書いています、「しかし、下からの衝撃には彼は驚いた。

彼は周囲を見回して、彼を捉えた物体がルシタニア船の 2 本のマストの間に張られたワイヤー、つまり無線アンテナであることに気づきました。それを解放しようとする試みは惨めに失敗した。代わりに、それは彼をひっくり返し、さらに水中に沈めました。

ルシタニア号の　22　隻の従来型救命ボートのうち、沈没する前に脱出できたのはわずか 6 隻だけでした。

船は最後の急降下をしました。　7分の1は左舷側から水面に到達したが、肝心の栓がなかったため、内容物が宇宙に漂流し、ボートが転覆し、最終的に沈没した。

すでに船から飛び降りた人々は、船の降下で吸引力が発生し、船と一緒に下に引きずり込まれるのを恐れて、できるだけ船から遠ざかって泳いだ。このような事態は起こらなかったが、乗客 3 人が同様の出来事を経験した。サスカトゥーン出身のマーガレット・グワイヤーさんは、下からの蒸気によって幅 24 フィートの漏斗の 1 つに引き込まれた。ほんの数分後、爆発が彼女を生きたまま射出し、黒い煤にまみれた。他の2人の乗客もこの漏斗に入った。新婚の21歳のハリー・テイラーと、リバプール警察の警部ウィリアム・ピアポイントも生きていたが、顔も体も中から真っ黒になって戻ってきた。

船首が下がり、船尾が上がると、巨大なプロペラが太陽に照らされて金色に輝きました。この時点で、ルシタニア号は魚雷が命中した場所から 2 マイル、キンセールオールド　ヘッドから　19　マイルの距離にありました。船体のほとんどが水で満たされたため、最後の瞬間に右舷傾斜の角度が大幅に減少しました。

船員モートンは仰向けに横たわって、多くの乗客が船尾に向かって通路を確保しようともがいている中、甲板から押し流される乗客を眺めていた。船員モートンが見守る中、ルシタニア号は再び右舷に傾き、最終的には転覆した。
「彼女はゆっくりと、しかし着実に、45度から50度の角度でほぼ堂々と頭から飛び込み、視界から消えました。」

ドワイト・ハリスがワナメーカーのライフベルトの少し後ろでパドリングをしていたとき、船が突然「ナイフの刃」のように前方に突っ込み、漏斗、マスト、ボートなどがばらばらになり、あちこちに散らばりました。鉄木の蒸気と水、そして人体の恐ろしい塊！すべてが落ちたところで、渦巻く緑がかった白い泡が形成され、それはすぐに拡大し、残骸を抱えて私の20、30ヤード以内に近づいてきました。幸いなことに、これはほんの一瞬の出来事でしたが。」

多くの生存者がコメントしたように、船の沈没では動乱が異常かつ憂慮すべき特徴であった。それは突然の水の山として上昇し、奇妙な音とともに死体や瓦礫の塊を運び、四方八方に広がりました。

シャルル・ローリアはルシタニア号が沈没する直前になんとか浮上した。強く蹴ることで、彼はなんとかアンテナ線から逃れることに成功した。「彼女が水中に沈んだとき、私は何の叫び声も聞こえなかった。むしろ、それは彼女が消えた後もずっと続いていた長いうめき声だった。」とローリアは書いた。ロリアットは波に飲み込まれた。その後、「残骸の塊はすさまじいものでした。一緒に運び出された人々に加えて、デッキチェア、オール、箱などがあり、それが何だったのか思い出せません。覚えているのは、大きな物体に挟まれて水に沈んだ瞬間だけです！」」

多くの魂が彼の周りの水域で苦労していましたが、彼が助けるためにできたのは、オールやその他の浮遊物を彼らの方向に投げることだけでした。乗客は厚手のコートを着ていた。女性はコルセット、キャミソール、ペチコート、ジャンパー、毛皮を重ね着していましたが、すぐに水浸しになって重くなりました。救命胴衣を着ていない乗客はすぐに溺死し、子供や幼児も同様に拘束される複雑なデザインの衣服の下で溺死した。

生存者によって報告された最も憂慮すべき画像の 1 つは、助けを求めて水の上で手を振る何百ものものでした。しかし、すぐには助けが到着しませんでした。すぐに沈黙が訪れた。生存者らは南の汽船から煙が立ち上っているのを目撃したが、衝突後18分以上近づくことはなかったと報告した。

カモメが時折急降下して、揺れる死体をかすめていました。ターナー船長は依然として艦橋の上と航行甲板の上に立っていました。
水の下にはきらめく青い海があったが、近くでは緑で透明で、太陽光がその上層に浸透して甲板を照らし、その後下の海に溶け込んでいた。

操舵手のヒュー・ジョンストンは、ターナーが救命胴衣だけを着て橋翼に沿って左舷から右舷に向かって滑空し、戻ってくるのを目撃したが、船長が早すぎる最期を迎える可能性があることには気づいていないようだった。ジョンストンは後に振り返って、ターナーほど「クールな人には会ったことがなかった」と述べた。

その時点で、船はまだゆっくりと航行しており、船の後ろには残骸と死体が流れていました。恐怖や事故のために船を放棄しないことを選択した何百人もの乗客によって引き起こされた蓄積です。これらの物体は、凧の尾の結び目のように流れ続けます。

午後2時33分5月7日、キンセール旧署長無線局は「ルシタニア沈没」という2語の
メッセージを送信した。キンセールから見ていた人々は、何が起こったのかを見ま
した。大きな船が一瞬現れ、その後、何もない青い海のように見えた場所に突然
沈みました。

ターナー大尉の懐中時計は、最終的にリバプール博物館に収蔵されることになる
が、2時間36分15秒で時を刻まなくなった。

アイルランドのクイーンズタウンにあるアメリカ領事館は、スイート全体の中にありました。

6月5日午前7時、ウェスリー・フロスト領事はダブリン港と街の他のすべての建造物にそびえ立つ聖コルマン大聖堂を見下ろすバーの上の自室に到着した。その日の午後2時にフロスト領事がアイルランド各郡の商業状況に関する年次報告書を修正していると、副領事が階段を駆け上がって攻撃型潜水艦がルシタニアを攻撃したと報告しに来たが、副領事がそれを確認できたのは午後2時だった。:30。

フロストは窓に歩み寄り、眼下の港で異常な活動の急増を観察し、ほんの数分前に到着したジュノーを含め、あらゆる規模の船が出航していた。フロストは全部で24個の工芸品を数えました。

フロストは携帯電話を使ってチャールズ・ヘンリー・コーク提督のクイーンズタウン海軍事務所に電話し、コーク提督の秘書と話をした。フロストは、誰かが悪ふざけをしても愚かだと思われないように慎重に話した。講演の際、彼は「ルシタニアが攻撃されたというある種の噂が巷で流れている...」と述べた。

フロストさんは秘書がSOSについて説明するのを当惑しながら聞いていた。フロストさんはSOSからこのボランティアグループのことと、そのリーダーが行方不明になったことについて聞いた。

キンセールヘッドからの特派員と目撃者の報告には、船の消失が記載されている。

フロストはオフィスを歩き回り、何が起こったのかを理解し、次に何をすべきかを熟考しようとした。彼はロンドンのペイジ米国大使に電報を送った。同時に、アドミラル・コークはジュノーを含むすべての利用可能な救助船をできるだけ早く派遣し、海軍本部に通報した。

クイーンズタウンは、攻撃があったとの報告があった場所から20マイル離れたところにあった。ほとんどの船は、穏やかな空気の中でこの距離を移動するのに長くても 3 〜 4 時間かかりますが、帆船の場合はさらに時間がかかります。しかし、ジュノー号は 18 ノット、つまり時速 20 マイルで航行を完了することができ、乗組員はその実現に向けて迅速に取り組み、すぐに航行が再開されました。

しかし海軍本部は「緊急：ジュノーを呼び戻せ」という命令を送り返した。この対応は、アブキール号、クレッシー号、ホーグ号の惨事に対する直接の反応として出されたものである。危険が伴うため、大型軍艦は U ボート攻撃の犠牲者を助けることができなかった。いかなるリスクも、潜水艦がまだ存在し、潜水艦を撃沈する準備ができている可能性があることを意味していた。安心するには近づきすぎた救助船。

コーク自身も考え直したらしく、海軍本部のメッセージを受け取る前からジュノー号を港に戻すよう命じていた。彼の推論は必ずしも海軍本部の推論と一致しなかった。彼女を派遣した後、彼はルシタニアが行方不明になったという知らせを受け、もはや緊急の必要はなくなったため、彼女を港に呼び戻すことに決めた。

一見すると、何百人もの乗客と乗組員が現在55度の海域を漂っていることを考えると、これは奇妙に弁解できないように思えました。しかし、この決定は海軍本部にとって軍艦を保護することがいかに重要であるか、またアブキールから教訓を学ぶことがいかに重要であるかを示した。潜水艦の犠牲者を決して助けないでください！

その日の午後4時、ロンドンの米国大使ウォルター・H・ペイジはルシタニア号の攻撃と沈没を初めて知った。しかし、最初の報告では、乗客と乗組員は全員無傷で生き残ったことが示されており、タイタニック号の惨事の不気味な響きです。人命は失われておらず、したがって、ウィルソン大統領の特使であるハウス大佐を讃えるためにその夜に予定されていた晩餐会を夫妻でキャンセルする理由はないようだった。
その夜の午後7時、ペイジはクイーンズタウンから帰宅すると、これまで以上に悪い知らせを聞き、夕食をキャンセルするには遅すぎた。彼のゲストが到着し、話した話題はただ一つ、沈没についてでした。その後、ペイジ氏の大使館駐在員は報告書を派遣し、来賓に直接届けた。電話のたびに新鮮な報告が届けられ、夕食時に彼はそれを読み上げた。職員からの新しい報告は、クイーンズタウン大使館の職員によって小さな黄色い紙に書かれて届けられた。彼はこれらをゲストに毎回声に出して読み上げてから、各スリップを声に出して読み続けてから、声に出して読み上げました。ニュースは時間が経つにつれてさらに悲惨なものとなり、ゲストたちは沈黙のうちに見守りながら、ゲスト自身やゲスト同士で起こり得る結果について話し合った。

ハウス大佐は彼のグループに、「我々は一ヶ月以内にドイツと戦争状態になるだろう。

ニューヨーク・イブニング・メール紙の船舶ニュース記者ジャック・ローレンスは、船員や港の水先案内人などに人気のロウアー・マンハッタンのホワイトホール・ストリートにあるバーを訪れた。最初、ローレンスはジン　デイジー　(デイジーはドゥージーの略語) を注文し、バーテンダーがそれを石のマグカップに入れて持ってきました。ホーボーケンの港の水先案内人を見て、バーの反対側に移動して、その朝早く聞いたことをローレンスに共有しようと提案しました。

パイロットは、第一次世界大戦中に抑留されたドイツの大型客船ファターランド号の近くに貨物船を停泊させたと説明した。下船するとすぐに歩道のカフェに直行したが、そこではドイツ語を話しながら、意気揚々としたファターランド号の乗組員でいっぱいで、お互いの背中をたたき合っていた。生き生きと挨拶を交わします。そこで英語とドイツ語の両方を話すバーの女性がパイロットに、ルシタニアが攻撃されすぐに沈没したという無線ニュースをヴァターランドが受け取ったところだと告げた。

ローレンスは飲み物を置き、バーを出ました。ステートストリートにあるキュナードのオフィスも近くにありました。ローレンスは中に入るとすぐに、パイロットの報告が虚偽であったことに気づきました。事務局ではすべてが通常通りに行われ、タイプライターはカチッと音を立てて離れ、乗客はいつものように切符を購入していました。ローレンス氏をよく知る従業員はこうコメントした。
天気を知りたかった記者はさらに先を進み、階段を登ってキュナードのニューヨークマネージャー、チャールズ・サムナーにたどり着いた。サムナーズ・ホールの分厚いカーペットが彼の入場音をかき消していた。

ローレンスの最初の出会いの説明によると、サムナーは印象的な背の高い男で、きちんとした服を着ており、いつも襟に白いカーネーションを付けていたという。「一目見たとき、何かがおかしいと思いました」とローレンスさんは語り、サムナーは目を閉じて机に突っ伏し、完全にうなだれたように見えたと回想した。ローレンスが詳しく調べたところ、サムナーの机の上に2つの電報があった。1つはコードで書かれ、もう1つは解読されたコピーのようで、ローレンスはサムナーの肩越しにそれを読み、最後まで両方のバージョンを読み続けた。

「彼女はいなくなってしまった」サムナーは、聞こえるような言葉というよりは、息を吐くような、信じられないような声で告げた。彼らはルシタニア号を魚雷で攻撃した。最初のメッセージによると、15 分以内にダウンしました (後に 18 分に上方修正されました)。サムナーには何の幻想もなかった。彼は救われた命があったのかどうかを疑い、絶望的にこう尋ねた。「今、私に何ができるだろうか？」

ローレンスさんは編集者に知らせるまで 1 時間待つつもりだったが、同意してから 15 分後に、このニュースは重要すぎて我慢できないと判断した。

ワシントンで午後1時頃、ウィルソン大統領は真珠湾に関する最初の報告を受け取ったが、そこには死傷者に関する言及はなかった。それにもかかわらず、彼はゴルフの試合が到着するとすぐにキャンセルし、ホワイトハウスの寝室で一人でさらなる報告を待った。最終的には自分自身の緊張を和らげるためにピアスアローをドライブしました。

ウィルソンは理想的なコンディションでその日を始めた。夕方までに曇りになり、断続的に霧雨が降りました。午後7時55分頃、家で一人で夕食を食べているとき。彼はクイーンズタウンのフロスト領事から、ルシタニア号で多くの乗客が亡くなった可能性があるとの最初の警告を受けた。

この時点で、ウィルソンは誰にも告げず突然一人でホワイトハウスを出て、雨の中を散歩し始めた。後に彼はイーディス・ガルトに「心を正すために街を歩き回っていた」と語った。

彼はラファイエット広場を散歩し、大砲に囲まれた飼育馬に乗ったアンドリュー・ジャクソンの像の前を通り過ぎ、その後ブロードウェイを進み続けた。
ウィルソンは16番街を西に向かい、イーディスの近所のデュポン・サークルに向かい、すでにイーディスの難破を報じた市内新聞の「号外」版を売り歩く新聞配達員たちとすれ違った。コーコラン・ストリートで彼は右折し、15番地を下ってホワイトハウスに戻り、そのまま書斎に向かった。

午前10時、ウィルソンは、ルシタニア攻撃で1000人以上の命が奪われ、その多くはおそらくアメリカ人だったという衝撃的なニュースを聞いた——まさにウィルソンが予想していたとおりだった。もうそれは確かだった。ウィルソンはもはや現実から逃れることができなかった。

U-20が西へ進みながら、シュヴィーガーは潜望鏡を使って最後にもう一度振り返った。
彼は戦争日誌の中で次のように述べている:「救命ボートが遠くで活動しているのが見えた。ルシタニアの残骸の痕跡は見つからなかった。したがって、沈没したに違いない。場所はキンセールのオールド・ヘッドから14海マイル、クイーンズタウンから27海マイル、深さは90メートルと推定される」/300フィート。」

その時、彼は、犠牲者の中に、ルシタニア号の航海の初日の朝に逮捕され、今も仮設営倉に閉じ込められたままのドイツ人密航者3名が含まれていることには気づいていなかった。

ルシタニア漂流

 生存の保証はなく、多くの人が海に落ちて命を落とした。

彼らは頭を水から出さないように奮闘しているため、多くのライフジャケットはサイズが合わず、正しく着用されていませんでした。ジャケットの中で直立状態を維持するのにわずかな時間苦労した後、なんとか適切に脱出することができた生存者はすぐに、飼い主にとって屈辱的な姿勢でひっくり返された遺体の間を泳いでいる自分に気づきました。健常な船員E・S・ハイウェイは、「船が去った後、救命ベルトを付けられたままの何百人もの死者が浮かんでいるのを見た」と大袈裟に書いている。

直接溺れなかった子供たちは低体温症の犠牲になった。 55 度はタイタニック号の乗客が遭遇する海水ほど冷たくはありませんでしたが、それでも深部体温を危険なレベルまで下げることができ、致命的な結果をもたらしました。通常の体温である華氏 98.6 度から 95 度まで 3 〜 4 度下がるだけで、長期的には重大な臓器不全を引き起こすのに十分です。水中の乗客は、頭上に暖かい太陽があったにもかかわらず、数分以内に下半身がしびれることに気づきました。コートを着ている人は、衣服を脱いでいる人よりも成功しました。なぜなら、暖かい衣服が心臓病を防ぐ効果があったからです。痩せた人、老人、女性、子供、特に幼児は、昼食中にワインや蒸留酒を飲んだ乗客と同様に、最も早く体温を失う傾向がありました。低体温症が始まり、水の中にいる人々は最初はひどく震え始めましたが、危険が増すにつれて最終的には弱まりました。大人は55度以下の水温でも生存が期待できます。
1 〜 2 時間以内に、彼らは極度の疲労と意識の喪失を経験しました。彼らの皮膚は青灰色になり、硬直が始まり、心拍数はほとんど知覚できない速度まで低下し始め、その後すぐに死亡しました。

ドワイト・ハリスは、転覆した救命ボートに向かって泳いでいたとき、「驚くべき光景、男性、女性、子供たちが水の中で動かずに横たわっている！」ことに気づきました。「船に到達するために、1 つまたは 2 つの遺体を脇に押しのけなければなりませんでした。」ドワイトは後で書いた。

泳いでいると、父親を呼んでいたパーシー・リチャーズに遭遇した。少年を慰めるために、彼は泣かないで私の首輪を掴むように言いました、そして彼はそうしました − 「私が今まで会った中で最も勇敢な小さな男」。

ハリスさんは子供を転覆したボートまで運び、船体に乗せるのを手伝い、その過程で体力を消耗した。ハリス自身もすぐに彼の後に続きました。彼はあまりの寒さのためにほとんど動くことができませんでした。これは、おそらく 1 時間半から 45 時間ほど水中に沈むことを意味していました。

ハリス氏はすぐに、船員2人が乗り、部分的に乗客が乗っている折りたたみ式救命ボートの1つを特定し、彼らに呼びかけた。間もなく、ハリスと少年はさらに数人の生存者を乗せて船に乗り込むことができましたが、折りたたみ式の船が圧倒されようとしていたため、他の人は取り残されなければなりませんでした。「彼らの助けを求める叫び声は、最も悲痛なものでした！」ハリスが後に書いたように。

マーガレット・マックワース号がルシタニア号に引かれて降下したため、船は見えませんでした。最初、彼女は瓦礫に閉じ込められているように感じました。その後、何かが彼女の手に引っかかったが、彼女はそれが彼女がつかんでいた彼の救命胴衣であることに気づいた。ただし、海水を吸い込んだため多少の苦痛を感じた。

彼女は浮上してボードの一端をつかみ、最初はそれだけで浮くことができるだろうと考えました。しかし、後で彼女は自分が救命胴衣を着ていたことを思い出した。「地表に到達すると、自分が大きな浮島の一部になっていることがわかりました」と彼女は述べた。
人々とあらゆる種類の瓦礫が密集して横たわっており、一見しただけではそれらを隔てる目に見える水はほとんどなく、一緒に泳いでいた。ボート、鶏小屋、椅子、いかだ、板、その他あらゆる物体がすべて存在していました。　「ボート、鶏小屋、椅子いかだ、ボードなどが頬と顎で一緒に泳いでいるように、人々もそこにいた。」

人々は祈り、救助を求めました。彼女は救命胴衣を着ていたにもかかわらずボードにしがみつき、船の救命ボートの1つを見つけてそこに向かって泳ごうとしましたが、ボードを手放すことができず、そのために先に進むことはできませんでした。最終的に彼女は水泳を完全に諦め、「少し放心してぼんやりとした」感じでライフジャケットに戻って休んだが、死が非常に近かったため特に怖くはなかったが、圧倒的で驚くべき体験はあまりにも強烈だったので、彼女が感じていた鋭い恐怖の苦痛は鎮まった。。

ある時点で、彼女は自分がすでに死んでしまったのではないかと心配した。「私は、自分が知らないうちにすでに天国に入っていたのではないかと思い始め、そうでないことを強く願いました。

彼女は凍りついていた。漂流中に、彼女は救命胴衣を改良するための革新的な解決策を思いついた。それは、救命胴衣にクロロホルムの入ったボトルを入れ、いつでも必要なときに吸入して意識を失うことができるようにすることだった。間もなく、低体温症が彼女の問題を解決しました。

チャールズ・ローリアは、船員モートンが落下するのを目撃した近くのルシタニア号の折り畳みいかだの一つに向かった。モートンと造船所のフレッド・ガントレットもそこに到達し、そこを死体と人々で満ちた海のオアシスと呼んだ。

「3人の男がいかだの武装を解除し、水中から生存者を拾い上げて、その上になだめようとした。しかし、非常に多くの絶望的な人々が一度にしがみついているため、引き上げてその場所に固定するのは困難であることが判明した。」とガントレット氏は報告した。乗客のほとんどは、座席を持ち上げようとしたときに反対した。ほとんどがそこに着地し、いかなる試みも適切に機能せず、無事に家に持ち帰ることができました。」
「彼らは座席を上げるために少しだけ手を離すよう人々を説得しようとしたが、それは不可能であることが判明した」とローリア氏は指摘した。彼は「彼らの一人に私たちが何をしているのか話そうとしたとき、苦しみながらすすり泣くのを目撃した。これほど苦痛を経験したのは初めてだ」。

その後、席から動かない生存者の一人にイライラして、ローリアットさんが「かなり乱暴に」立ち上がるように言ったとき、ローリアットさんは狼狽した。それに応じて、その男性は振り返って「ああ、そうです。でも、私が足を骨折していて、素早く動けるのが制限されていることを知っていましたか？」と答えました。

男たちは力強く押し込み、座席とキャンバスの側面を支える機構に木片を詰め込み、部分的に持ち上げることに成功した。

この折りたたみ式船には専用のオールが装備されていなかったが、近くの別の場所でオールを見つけることができた。ローリアットは、ガントレット、モートン、および2人の乗客が漕いでいる間、これらの1つを操縦に使用しました。ロリアットは残骸や死体の中をいかだを誘導して生存者を探した。数百羽のカモメが上空を旋回して飛んでいく中、カモメが旋回して頭上を飛んでいきました。驚いたことに、男性も女性も昼食時からまだスーツやドレスを着ていました。男たちはガントレットと同じテーブルにいたフィラデルフィアの造船所サミュエル・ノックスを発見し、一方アフリカ系アメリカ人と思われる女性も発見した。船員モートンはマーガレット・グワイヤーを救出し、ボートに連れ戻すために海に飛び込みました。ローリアは後に、マーガレットが漏斗を通って追放されたことについて書いている。十分に近づいたとき、彼は「彼女の服はほぼ完全に吹き飛ばされ、歯と目以外には白い斑点が一つもなかった」と書いている。ローリアットさんは、マーガレットさんは一時的に黒人として利用されていたと説明した。

ロリアットさんは、彼女がすぐに元気を取り戻し、楽観主義、元気、そして「明るい話し方」で気分を高揚させたことに注目した。

ローリエットさんが定員に近づくボートを操縦していたとき、パンとバターを一切れ求めるときと同じくらい自然な口調で、「次に私を連れて行ってくれませんか？私が泳げないのは知っているでしょう。」と言う女性の声を聞いた。彼女は瓦礫の間にしっかりと挟まれていたため腕を上げることができなかったが、それでも彼女は「半笑い」を浮かべた。
ローリアットさんは、彼女が魅力的な笑みを浮かべ、安らかにガムを噛んでいる姿を見たときのことを思い出します。

キンセールの男たちは彼女をボートに引き込み、12マイル離れたキンセール旧灯台に向かって漕ぎ始めた。

沈没はアイルランドの海岸線の非常に近くで発生したが、救助隊が近づいてくる兆候は見られなかった。水中の乗客はさまざまな方法で反応した。ブリティッシュコロンビア州ロスランド在住のヘンリー・ウッド・シンプソン牧師は、お気に入りのフレーズ「来い聖霊よ、私たちの魂が鼓舞する」を繰り返し繰り返し、神の御手に身を委ねた。後に彼は、「説明するには長すぎる話になるが」、自分は生き残れると分かっていたと語った。「もし出てこなかったらどうしよう」と声に出して疑問に思った時でも、そのおかげで心の平穏が得られたという。

「ライフジャケットのおかげで仰向けに寝ていても快適でした。海水をあまり飲み込むこともなく、青い空と白い雲を見上げて微笑むことができました。」水中での瞬間はほとんど楽しかった——一瞬流れてきた死んだ女性との遭遇を除けば。彼にとって、それはほとんど楽しいものでした。「それが非常に快適な姿勢であることがわかりました...そして、かなり長い間、とても幸せにそこに横たわっていました。」

彼は彼女の体をひっくり返した折り畳み式の船の上に引き寄せ、船体に固定し、その後、生存者と遺体でいっぱいになっていた、右向きに置かれた別の折り畳み式の船に向かって泳ぎ始めた。シンプソン氏によると、船の機関士の一人が「すべての祝福が流れ出る神を讃えよ」という賛美歌を歌い始め、それが彼らの共有体験の一部となったが、歌が終わった後は誰も別の歌を歌おうとしなかったという。「このことが起こった後、私たちは彼女が沈没する前に助けを求める無線を発信できたかどうかをただ待っていました。幸いなことに、海は穏やかでした。たとえ小さな波でも私たちが押し流されていたかもしれません！水中に板が落ちていたり、救命ベルトで支えられていたり、さらに悪いことには転覆し続けた近くの水浸しのボートに乗っていた人もいた。」
ある時点で、巨大なネズミイルカ（シンプソンは「モンスターネズミイルカ」と呼んだ）が浮上して私たちの近くで戯れ、その黒い皮膚が一瞬光り、三角形の模様が見えました。

1時間、そして2時間と時間が経過した。海は穏やかなままだった。午後の光で色合いが変わってきました。「とても平和で美しい夕日でした」とシンプソンは回想した、「光の中でとても美しい色合いが見えた。

生き残った生存者たちは、救助隊がすぐに到着することを願いながら、水、ボート、残骸の中で3時間漂流した。ジュノーがもっと早く来て、生存の可能性が飛躍的に高まっていたら。残念なことに、海軍本部は厳しい計算を採用しており、彼女がまだ存在しているかどうかは誰も知りませんでした。乗客の中にはルシタニア号沈没後に潜望鏡を見たと報告した人もおり、Uボートがまだ近くにいるのではないかと疑っていた。生存者の一人は日記に「救助船が浮上して沈没するか、救助船が浮上するまで待ってから沈没させるかのどちらかになると完全に予想していた」と書いている。

地平線に煙が立ち込めると、魚雷艇、トロール船、小型漁船からなる長い艦隊が現れました。これらは Juno 自体よりも消耗品です。これらには、ブロック、ブラッドフォード、ブルーベル、サルバ、ヘロン、インディアン　エンパイアのほか、ジュリア　フライング　フィッシュ　ストームコック　ウォリアーの船が含まれていました。

この艦隊のどの船も無線通信をしていなかったので、クイーンズタウンはハラハラしながら待っていました。つまり、彼らが戻ってくるまでニュースを受け取ることができなかったのです。フロスト領事は「それまではいかなる情報も分からない」と書いている。

救命ボートが満杯になると、船員たちは生存者を探して漕ぎ戻った。しかし、夕方が近づくにつれて、生きている人よりも多くの遺体が収集され、回収され始めました。最後に到着した救命ボートはケジア・グウィルト号で、15人の乗組員を乗せた海岸ベースの救命ボートで、通常なら今回の航行では帆を使用する予定だったが、風がなかったため、上陸前に14マイルを漕ぐ方が都合がよいと判断した。
救命ボートの責任者であるウィリアム・フォード牧師は、彼らの努力について次のように書いている。「私たちはできる限りのことをしましたが、遺体の回収に間に合うよう到着するまでに、少なくとも3時間半の激しい牽引が必要でした」。フォルデ氏が詳しく説明した。夕暮れ時に目的地に到着した彼らは、救命ベルトを装着し、救命いかだが散乱し、遺体が浮遊する残骸の中を通り抜けた。フォルデ氏はこの恐ろしい光景について説明した。彼らは遺体を回収するために残骸の中を移動し始めたが、それは「目撃するには悲惨な光景だった」とフォルデ氏は書いている；海には遺体が漂い、全員が死亡した。いかだのさまざまな部分や、強く引っ張るときに着用する救命胴衣につかまってください。

ラウリアットと乗組員は、地元の海域で「シング・スマック」として知られる、帆を装備した高さ18フィートのシング・ボートを発見するまで、折りたたみボートを2マイル漕ぎ続けた。

彼らが近づくと、マーガレット・グワイヤーさんは夫が柵のところに立っているのを見て声をかけた。ロリアットは、この黒ずんだ若い女性が誰であるか分からず、彼の表情が完全に無表情であることに気づきました。

彼が彼女を認識したのは、折り畳み式の船が彼の船のレールの下に来て、彼女の顔を直接見ることができたときだけでした。それから彼は泣きながら、それが誰であるかを知った。

午後6時頃、ローリアは彼と仲間たちが見つけた生存者を数えた：32名。すでに他の50人が折りたたみ船に乗り込んでおり、ローリアは自分も乗船する前に記念品としてそのオールロックの1つをポケットに入れていた。

1時間後、オグデン・ハモンドらはフライング・フィッシュと呼ばれる蒸気側輪船に移され、クイーンズタウンに向けて出発した。船には生存者たちがいて、暖を求めて機関室に詰めかけていた。ニュージャージー州の不動産開発に携わるオグデン・ハモンドさんの姿は見られず、彼の妻を目撃した人もいなかった。ローリーの自転車愛好家アーサー・ミッチェルが報告したように、すぐに「感謝と陽気さの両方を示す」歌が歌われるようになった。

ホッジスと2歳から6歳までの身元不明の少年2人も同様だ。グウェンドリン・アランは船員モートンが救命ボートにペンキを塗るのを手伝った。　3人の遺体はすべて撤去されなければなりませんでした。
ドワイト・ハリスは、折りたたみボートを手伝い、遠く離れた陸地に向かって進みました。

旅はゆっくりと危険なものでした。救命ボート1隻が先に到着し、生存者と遺体を降ろした後、帰路にハリスとその仲間たちを迎えに行き、ハリスのグループも帆船に乗せた。その後、全員がインディアン・エンパイアの掃海船に移送され、その乗組員は数時間かけてさらなる生存者や遺体の捜索を行った後、その夜の午後7時頃にクイーンズタウンに向けて出発し、170人の生存者と多数の死者を乗せた。

ハリスは、ハリスが救った少年を救った。船上ではドーラの両親、母、兄、妹が全員健在であることが判明したが、ドーラは行方不明だった。

セオデート・ポープさんは、ストーブで火が燃えている光景を見て、びっくりして目が覚めました。彼女は沈んだことも、ズボンを履いた足以外のものを目撃したことも覚えておらず、その後誰かが「彼女は意識がある」と言うのを聞いた。ストーブの暖かさを感じていたにもかかわらず、震えが彼女の体を震わせ始めた。

ベル・ナイッシュは後にセオデートに、彼女がそこに到着した経緯を伝えた。乗組員は彼女が死んだものとみなす前に、ボートフックを使ってセオデートを船に引きずり込んだという。彼女を他の回収された遺体とともに甲板に放置した。しかし、ナイシュは航海中にセオデートと友達になった。セオデートが一人でそこに横たわっているのを見たとき、彼女は彼女の体に触れ、生命の兆候を感じ、助けを求めました。2人の男が船のキッチンにある彫刻刀を使って彼女の衣服の層を切り裂き、成功を確信するまで2時間かけてセオデートを蘇生させようとした。しかし、彼女の右目は意識を失ったままでした。生々しいあざが右目を覆っていた。

エドウィン・フレンドはもうセオデートと一緒にいませんでした。彼女のメイドであるエミリー・ロビンソンもいない。

この事件の後、シュヴィーガー氏の婚約者だと主張する女性が新聞記者に語った。

「彼の母親と私は、何かがひどく間違っていることをすぐに理解しました。彼のやつれた顔、沈黙、そして無表情な口調は、何か恐ろしいことが起こったことを示していましたが、それでも彼の表情はとてもうつろなままでした」と、ある記者は述べた。シュヴィーガーがルシタニア号攻撃から基地に戻った後ベルリンを訪れたとき、彼の訪問者は船に魚雷を発射したのが彼女であることに気づかなかった。最初に彼女が考えていたのは、別の英国の船を沈めることだけでした。「私たちが最初に考えていたのは、彼らの最も速くて大きな英国の船が沈没したということだけでした。そして、全員がその知らせをとても喜んでいたのです。しかし、何か恐ろしいことが彼に起こったのです。その日、彼には何か違うことが起こった。憔悴、沈黙…彼女は「彼の何かが違う」と表現した。母も私も、彼に何か恐ろしいことが起こったのを目にしました。何か恐ろしいことが彼に起こった。何か恐ろしいことが起こったのだろうか、彼の何かがあまりにも変わっていたので、以前の訪問に比べてどこか変わったように見えた彼は、何か恐ろしいことが起こったのではないかと思うほど憔悴して沈黙していた。何か恐ろしいことが彼に起こった。何か恐ろしいことが彼に起こった。何か恐ろしいことが彼に起こった。彼は変わったように見えました…以前とは何かが異なりました…基地から戻る前にベルリンを訪れるとき、彼はいつも私たちと高揚感を共有していました。」

シュヴィーガーさんは自分の襲撃の経緯を彼女の先祖に話した。彼には金切り声は聞こえませんでしたが、何が起こっているのかが見え、船内で何も見えなかったのは彼だけでした。何が起こったのかを他の人に知らせる勇気はなかった。」　攻撃の後、祖先の報告によれば、彼はドイツに直接戻った。他の船に魚雷を撃つことができなかったので、岸に戻りたかったのです。」

シュヴィーガーは自分の行動を通じて後悔の念をまったく表明しなかったが、この女性の説明によってそれが反証された。

ルシタニアを最後に見てからわずか数分後、彼は近づいてくる汽船に気づき、予備として保留していた魚雷 2 本で攻撃する準備をしました。
シュヴィーガーは、U-20が帰国の途上で次の目標に対して2回の攻撃、理想的には船首と船尾に1回ずつ攻撃することを計画していた。しかし、この抵抗できない目標、9,000トンのタンカーは、抵抗するにはあまりにも抵抗できない目標でした。
午後4時8分シュヴィーガーは、U-20の2本の船尾管のうちの1本を発射できるように、まず船尾の真後ろに位置するようU-20に命令した。彼は完璧に整列した。至近距離 500 メートル (約 1 マイルの 3 分の 1) で、ショットラインは完璧でした。距離 500 メートル (約 1 マイルの 3 分の 1) でターゲットコースに対して 90 度の角度でした。シュヴィーガーは「コンディションは非常に良好だった。ミスは問題外だった」と書いている。彼はログにこう書いています。

彼は発砲命令を出した。魚雷が発射管から離れるとすぐに、シュヴィーガーはその衝撃音が聞こえることを予期した。

時間が経つにつれて、彼は何かがひどく間違っていることに徐々に気づきました。

「魚雷発射後しばらく潜望鏡が水没したため、ミスの種類を確認できなかった」とコックセッジ艦長は日誌に書いている。魚雷は発射管から正しく出てきましたが、まったく走らなかったか、不当な角度で走ったかのどちらかでした。乗っている人は誰も気づかなかった。

シュヴィーガーは、速度を上げてバッテリーを充電するために水面で少しだけ停止しながら、帰路に戻りました。彼の司令塔からは、6　隻の大きな蒸気船が出入りするのが見えました。それでも、何も攻撃しようとはしませんでした。偶然にも、このパトロールは彼の最も成功したパトロールの一つとなった。彼は単独で水中3,006マイルをカバーし、42,331トンを沈めることに成功した。

シュヴィーガーはニュージャージーに向かっていたナラガンセットという名のイギリスの石油タンカーに遭遇した。シュヴィーガーの考えに反して、乗組員全員がシュヴィーガーの船とのニアミスを強く意識していた。副操縦士は潜望鏡に気づき、チャールズ・ハーウッド機長は即座に急旋回と最高速度で対応するよう命令した。

ハーウッドさんは無線で遭遇を報告した。当時、彼は自分の船や他の潜在的な救助者がルシタニアからのSOSに応答していると信じていたが、今ではそれが敵の潜水艦によって偽装され、彼の船や他の潜在的な救助者をおびき寄せるためだったのではないかと疑った。
ロンドンの海軍本部作戦室に宛てた彼の電報には次のように書かれていた。「午後3時45分、我々は可能な限りの速度で前進した。我々は赤い魚雷が我々の後方10ヤード以内を通過するのを観察し、船を操縦して10分後の午後4時にそれを排除した。...」ルシタニアの痕跡は見当たりませんでした。電話は作成者によって誤って行われた可能性があると考えられています。」

ハーウッド船長は向きを変え、最後に報告されたルシタニア号の位置から遠ざかりました。

ルイジニア対シーガルズ

ターナーは、下降する船体に飲み込まれ下降する船体に引きずり込まれるような降下を、まるで未知の力によって足から引き剥がされるような、「巨大な手によって足から引き剥がされるような」ものだったと述べた。彼が地上に出たとき、彼は自分が破壊と死の中に陥っていることに気づきました。何百もの遺体が残骸の中に散らばっていました。男性も女性も子供も同様に板や救命ボート、そして言葉では言い表せない瓦礫の間を漂流していると彼は語った。

ターナーはできることはすべてやったと信じており、今、生きる本能が心の中でうごめいていた。彼が泳ぎ始めたとき、リバプール警察の刑事ウィリアム・ピアポイントに気づきました。マーガレット・グワイヤーがほんの少し前にそうであったように、ピアポイントは突然空気漏斗の中に消え、ターナーはピアポイントが永遠に失われたと信じた。しかし、しばらくして彼は出てきて、厚く濡れた黒いすすに覆われ、彼の体はエナメルのようなコーティングで覆われていた体はエナメル塗料のようなもので、歯のエナメルのように彼にくっついていた。その時点でターナーはピアポイントが「10人の男のように家に向かって泳ぎ始め、地獄のように怖がっていた！」と述べた。

ターナー氏は、船首が着底したとき、船はまだ4ノットで航行していたと推定した。ターナー氏は、船首が沈下し、長さ800フィートの帆の震えを震わせながら沈下が一時的に停止したのを目撃してから確信していた。「彼女が突然止まったのでそれに気づきました。その後、彼女は降りていきました。」

ターナーは、これまでに建造された最大の遠洋定期船の 1 隻の指揮を執ったばかりでした。ほんの20分前、彼は誇らしげにその橋の上に立っていました。今、彼は何かを探しながら制服を着てうろうろしていた。
彼は、デッキ、キャビン、船体の痕跡も見えず、船の高いマストの痕跡もなく、のどかな青空の下、静かな海を見つめていることに気づきました。

ターナーとピアポイントは一緒に泳ぎ続けた。ターナーさんは、近くで救命胴衣を着て逆さまに浮いている船員の数名を目撃した——彼は計40名を数えた——一方、カモメは同様に死体と生存者の間に飛び込み、上から舞い降りた鳥のつつきで生存者を同様に攻撃し、死体の目をつついた。同じく目をつつきながら。救助隊は後にカモメの渦巻きが近くに死体があることを示しているのを目撃したと報告した。ノーマンによれば、ターナーは22口径ライフルを持ち歩き、引退するまで可能な限りあらゆるカモメを撃ち続けていたという。

ターナーさんは救命ボートで引き上げられるまで水中で3時間過ごし、その後ブルーベルとして知られるトロール漁船に移された。

マーガレット・マックワースは、最初にブルーベルのデッキで毛布の下で裸で目覚め、歯が「カスタネットのように」ガタガタ鳴っていたことを覚えています。

船員が突然彼女の上に現れ、「その方がはるかに良い」とコメントして彼女の選択を確認した。

彼女は悩んでいました。「何か問題が起こったことはわかっていましたが、まだルシタニア号に乗っていると思い込んでいたので、自分のスチュワーデスの代わりに見知らぬ船員が私のニーズに対応しなければならないことにイライラしていました。」

船員が彼女にお茶を持ってきて、なぜ彼女をそこに置き去りにしたのかを騎士道的とは言えない言葉で彼女に説明すると、彼女の混乱は収まった。もっと早くあなたを追い出すこと。

「下の暖かさはとても美味しくて、めまいがしそうになりました。」彼女の周りの誰もが「暑さ、光、そして私たちが生きていることを知った喜びに少し酔っていたように見えました。私たちは大音量で話し、かなり頻繁に笑いました」と乗客は書いています。

彼女はこの瞬間、喜びと悲しみが入り混じった不協和音を感じた。ここで彼女は、できる限り幸せでしたが、同時に、近くで何か悲劇的なことが起こったことに悲しんでいました。
マックワースさんは、自分の夫が亡くなったと信じていたが、その事実にも関わらず陽気で笑いに満ちていた生存者の一人がいたと報告した。

ターナー船長はお祭り騒ぎには参加しなかった。その代わりに、彼は濡れた制服を着て一人で静かに座っていた。

マックワースが観察したところ、一人の女性がターナーに近づき、いかだで子供が亡くなったことを話し始めた。息子を乗せた船が転覆した様子を語るとき、彼女の声は低く単調だった。乗組員間の組織性と規律の欠如により、彼の死は完全に回避可能でした。彼女はこれらすべてをほとんどさりげなくターナーに話していました。

救助船は夜遅くに到着した。シャルル・ローリアを乗せたフライングフィッシュ号は9時15分に到着し、ブルーベル号は11時00分に到着した。ガストーチによる埠頭の照明が琥珀色の色合いを作り出しました。兵士、船員、町民がタラップから町へ伸びる二列を作り、上陸する生存者たちに拍手を送った。他の兵士たちは担架で待機していた。チャールズ・ローリアは、以前に失礼な発言をした男性を一人運んでいた。レナード・マクマリーは両方の難破船で生き残った。この船は、1909 年に霧の中で別の定期船と衝突し、ホワイト スター ラインの共和国号が沈没した際に生き残ったものです。

ローリアットさんはサッカレーの絵とディケンズのクリスマスキャロルの両方をアイルランド海の奥深くに保管していたので、妻に電報を送り、それらの写真は「私のマスコットだったから」保存しておいたと伝えた。

彼は次のように締めくくった。「何時間もの間、期待に耐えていただいたことを申し訳なく思います。

マーガレット・マックワースさんは、入港時に父親のデビッド・マックワースさんが生きていることを知りました。毛布だけを着た彼女は船長に安全ピンを求めたが、船長はその提案に大笑いした。すると今度はイギリス兵が「適切な衣服」として自分のコートを彼女に与えた。
暖かい」と船長が彼女にスリッパを渡し、彼女は腰に毛布を巻き、それで即席のスカートを作りました。

「彼女は桟橋の端で父親が待っているのを発見し、安堵と喜びを感じました。以前、ニューヨークの波止場で父親に会ったときのことを思い出しました。クイーンズタウンに到着した最初の生存者の一人で、父親は何時間も見守っていました」娘を乗せずに次から次へと船が到着するたびに、船に乗っている死者の割合が時間の経過とともに増えていくようだった、と後に友人の一人が指摘した。

前の晩マックワースのテーブルに座りながらスリルを求めていた熱心な若いアメリカ人ドロシー・コナーは土曜日の朝に二度目の会合のために戻ってきた。マックワースさんは、木曜日に最初に甲板に上がったところを目撃されたときに着ていたスマートなフォーンツイードのコートとスカートをまだ着ていたため、コナーさんは動揺していなかった、と回想している。実際、まるで購入したばかりのように真新しいように見えました。

ドワイト・ハリスは、首に宝石を飾り、財布にお金を入れたまま到着しました。その夜、彼は生存者が購入できる下着、靴下、スリッパ、パジャマを販売する生存者向けの店を発見した。彼は他の6人の男性と同室でホテルにチェックインし、寝る前に大量のウィスキーを摂取した。土曜日の朝、彼は衣類を求めて出かけた。スーツ、シャツカラーのレインコート、キャップだった。そこにいる間、18歳の少年が服を買うお金がないにもかかわらず店主に服を求め、極貧の様子であることに気づいた。ハリスは助けを申し出て、この子供が母親を亡くしたばかりであることを知りました。これが悲しい知らせであることを知っていた彼は、母親に手紙を書き、「可哀想な人！」と伝えました。ハリスさんは手紙の最後に「あなたが私と一緒にいなくてよかった!!!」と書いた。

セオデート・ポープの船ジュリアが着岸するとすぐに、彼女は医師を乗せて診察してもらうよう要求した。この医師は、2人の兵士の援助を受けて、セオデートをジュリア号から埠頭まで降りて自動車に乗り込むのを手伝い、ホテルまで直接追いかけ、そこで歩道に倒れ込んだ後、テオデートさんに担ぎ込まれ、他のスタッフが手当てした。彼女は歩道に着く前に歩道に倒れ込んだ。一度入ったとき、「女将さんがブランデーを急いで持ってくる間、私は見知らぬ服装の男たちでいっぱいのラウンジに取り残された」と教皇はその体験について著書の中で書いている。これらの男たちの中には以前魚雷を受けなかったと冗談を言っていた英国人の乗客もいた。アイスクリームを買う前に、ピンクのドレスコードを着てピンクの服を着て、彼は魚雷に撃たれたことを冗談にして、ピンクのドレッシングガウンとガウンを着ていました！ピンク！

セオデートさんは部屋に案内される前にブランデーを一口飲んだが、顔は腫れて変色していた。彼女は「救われました」という一言の電報を送る手配をした。

彼女は眠ろうとしましたが、気がつくとすっかり目が覚めていました。　　「私は一晩中、友人さんが私を探して現れるのを期待し続けました」と彼女は日記に書いている。代わりに、男性たちが私たちの部屋に来て、すぐに電気をつけてから、子供たちを連れてきて身元を確認したり、子供たちから電報を受け取ったり、生存者リストのために私たちの名前を集めたりするようになりました。

しかし、ミスター・フレンドもセオデートのメイド、ミス・ロビンソンも現れなかった。

ターナーさんは毛布にくるまって岸に到着した。彼は地元の銀行家の家で一晩過ごし、翌朝、なくしたキュナードの帽子に似たものを探しに制服を着て散歩に出かけた。旅の途中、ベアトリス・ウィリアムズ（ブルーベルに乗ったもう一人の生存者）

が彼を見て怒った、「私たちの多くがすべてを失っているのに、なぜ帽子のような些細なことをそんなに心配するのですか？恥を知るべきです！」

同じ朝、ニューヨーク・ワールドの特派員がターナーに会ってインタビューを行った。この記者が編集者に送った電報によると、ターナー氏は「呆然としているように見えた」という。

ターナーさんは記者から、船の出港の朝に話したブロードウェイプロデューサーのチャールズ・フローマンさんを含む数人のアメリカ人が死体で発見されたことを知った。このニュースを聞いたとき、彼の感情は制御不能になったようでした。彼の目には涙があふれた。

乗客乗員1,959人のうち生き残ったのは764人だけだった。ドイツ人密航者3名を含む1,195名が死亡し、合計1,198名となった。乗船していた幼児33人のうち生き残ったのは6人だけで、123人のアメリカ人を含む600人以上が船から生還できなかった。

家族は主に電報で死を知らされたが、正式な通知がなくても家族の死を知っていた、または感じていた人もいた。夫と妻は安全な到着を知らせる手紙や電報を約束したが、それは決して実現しなかった。イギリスやアイルランドの友人と手配していた乗客は現れなかった。最悪の場合は、別の船で旅行する予定だった乗客が、突然ルシタニア号に乗り換えられるという例もあった。たとえば、カメロニアからの乗客が急遽ルシタニア号に乗り込んだ。マーガレットとジェームス・シャインマンはワイオミング州オイルシティ出身の新婚夫婦で、思いがけずマーガレットの家族を訪ねるためにスコットランドへ向かう最も速くて豪華な船に乗ることになった。残念なことに、二人ともこの旅の間に亡くなりました。44　人中、生き残ったのはわずか　13　人でした。その中には、あらゆる試練に優雅さと威厳を持って立ち向かったミス・グレース・フレンチもいた。

災害時にはよくあることですが、この災害がキュナードを襲った後、混乱が生じました。その後数日間、リバプール、クイーンズタウン、ニューヨークのオフィス間を多数のケーブルが行き来しました。これらの信号はキュナードにとって緊急性と驚きの両方を示していました。彼らは、この災害は予想していなかったという印象を与えた。
残念なことに、彼らの偉大な船の　1　隻が失われてしまい、その乗客記録を使って、まだ生きている人たちと亡くなった人たち全員を説明しなければなりません。

「ガイ・ルーウィンは本当にルシタニアを航海したのか？」

「チャールズ・ウォーミーが二等に現れます。これはチャールズ・ウォーメイが現れないのでしょうか。すぐに応答してください。」
5月11日：「DID F A TWIGGは実際にルシタニアに乗り込んだのか」

いずれにせよ、ルシタニア号で航海したアダムス姓の乗客のすべての完全なキリスト教名と階級を要求しており、この情報は72時間以内に提供されなければならない。」

死亡したと報告された乗客の中には、実際にはまだ生きていた人もいましたが、生存していると報告された乗客が実際には死亡していることがより多くありました。フロスト米国領事はロンドンに拠点を置くペイジ大使に簡潔な電報で次のように書いた：「ビリッケ氏を生存者とする報告は誤りである」ウィンストン・ホッジス学部長は、キュナードがニューヨーク事務所に通報した後、当初は無事であると報告されていた：残念ながら学部長の痕跡は見つからなかったウィンストン・ホッジス。その後、救助船が救助活動を展開した際に、彼の遺体はフライングフィッシュに運ばれた遺体の中に含まれていた。死者の名前のつづりは間違っており、生存者に誤った希望を与えた。フレッド・ティンと特定された男性は、実際には亡くなったフレッド・タイアーズでした。テレサ・デスリー（実際にはフィーリー）はジェームズ・フィーリーとともに亡くなった。ハモンド夫人は二人存在した。一人は生き残り、オグデンの妻は亡くなったが、ジョン・リーチズは二人とも生き残らなかった（一人は生き、もう一人は死んだ）。ジョン・リーチという名前のウェイター2人が死亡したが、生き残ったのは1人だけで、グリーンヘルド（実際にはグリーンシールズ）の乗客はグリーンヘルドと名付けられたが、実際にはグリーンシールズと呼ばれるべきだった）。

タイムゾーンと遅い通信により、キュナードに乗っている愛する人や友人にとって問題はさらに困難になりました。お金に余裕のある人は、時計に刻印されたシリアル番号に至るまで、愛する人の詳細な説明を記したケーブルを送った。しかし、キュナードがこれらのケーブルを受信し、転写し、配信するのに何時間もかかりました。実際、災害後数日以内に数千人がキュナードのオフィスに殺到した。しかしキュナードがその時点で入手できる情報は限られていた。

クイーンズタウンの死者は市庁舎を含む3つの仮安置所に安置され、床に並んで横たわっていた。可能な限り、子どもたちは母親の隣に置かれ、生存者たちは行方不明の親族を探しながら悲しげな列をなしてゆっくりと移動した。

嬉しい再会もありました。

船員レスリー・モートンは金曜日の夜、生存者リストやクイーンズタウンのホテルで弟のクリオを捜索したが、痕跡は見つからなかった。土曜日の早朝までに、彼は父親に「クリオを探していて助かった」という電報を送った。遺体安置所の1つを訪れた後、まだ身元が特定されていない愛する人たちを探すために、各遺体の上にシートが掛けられた遺体が列に並べられていたが、レスリーは父親にこう書いた。まだ特定されていない愛する人たち。」

彼はシーツを持ち上げながら作業を進めた。さらに別のシートを引き出す直前に、彼は捜索者が向かいからそのシートに手を伸ばしていることに気づきました。彼の驚きと信じられないことに、彼の反応は無表情でした。彼らはそれまで会ったことがなかったのです！

「こんにちは、CliR、会えてうれしいです」とレスリーはCliRを歓迎した。

「ガート、会えてとてもうれしかった」とクリオは熱意を持って言った。　「お酒を飲みながら再会を祝いましょう！」

結局のところ、彼らの父親は心配するためにそれほど多くの時間を費やす必要はありませんでした。二人の息子は電報を送り、お互いを探していることを伝えた。これらの電報は5分間隔で届いたので、「彼は私たちが到着する前に、私たちが二人とも無事であることを家で知っていた」。

この夜、レスリーは初のギネスを試飲しました。最初は特に熱心ではありませんでしたが、彼はこれが、生きていること、再び一緒にいること、そしてアイルランドにいることを祝うのにふさわしい方法だと考えました。

救助船は多くの遺体を陸上に運び込んだ。他のものは、波に打ち上げられた後、アイルランドの入り江や海岸沿いに横たわっているのが発見されました。救命ボートの破片の一部を握りしめている状態で発見された遺体は、最終的に埋葬中に彼の体内に戻った。
スタンフォード大学フーバー研究所は最近、ルシタニアというブランドがついた木材を発見しました。

フロスト領事はアメリカ人の死者を監督する責任を負っていた。重要な遺体（第一級の地位にある遺体）は米国の費用で防腐処理が施された。フロストさんの説明によると、「死に関しては興味深い認識の変化がしばしば見られた。実際にはそうではなかったのに、死体を重要なものだと信じ込むことがよくあった」という。彼の反応は？重要でない遺体はすべて鉛の棺に封印し、「望むときに返却できるようにする」。

キュナードは、この航海中に回収された各遺体のカタログ化、番号付け、写真撮影に多大な労力を費やした。遺体No.1は40歳の未亡人キャサリン・ギルのものだった。一方、マカビンは引退する前に最後の航海に出た。死者のほぼ全員が顔を向けて写真に撮られているが、1人は手押し車のようなものに横たわっており、1人の子供は仮設の台で休んでいる。写真撮影の際、彼らはまだコート、スーツ、ドレス、ジュエリーを着ていました。おそらく一緒に発見された母と娘は共通点を共有している。母親は子供に集中しています。彼女の腕は母親の胸の上に置かれています。彼らは、この詐欺から抜け出して、すぐに生活を再開できるかのように見えます。他の作品も同様の安らかな休息の感覚を伝えている。たとえば、本文番号 59 は、白いシャツ、ツイードのジャケット、水玉模様の蝶ネクタイ、落ち着いた質感の暗いオーバーコートできちんと着飾った、きれいに髭を剃った 30 代の魅力的な男性を描いている。彼の光沢のあるボタンさえも、彼のものと比較すると新しく見えます。

これらの写真は、見る人に最後の瞬間を想像させます。車体番号 165 には、レースのトップスを着た白い服を着た少女が描かれています。彼女の髪は後ろに垂れ下がり、痛みを感じているかのように口を開けてサインを伝えています。遺体番号109のみで特定されたもう1人の犠牲者は、裸で粗い毛布の下に横たわっており、髪の毛はまだ泥で汚れている太りすぎの女性です。このシリーズの他の写真とは異なり、彼女の目はしっかりと閉じられたままですが、頬には目に見える血痕が見えます。
彼女はまだ息を止めているように見え、唇をしっかりと締めている。

ここで最も当惑させられるのは、本文 No. 156 です。彼女は3歳の女の子で、長すぎるプルオーバーのセーターを着て、巻き毛のブロンドの髪を見せており、長袖の星条旗のプルオーバーセーターのように見えるものを着ています。何よりも気になるのは彼女の表情だ。動揺しているように見える。誰かが彼女の胸と脇に手を置いた後、何かが横に置かれても動揺しないように見えました。さらに、彼女は実際の救命胴衣であるかそうでないかの横にある木製のパレットの上に横たわっており、彼女と友達になろうとする誰かの試みに対して純粋な怒り以外の何ものを示しませんが、すぐに壁に背を向けて座り、猛スピードで背を向けて猛烈な怒りを引き起こします次に起こるかもしれないことに向けて！

フロスト領事は、非常に多くの溺れた子供たちのイメージを頭から払拭するのが難しいと感じました。彼には自分の幼い娘がいました。災害から数週間後、ある晩、火のついたマッチを持って自宅で外出していたとき、突然ベッドでぐっすり眠っている娘に遭遇し、自分が目撃した遺体安置所で起きたことを思い出した。「まるで毒か蛇のようなものだと思って私はのけぞりました。」

捜索活動は6月まで続き、そのときキュナードはフロストに対し、捜索活動を中止し、6月4日に捜索活動を中止するのが最善ではないかと提案した。残念なことに、その決定が下されてから夏がかなり経っても遺体は上陸し続けた。その後の遺体の回収では、遺体数が増加し、それぞれの状態が悪化しました。ケリー州出身の男性2人は7月14日と15日、ケリー州の難破現場から約200マイル離れた海岸に到着した。聖職者の服を着た一人の人物が全国地区によって報告された。報告書には「彼らの体の大部分が食い荒らされていた」と記されている。　2番目の遺体には頭も腕も足もなかったが、まるで触手で覆われた海の生き物に引きずられたかのように衣服を着ていた——青いサージパンツ、黒と白の縞模様のアンネルシャツ、その下にウールのアンダーシャツ、アンダーショーツ、サスペンダー、サスペンダーベルト、7つ付いたキーホルダーなどだ。鍵が付属しています。キュナードは、新規到着者の報告を奨励するために 1 ポンドの報酬を提供した。フロスト氏は、誰かが身元を特定できるアメリカ国民の死体を発見した場合、追加で1ポンドの報奨金を与えると提案した。

1915 年 7 月 11 日、一人のアメリカ人がアイルランドのストラドバリーに上陸しました。当局は当初、この人物がルシタニア号の犠牲者の一人であると考え、遺体番号248に指定したが、この人物はルシタニア号に乗船したことはなかった。彼の名前はレオン・C・スラッシャーで、106日前の3月28日にSSファラバ号が魚雷で撃沈され、行方不明になっていた。

遺体を発見した人々は、しばしば悲惨な状態にあったにもかかわらず、敬意を持って遺体を扱いました。そのような例の1つは、災害から71日後の7月17日にアイルランドのディングル半島で中年男性の遺体が発見されたときに発生した。彼は海流と風によってアイルランド国内の長距離を運ばれ、その後250マイル離れたブランドン湾に遺体を預けられた。クイーンズタウン出身 ‐ 彼の遺体は地元住民によって発見され、すぐにキャッスルグレゴリー（9マイル離れた）のアイルランド王立警察に通報されました。　J・リーガンはすぐに自転車で巡査を追いかけて出発し、すぐに質素だが美しい海岸に到着し、そこでルシタニア島から来たと思われる男性の死体がほとんど残っていないのを発見した。救命胴衣の一部は依然として彼の体にしっかりと張り付いており、別の部分はルシタニアのマークの近くに横たわっていた。

警察官が彼の衣服の残骸を調べ、ケースに「V.O.S」と刻印された時計と「ビクター・E・シールズ」と刻印されたナイフを発見したとき、彼の身元についてほとんど疑いはなかった。彼らはまた、1915年4月30日、つまり出航のわずか1日前に書かれた「ビクター・シールズ氏、汽船ルシタニアの世話」宛ての手紙も発見した。さらに、ポケットの 1 つに船からのエンターテイメント番組のコピーが入っているのを発見しました。これらの書類は濡れていたため、さらに乾燥させるために直射日光の当たる場所に置きました。

リーガン軍曹は潮の満ち引きに気づき、シートを求め、その上にシールズの遺体を置き、危険から遠ざけた。海岸に戻ると、彼は自転車で電信局に行き、地元の検死官に通知したが、検死官は検視の必要はないと答えた。警察は鉛の棺と木製の貝殻を注文した。夕方までにシールズさんはスワンズダウンのローブを着て監禁され、葬儀屋がそれを持ち去って近くの民家に埋葬した。

月曜日の朝、警察はシールズ夫人を近くの墓地に埋葬した。リーガン巡査部長はフロスト領事に宛てた書簡の中で、「警察は可能な限りのあらゆることを行った」と述べ、これほど親しい人物のために警察がそれ以上のことをすることができなかったことを指摘した。法執行機関全員を代表して、彼は悲しみに暮れているシールズ夫人に心から哀悼の意を表した。

悲しみに苦しむ家族は、溺死、暴露、身体的外傷など、愛する人がどのようにして亡くなったのかを正確に理解したいと切望していました。シールズ家はこれを極端に進め、解剖のための遺体の解体を命じた。フロスト氏は、被相続人の死後すぐに手術を行える高年齢で地位の高い医師を調達するのはほぼ不可能であることが判明したと指摘した。しかし、2人の若い医師は同意し、コークノース診療所のジョン・ヒギンズ医師などの報告書を提供した。

7月23日午前2時30分、葬儀屋の事務所で、配管作業員がビクター・シールズの鉛の棺を開けた。その後すぐに、その香りは別の種類の香りと混ざりました。フロスト領事はこの解剖手続きの間ずっと立ち会っていたが、ヒギンズ氏は「呼び出されたとき」途中で席を外したと述べた。

ヒギンズ氏は、シールズの体重はかつて14か15ストーン（約200ポンド）あったと推定した。ヒギンズは自分の体を「腐敗が進んだ状態」にあると表現したが、控えめな表現だった。ヒギンズは、「彼の顔と頭の柔らかい部分は事実上崩壊しており、これらには頭皮も含まれていた」と書いている。前歯を含め、ほとんどの歯が完全に欠けていました。両手は完全に失われており、右上腕の柔らかい部分と右脚のふくらはぎ後ろも一部が失われており、左脚の一部も失われていた。彼の性器は完全に崩壊していた。」

ヒギンズ博士は最初の検査について次のように書いている：「私は彼の頭蓋骨を外側から検査しました。外側からは後頭骨の下部に至るまで完全に裸でした。私の評価では何の異常もありませんでした。」
「後頭骨は頭蓋骨の後部下部です。」頭蓋骨のキャップを除去すると、私は脳の大部分が腐敗していることを発見しました。しかし、膜は損傷を受けていないままでした。私は頭蓋骨内部のさらなる調査に進む前に、この部分を取り外して検査しました。彼は、その基部や頸管に骨折の兆候はないと指摘し、落下した破片や頭部の鈍的外傷による死亡の可能性を否定した。さらに、脊椎に沿った骨折や損傷は見られませんでした。ヒギンズ博士はシールズの内臓を検査しましたが、彼の死の原因を突き止めることができませんでした。しかし、彼らはシールズのルシタニア号での最後の食事の残りについての洞察を彼に提供した。「彼の胃には、消化された食べ物のように見える緑色の半固体の塊が約1パイント含まれていましたが、液体は含まれていませんでした。」

ヒギンズは、明らかな死因がないことへの当惑を当惑として次のように書いている：「(私の) 意見では、彼の死の原因となるような怪我は存在しません。溺れた兆候もありません。ショックです」あるいは、おそらく最後の食事から2～3時間以内に死亡したのかもしれない。」

さらに調査を進めた結果、両医師は明らかな原因のない予期せぬ死があったという同じ結論に達した。

シールズ氏は最終的に出身地であるイングランドに戻され、船で帰国した。フロスト領事はシールズさんの遺体を発見した後、警察に賞賛の手紙を書き、「シールズさんの遺産が、スミス巡査部長とその同僚の職務遂行に対する多大な勤勉さに感謝するために2ポンドから5ポンドを送金してくれるなら、それは最も礼儀正しく、称賛に値するだろう」と述べた。そして名誉。

シールズさんを殺害した原因を正確に知る者は誰もおらず、家族はどれほどの恐怖に耐えてきたのか不安に駆られていた。同様の運命が、殺された人々の多くの親族にも降りかかった。多くの乗客にとって、死は予想外に迅速に訪れたことは間違いありません。衝突時に荷物入れにいた乗組員はその衝撃により即死した。乗客は下降中にボートの下敷きになり、泳いでいた人は椅子や鉢植えにぶつかりました...
植物や他の瓦礫が乗り物に引っかかり、瓦礫が上空の甲板から落ちた。一方、不運にも救命具を誤って着用してしまった人々は、あたかもブラックコメディのように足を上げたまま水中に沈んでいました。

ロンドンのあの恐怖の夜、クロンプトン家の親子が最期を迎えた瞬間については推測することしかできません。6人どころか1人の子供をどうやって守るでしょうか？クロンプトン家の誰も生き残らなかった。　　5人の子供が行方不明になった。マスター・ピーター・ロミリー・クロンプトンは生後約9か月で、遺体番号214と特定された。

キュナードのブース会長は家族をよく知っていた。キュナードのニューヨークマネージャー、チャールズ・サムナー氏に宛てた5月8日付の書簡の中で、同氏は「個人的な損失は非常に大きい」としながらも、この悲惨な災害に対する彼らの感情は全て「ルシタニア」が一つであることに起因すると述べた。サムナーは、彼らの損失は「言葉では言い表せない」と答えた。

キュナード当局は、クイーンズタウン郊外の丘にあるクイーンズタウンのオールド・チャーチ墓地の3つの遺体安置所に安置されている多数の身元不明の遺体が、春の暖かい気温のせいで腐敗し始めているという緊急のジレンマに直面していた。いくつかの選択肢を検討した結果、集団埋葬が選択されました。それぞれの遺体は独自の棺を受け取り、母親と赤ちゃんはスペースを共有します。その後、クイーンズタウンのすぐ外にある、A、B、C とラベル付けされた 3 つの別々の発掘現場にすべて一緒に埋葬されます。

5月10日月曜日、兵士たちは墓を掘り、葬儀屋は土壇場での身元確認ができるよう、できるだけ長い間隔をあけて遺体を安置した。月曜日の朝に輸送に利用できる車両が限られていたため、その日の午後に始まる実際の葬儀の際に使用するために3台の車両が予約されていました。

列車は弔問客や好奇心旺盛な人々を乗せて到着した。商店はブラインドを閉め、シャッターを閉めて一日を過ごし、夜になると再び閉店した。船も追悼者を乗せて出港し始めた。
ショパンの葬送行進曲を演奏する軍楽隊が先導してクイーンズタウンを通る行列に際し、大尉らは国旗を半旗掲揚するよう命じた。ロンドンのカウリー・クラーク神父（自身も災害の生存者である）を先頭に聖職者らが隊列を率い、兵士、弔問客、フロスト米国領事が敬意のしるしとして裸頭で旅の全ルートを歩いた。丘は鮮やかな緑の草で覆われ、野生の花が点在し、ところどころにハリエニシダが咲き、黄色いハリエニシダが咲いています。空は雲ひとつなく、遠くの港の船がそよ風に浸ってうなずいて進んでいた。「最近の悲劇をまったく感じさせない平和の絵」。

午後3時ごろ、3つのコンを乗せた行列が墓地に到着し、その端近くで立ち止まった。内部にはニレで作られたさらに多くのコンスがあり、キュナードが編集した写真やリストがその後の身元特定につながった場合に身元番号と身元確認のための位置をマークするために、それぞれ細長いダイヤモンドが2段に沿って整然と置かれていた。少なくともそうすれば、これが真実であると判明した場合、家族は愛する人がどこで見つかるかを正確に知ることができます。

3人の詐欺師が墓に降ろされると、群衆は「Abide　with　Me」を歌った。その後、儀式用の警備員とラッパ手部隊が英国軍のタップに相当する「ザ・ラスト・ポスト」を演奏した。兵士たちが墓を埋め始めた。発掘された丘の上に座って、兵士たちが下の集落の隙間を埋めていくのを興味深そうに眺めていた数人の小さな少年たちが目撃した。

美しく感動的なものではあったが、キュナードの集団埋葬は、後に愛する人たちが埋葬されたことを知った家族に精神的な負担を強いた。キュナードは、これら匿名の死者の約半数が後に個人的な情報や写真で特定されたことを発見した。一部の家族にとって、愛する人が一人で休んでいるという考えは耐えられないものでした。ニューハンプシャー州ピーターズボロ出身のエリザベス・A・セコムさんの家族は、フロスト領事に彼女の自宅への救出と帰還への援助を懇願した。彼女は、1944 年 2 月 24 日に最後の帰国途中に亡くなるまで、成功したわずか 17 人のうちの 1 人でした。
5月14日、彼女は墓番号164の6列上段B墓に埋葬された。

フロストさんは最善を尽くし、セコムさんの墓の中の位置が彼女の遺体の特定を特に容易にしたと主張した。彼は米国の資金を倹約していたが、彼女の墓探し中に発生した費用に対する保険としてPS100を販売する手配までした。

英国当局は許可を与えることに前向きだったが、地方議会は拒否を主張した。彼らの決定は迷信——フロスト氏の言葉を借りれば「宗教的偏見」——によってもたらされた可能性があるが、その主な目的は前例を作ることではなかった。少なくとも他の20家族が解体を求めたが拒否された。フロスト氏は、その孤立的な姿勢を嘆き、まったく理解できないと述べた。

遺体が発見されなかった乗客と乗組員の親族は、沈没中に信じられないほどの負担を負った。キュナードが行方不明者として指定した791人のうち、最終的に回収されたのはわずか173人（約22％）で、618人が未だに行方不明となっている。魚雷の爆発時に起きた死者数を考慮すると、乗組員の数字はさらに低かった。

アリスとエルバート・ハバードの居場所は決して分かりませんでした。カンザスシティの乗客セオドア・ナイシュも同様ではなかった。クイーンズタウンでは、妻のベルさんが祖父の引き取りを待つ間、はしかから回復した幼いロバート・ケイと短期間同室した。ジョゼフ・フランカムは生き残り、息子の一人も生き残った。しかし残念なことに、彼の妻と幼い娘、そして4歳の息子が亡くなりました。ネリー・ヒューストンは、自分の体の大きさと、それが寝台へのアクセスを制限していることを嘆いたあの魅力的な日記のような手紙を郵送することはできませんでした。代わりに、船上の誰かが所有していた財布の中で海で泳いでいるのが発見されました。シャーロット・ラックと二人の幼い息子も跡形もなく消えた。アルフレッド・ヴァンダービルトは、家族が提示した5,000ドルという破格の賞金にもかかわらず、決して発見されな

かった。また、チャールズ・ローリアの旅仲間であるロスロップ・ウィジントンも同様
に姿を消した。
クイーンズタウンにこれほど多くの遺体が埋葬されなかったことに家族は動揺し
た。クイーンズタウンに埋葬された匿名の遺体の中に彼らの愛する人もいたので
しょうか？彼らの愛する人たちは、事故の沈没につながった最後の瞬間に私物を
奪う不幸な事故に巻き込まれたのだろうか？それとも騎士道精神、卑怯さ、あるい
はまったくの愚かな運のせいだったのだろうか？身元不明の女性の遺体はゴー
ルウェイ近くのストロー島に漂着し、クイーンズタウンから36日間単独で漂流した
後、灯台守によって発見された。彼女のライフジャケットは漂流中に正しくフィット
していた。

母親は子供を亡くすことがよくあり、母親は死の直前の瞬間を想像したり、どういう
わけか奇跡的に自分の子供が生き残ってどこか別の場所に安全を見つけられた
のではないかと考えたりします。ロサンゼルスに住むノラ・ブレザートンさんは、ベ
ティを他の人に譲ったが、この種の幽霊に悩まされることはなかった。ベティはボ
ディ番号 422 になりました。

ブレザトンは156歳で亡くなり、母親によってコーク・アーサリン修道院の墓地に埋
葬された。しかし、ブレザトンの息子の一人は生き残り、彼女の遺産を引き継い
だ。

プレストン・プリチャードの消息を聞かず、故郷の家族は不安と取り乱し、希望と悲
しみの狭間に置かれたままとなった。ある母親は、プレストンの痕跡を探してクイー
ンズタウンの遺体安置所を訪れたモスティンの助けを借りて、行方不明の息子に
ついてできる限り多くの情報を集めようとした。モスティンさんはプレストンの痕跡を
発見できず、次にどのような行動をとるべきか分からず当惑していると日記に書い
た。

プリチャード夫人は、受け取った情報に定期的に返信するだけでなく、多くの生
存者に手紙を書きました。彼女はプレストンの写真と説明を添えた手紙を送った。
彼女が連絡を取った人々の中には、プリチャードの船上での食事仲間であるグ
レース・フレンチもいた。フレンチはプリチャード夫人に宛てた手紙の中で、船上
でプレストンと話をしたのは自分が最後だと信じていると述べた。彼女はプリ
チャード夫人に、よくプレストンのことを思い出し、中断された彼の替え玉探しの旅
行のことを思い出したと語った。フランス人は「日焼けした彼の顔が今でも目に浮
かぶが、生命力と野心に満ち溢れている！」と書いている。

回答者は、プリチャードの旅路とその最終日の試練と悲しみについて洞察力に富んだ視点を提供し、回答を重ねるたびにその魅力、特にカリスマ性と人気を思い出しました。作家たちはプリチャードの思い出、特に彼の社交的な性格について共有した。

プリチャードさんの生き残った友人たちは、プリチャードさんに慰めを与えるだけでなく、自分たちの話を提供した。彼の身体能力の高さを考えると、彼らは彼女の息子が最期の瞬間まで女性と子供たちを助けていたに違いないと彼女に保証した。

1916 年 2 月 4 日、セオデート ポープはプリチャード夫人にスピリチュアリストの信念を伝えました。「あなたが心から愛している息子がどうなったか、あまり考えないようにしてください」と彼女は尋ねた。「何が起こっても彼の精神は少しも変わっていないということを心に留めておいてください。彼はまだ生きていてあなたとの再会を待っていますか？」

英国ソールズベリーのルース・M・ワーズワースは、実際に船内で起こった出来事と近親者が思い描く恐ろしいイメージとの間の矛盾に対処しようと努めた。

「最悪の事態を想像したくなるかもしれないことはわかっています。それはとても恐ろしいことでしたが、あなたが想像しているほど恐ろしいものではなかったと保証させてください。神はすべての人に、彼らが危機を脱するために必要なあらゆる助けを与えてくださいます。」生き残るか滅ぶか。」彼女は乗客の間の平和な雰囲気を説明した。皆が賢明なことをするために働いており、穏やかでありながらも陽気だった。リストのせいでほとんどのボートが一度に進水できなかった間、男性たちは自分のことを脇に置いて女性や子供の世話をしていた。それでも全員が最善を尽くし、ルールに従ってプレーした。」

プレストン・プリチャードは第一次世界大戦中、彼らの船室D-90が火災に遭い、3人の仲間とともに死亡した。生き残ったのはアーサー・ガズデンだけだった。プリチャード自身は見つけられなかった。彼の遺体は発見されていないが、プリチャード夫人の手紙がアーカイブされたこの赤い本には、彼がまだ世界情勢の周辺視野のどこかに残っているという不気味な感覚が存在する。

パートⅤ - 秘密の海

ロンドン - 非難

次に起こったことは、ターナー船長にとってまったく予期せぬことであった。たとえ彼の行動がロンドン当局の間で何の疑いも引き起こさなかったとしても。ターナー大尉は、平和を達成するためのこれまでのあらゆる努力にもかかわらず、自分自身が真の社会の一員であると信じていました。

ターナーが戦争行為である惨事の責任者であることが明らかになるやいなや、海軍本部は即座にターナーに対して反対運動を行った。海軍本部高官間の内部コミュニケーションに詳しい人なら誰でも、彼らがターナーに対して主張するつもりであることが分かるだろう。チャーチル自身もある文書の中で、「われわれは遠慮なくターナー船長を追跡するつもりだ。

eホートが始まる前に、アイルランドのキンセールに住むジョン・J・ホーガンは、海軍本部の不興を買って、沈没事件について独自の審問を招集した。ホーガン氏は、ルシタニア号沈没後の5月8日土曜日に死者5人が自宅に持ち帰られたため、それは自分のせいだと主張し、その直後に独自の調査を開始した。ホーガンはターナー船長を証人として呼び、証言を聞いた後、最後の瞬間まで船に留まったことを称賛した。その時点でターナーは抑えきれずにすすり泣き始め、その後ホーガンはターナー大尉を「勇敢だが不運な男」と称賛した。ホーガンは後に回想録を書き、ターナーを「勇敢だが不運な男」と呼んだ。

5月10日月曜日、検死陪審は、士官や乗組員、ドイツ皇帝を含む潜水艦の乗員全員が「故意かつ大規模な殺人」を犯したとの評決を発表した。
30分後、ホーガンは海軍本部からターナーが彼らの前で証言するのを阻止するよう命令する連絡を受けた。ホーガンは、「しかし、その8月の機関は、今回と同様に攻撃からルシタニアを守るのが遅れた」と書いている。
海軍本部は、開発計画の輪郭をより早く詳細に説明しました。

災害後、海軍本部通商局長のリチャード・ウェッブ氏は2ページにわたる「秘密覚書」を発行し、ターナー氏が著名な岬の周りをジグザグに回り、幅を広くとることを求めた海軍本部の指示に従わなかったと主張した。ウェッブのメモによれば、代わりにターナーは「通常の交易路を最大速度の約4分の3で進み、最も攻撃を受けやすく災害を招きやすい地域に長時間さらされ続けた」という。

ウェッブ氏は、タイタニック号やエンプレス・オブ・アイルランド号を含む多くの難破船の調査を主導してきたマージー卿率いる英国の難破船委員会に調査を要請した。

5月12日水曜日、ウェッブはターナー大尉への攻撃を強化した。　5月12日付の覚書で同氏は、ターナー氏が「ほとんど理解できない過失を示していたようで、完全に無能か、あるいはドイツ工作員に騙されたかのどちらかだと結論付けるに至った」と書いている。第一海峡のフィッシャー卿は怒りの筆で欄外に「評決に関係なく、ターナー船長がこの捜査の直後に逮捕されることを望む」と書き、さらに「ファンディングに対する評決が下された場合には、ターナー船長が直ちに逮捕されることを望む」と付け加えた。

海軍本部は、計画されていた調査の一部、特にターナーの調査を秘密裏に実施することを主張するという前例のない措置を講じた。

フロスト米国領事は、海軍本部支持者たちがターナーに対して硬化していることをすぐに理解した。　5月9日の日曜日、彼はアメリカ人死者の本国送還を支援するためロンドンから到着したばかりの2人の米陸軍武官とともにクイーンズタウンの上級海軍将校コーク提督を訪問した。

コーク提督は金曜日にルシタニアがターナーの船に送った警告を読み上げ、岸に近づきすぎ、航行が遅すぎると公然とターナーを批判した。しかしフロスト領事はコーク提督のコメントに驚いた。
フロスト氏は、これらのメッセージがいかに短いかに注目した。海軍本部からターナーに対して何の指示も解釈も提供されていなかった。そのため、彼は国家公務員としての能力が低下している。

アメリカの武官の一人であるW.A.キャッスル大佐は、この会談について自身の報告書を書き、ある話題が明らかに欠落していたことを指摘した。それは、会話中に駆逐艦やその他の海軍艦船については双方が一度も言及しなかったことである。「この事実は特に私に衝撃を与えた」とキャッスルは書いている、「提督は私たちの会話中に政権の存在には言及しなかったものの、政権がとった措置を正当化したいと熱心に思っているようだった。

なぜ海軍本部がドイツのみに責任を負わせようとするのかは容易に理解できる。彼らを加害者として孤立させることで、イギリスに対する世界的な同情がさらに生まれる一方で、ドイツに対する敵意が指数関数的に増大する可能性がある。しかし、海軍本部は責任をターナーに転嫁することで、ルシタニア防衛における自らの過失から注意をそらそうとした（5月10日に議会でこの点について質問されたとき、チャーチルは商船は自らのことに気をつけなければならないとやや冷笑的に答えた）。しかし、国内の監視だけでなくドイツ監視員からも守らなければならない秘密は他にもあった。具体的には、海軍本部の40号室が攻撃に至るまでのU-20の移動について多くのことを知っていたという事実だ。これらの秘密を守る 1 つの方法は、注意を他のところにそらすことでした。

5月12日、英国の無線局はリスニングネットワークに参加し、北海に入った後にエムデンとの通信を再開し、再び本国の領土に入ったU-20からのメッセージを傍受した。海軍本部では、これらの迎撃は前例のない関心を集めました。Room 40は、すべての傍受局に対し、U-20メッセージの開示に関するすべての連邦要件への準拠を確認するために、その転写を正確に確認するとともに、署名と認証されたコピーを提供することを要求した。

シュヴィーガー氏はシリーズの最初のメッセージで「アイルランド南海岸沖でルシタニアを含む三隻の船舶が沈没した。帆船一隻、汽船二隻、ルシタニアが沈没した。エムズの口に向かっている」と報告した。

海軍本部はこのメッセージを午前 9 時 49 分に受信しました。その復号化されたコピーには「Most　Secret」とマークが付けられていました。これは、ルーム40が4月30日以来追跡していたU-20が実際に責任を負っていたことを裏付けるものである。

その日の午後、40号室はドイツ大洋艦隊司令官ペーター・シュヴィーガー提督から送られてきた電子メールを傍受し、これまでの成功に感謝し、安全な帰国を祈願した。この手紙には次のように書かれていた：「指揮官と乗組員の偉大な功績に最大限の感謝の意を表します。達成されたことを非常に誇りに思っており、二人が無事に帰国できることを祈っています。」

シュヴィーガーは3度目のメッセージを基地に送り返し、ルシタニア号への攻撃の緯度と経度の詳細を提供するとともに、「魚雷1発で」ルシタニア号を沈没させることに成功したと述べた。

最初はこれはまったく予想外でした。世界のほとんどのメディアは、乗客から報告された2回の大爆発の原因として、2本の魚雷がルシタニア号の沈没の原因であると信じるようになった。しかし、40号室の専門家は、シュヴィーガーが魚雷を1本しか発射していないことを何の疑いもなく知っていた。

もちろん、これは次のような疑問を引き起こしました。別の魚雷がいないのに、どうやって 1 本の魚雷でルシタニアのような大型船を沈めることができたのでしょうか。

そして、一度の爆発以外の何かによって二度目の爆発が引き起こされなかったと
したら？

彼らはまた、シュヴィーガーのメッセージは、この種の諜報活動がドイツにルーム
40 の存在を知らせる可能性があるため、何としても秘密にしておく必要があること
を認識していた。しかし、マージー調査が開始された 1915 年 6 月 15 日までに、こ
れらの努力は証明されていた。無駄です。

国内では、西部戦線での砲弾不足と人命と船舶に多大な犠牲を払ってダーダネ
ルス海峡を強行するチャーチルの失敗した計画を巡る論争のさなか、政府は周
期的な混乱の一つを経験していた。チャーチルが解任される間にフィッシャーは
辞任した。それにもかかわらず、これらの変更はターナー大尉の彼らに対する作
戦に何の変化ももたらさなかった。

マージー卿は最初の秘密会議を招集し、ターナーを証人席に呼び戻し、災害時
の体験を語った。海軍本部の主任弁護士エドワード・カーソン卿は、あたかもこれ
が殺人裁判であるかのようにターナーを積極的に尋問し、ターナーは海軍本部の
指令、特に中海航路に留まるようにという指示に違反した疑いで告発された。カー
ソンは、ターナーに対する証拠が海軍本部の指令を無視したというカーソンの主
張を弱体化させる可能性があるため、この点を証明したかったようであり、カーソン
は明らかに、マージー卿を含む他の証人の公開証言について尋問することで、尋
問中にこのことを示すつもりであったが、招集の際に再びターナーを召喚した。秘
密セッションが行われ、証言のためにマージー卿によって再びターナーが証人席
に連れ出された。

ターナーは、自身の基準によれば、自分は海峡の真ん中にいて、時々キンセー
ルヘッドの近くを通過していたと証言した。通常の状況では、平均してわずか1マ
イルの距離で通過していると彼は述べた。実際、ある写真には、このランドマーク
をわずか 1 海里強で全速力で通過していく様子が写っています。攻撃されたと
き、彼女は最大 15 海里離れていた可能性があります (数年後、ダイバーはキンセ
イル ヘッドから 11 3/4 マイルの地点に難破船を置きました)。ターナーは個人的
な基準から計算して、この特定の攻撃中の彼女の位置を推定しました　(数年後、
ダイバーがその場所を特定するでしょう)

カーソンはまた、魚雷攻撃時にルシタニア号を18ノットに減速するというターナー
の計画に異議を唱え、燃料や食料のために立ち寄らずにリヴァプールのマー
ジー・バーに時間通りに到着するために意図的に減速することに疑問を呈した。
カーソンは、代わりにターナーがトップスピードでジグザグに走っていれば、水没

を避けながらも止まらずにリヴァプールに到達できたかもしれないと示唆した。たとえターナーが意図的にジグザグに走ったわけではなく、むしろその日の朝、4点ベアリングをセットアップする際に何度もコースを変更したことが、そのような効果を生み出したのだ。カーソンは、ターナーが意図的にコースを変更していなかったとしても、彼の 4 点ベアリング調整により、ジグザグのように見えることはなかった、と見逃した。カーソンは、ターナーが意図的にこれを行ったわけではないが、その日の朝に4点ベアリングを設定するためのいくつかの変更がその効果を生み出したことを見逃した。ターナーも意図的にそうしたわけではなかったにもかかわらず、カーソンはそれを見逃したのです！
彼が最後に右旋回をしたとき、U-20　の進路は彼の進路に直接差し込まれ、彼を自分の進路に直接導きました。

ターナー氏の代理人は英国の海事法の第一人者であるバトラー・アスピナル氏だった。アスピナルは、ターナーの記述を、マージー卿の同情を得るようなルシタニア号最後の朝の記述に仕立て上げるために最善を尽くした。私たちは議論を進め、情報に基づいた判断を下す際に参考としてチャートを見ましたが、ターナーがマージー卿に直接発表したときには存在しませんでした。

マージー卿は乗客、乗務員、外部専門家を含む36人の証人から証言を聞いた。調査の終わりに、マージー卿はルシタニアの喪失に関するターナーの責任を免除した。マージー氏は報告書の中で、ターナー氏は「最善の結果を求めて判断を行った。経験を念頭に置いて判断したものであり、たとえ他の人が違うやり方で、あるいはより効果的に物事を行ったとしても、ターナー氏は責任を問われるべきではない」と述べた。マージー氏は、第4ボイラー室を閉鎖するというキュナードの決定は意味がないと考えた。この速度の低下にもかかわらず、マージーは依然としてルシタニア号が大西洋を横断する他の蒸気船よりもかなり速いと感じていました。その代わり、マージーはすべての責任をUボートの司令官だけに負わせた。

マージー卿が難破船長官を辞任したことを聞いて、ターナーは安堵したに違いない。しかし、息子のノーマンによれば、調査と、沈没の責任を真っ向から自分に押しつけ、自分が選んだ道を歩み続けたことを非難しようとする調査で、自分が不当な扱いを受けたとも信じていたという。マージー卿もこの感情を共有し、すぐにこの調査を「クソ汚い仕事」と呼ぶのをやめた。キュナードはターナーをキャプテン名簿に加えた。

この手続きの秘密部分の間、海軍本部はU-20の渡航やHMSオリオンや他の軍艦の安全を確保するために取られた措置について知っていることを決して明らかにしなかった。さらに、この問題に関して合意に達する試みは彼らによって行われなかった。
マージー卿は、ルシタニア号に魚雷2本が命中したという推定の修正を主張したが、実際にはシュヴィーガーがルシタニア号に魚雷を1本しか発射していないことを40号室はよく知っていた。

国立公文書館とケンブリッジのチャーチル大学が保管している40号室に関する記録は、この問題に関して驚くほど沈黙を保っており、その知性の成果を無数の命を救うために活用する明白な機会を逃したことを後悔している様子は見られない。

少なくとも一人の著名な海軍史家パトリック・ビーズリー氏（故人）は、第二次世界大戦中に英国海軍情報部に勤務していた際、この疑問を不可解だと感じた。英国の秘密保護法は、第二次世界大戦後、準公式アカウントと言われている40号室に関する本を含む数冊の本が出版されるまで、彼がこのテーマについて執筆することを禁じていたが、意図せずに次のように示唆することで、より遠回しにこの論争に取り組んだ。ルシタニアを危険にさらす計画を立てているが、「説明としては許しがたい間違いだけが残る」。

ビーズリー氏は、ロンドンの帝国戦争博物館で行われたインタビューで、それほど慎重ではなかった。「イギリス人であり、イギリス海軍を崇拝している者として、私は責任者がもっと厳しく処罰されることを望む」と主張した。
彼はこの失敗を、ルシタニアに対する意図的な陰謀ではなく、過失、さらには重過失のせいにしようとした。しかし、現在入手可能なすべての情報を考慮すると、彼はしぶしぶ「総合的に判断すると、たとえ不完全であっても、アメリカを第一次世界大戦に引き込むためにルシタニアを危険にさらす何らかの試みが確かにあった」と結論付けた。オリオンなどの他の軍艦に対しては多くのことが行われましたが、ルシタニアに対しては何も行われませんでした。彼がどのように証拠を整理したとしても、彼はいつも陰謀に立ち戻り、誰かに「この説明が受け入れられない、または受け入れられないのであれば、これらの非常に奇妙な状況についての別の説明を教えてください。」と尋ねました。

キュナードの弁護士も護衛がいなかったことに驚いたが、この事実はマージー号の調査に乗船した多数のアメリカ人乗客からの賠償請求に対するニューヨーク州弁護士の弁護を支援するために書かれた内部メモでは明らかにされなかった。
キュナードのロンドン海軍は、アルフレッド・ブース卿は海軍本部の駆逐艦が到着して彼らの船を迎え護送することを期待していたと書いている。クイーンズタウンには駆逐艦がいたが、なぜこれが起こらなかったのかについては、ウィンストン・チャーチルが海軍本部が商船を護送することは不可能だったと述べたこと以外には何も説明されていない。」 このメモは、実際には以前にすでに準備が整っていたという未公開の事実を残した。その年の初めにまさにこの仕事をさせられました！

不安を抱えた乗客と乗組員、そしてクイーンズタウンの住民は同様に、ニューヨークにおけるドイツ軍の警告とクイーンズタウンでの新たな潜水艦活動に関する海軍本部の通知に応じて誰を派遣するかというこの問題に懸念を抱いていた。三代目O2サーのアルバート・ベスティックは後にこのエピソードの説明の中で、防護措置が明らかになったらすぐに何らかの防護部隊を配備すべきだったと書いている。駆逐艦１隻が、危険地帯に入ったルシタニアを包囲し、さらなる攻撃が地表に到達するのを阻止していれば、これ以上の人命損失は防げたであろう。キュナードの高名な船長の一人であるジェームズ・ビセットは、ターナーの下で勤務し、HMSカロニアが出港直後にルシタニアと合流したときの船長だったが、回想録の中で、目的地に近づく狭海域での海軍の防御が失敗したと書いている。キュナードの少なくとも20隻の船が以前にそのような報道を提供していたことを考えると、特に衝撃的でした。」
ドイツのUボートは7日間以内に英国とアイルランド付近で英国商船3隻を魚雷で攻撃し、3隻とも沈没させた。

ターナー自身も、護衛があれば災害を防げたかどうかについて不確実性を表明し、キンセール検死官の検視での証言で「かもしれない」と述べた。「しかし、それは誰にもわかりません。おそらく潜水艦は私たち二人を襲ったでしょう。」

ルシタニア内で別の爆発が発生したとき、別の謎が明らかになりました。その後数十年にわたり、その原因は物議を醸し続け、船内に隠された武器や爆発物が予期せず爆発したのではないかという憶測が飛び交った。船内には未公開の爆発物が保管されていた可能性があるが、もしそうであれば、これによって二度目の爆発が起きたり、沈下速度が加速したりすることはなかった。さらに、生存者が残した証言のどれも、そのような爆発が生々しい大惨事をもたらすという点について十分な詳細を提供していない。Ri e 弾薬も爆発を引き起こした可能性は低いです。数年前に実施された試験では、このような弾薬は紫外線にさらされても自然爆発しないことが実証されており、米国商務労働省はこれらの貨物を旅客船で輸送することを承認した。

別の理論では、魚雷が爆発したとき、その脳震盪が船を激しく揺さぶったため、ほぼ空だった石炭貯蔵庫が爆発を引き起こす石炭粉塵の雲で覆われ、その後、船上で行われた多数の目撃証言や実験で証明されているように、石炭粉塵が自ら発火したという説もある。　。そのような効果があるという証拠があります。ある残留隊員は、ストークホールドの中央に立っていて、魚雷の衝撃を聞いた後、すぐに粉塵に包まれていることに気づいたと報告した。しかし、幸いにもこの雲は発火しませんでした。彼は無傷で生き残った。生き残った記録には、そのような発火が引き起こしたであろう種類の激しいけいれんは描かれていませんが、法医学エンジニアによるその後の調査では、船体の結露のせいで、爆発を起こすには船内の状況が湿りすぎていたことが明らかになりました。
ターナーは、2番目の事象を引き起こした可能性が最も高いのは、極度の圧力下で蒸気を運ぶ主蒸気管の破裂であると理論づけた　-　彼の理論は最初からあった。これは、初期爆発の直接的な力、または冷たい海水が第　1　ボイラー室に入り、過熱したパイプやその周囲と接触して熱衝撃を引き起こしたために起こった可能性があります。いずれにせよ、魚雷が爆発した後、船内の蒸気圧はすぐに低下しました。右舷高圧タービン室の技術者は、圧力が「秒で50ポンド」まで低下したと報告しており、これは予想されるべき値のおよそ4分の1であった。

シュヴィーガーのルシタニア号への攻撃は、異常な戦力の集結によってのみ成功した。ほんのわずかな変更でさえ、彼女の進む道を変え、災害を防ぐことができたかもしれません。

もしターナー船長がカメロニアからの乗客をさらに2時間待つ必要がなかったら、U-20が水没して故郷に向かっている間に、霧の中でシュヴィーガーを追い越せたかもしれない。ターナーの姪が遅れて下船したことによるわずかな遅延でも、船を危険にさらす可能性がありました。さらに、ターナーが経費を節約するために 4 番目のボイラー室を閉鎖する必要がなければ、シュヴィーガーがケルト海に入る前に彼の船はリヴァプールに到着していたかもしれません。

霧も影響力のある要因でした。霧があと　30　分長く続いていたら、どちらの船も互いに会うことはなく、シュヴィーガーは単独で航海を続けていたでしょう。

シュヴィーガーの攻撃は、彼自身の基準から見てもほとんど奇跡的に成功した。ターナー船長が最後に右舷に旋回していなければ、シュヴィーガーは決して追いつくことはなかったでしょう。さらに、彼の魚雷は実際に機能し、自身の経験やドイツ海軍関係者が計算した推定　60%　の失敗率の両方を無視して、まさに意図したとおりに動作しました。
ルシタニアは、海水が右舷の縦掩蔽壕に侵入して致命的な傾斜を引き起こし、さらなる惨事を確実にする可能性のある場所を正確に攻撃しました。船舶の構造と魚雷の力学の知識を持っている人なら、魚雷　1　本でルシタニア号ほどの大型船がわずか　18　分で沈没する可能性があるとは誰も予想できなかったでしょう。シュヴィーガーの候補者への攻撃には、魚雷 1 本と甲板砲からの砲弾数発が必要でした。同日後半のセンチュリオンに対する攻撃には、さらに 2 本の魚雷が必要でした。1916 年 5 月 8 日（ほぼちょうど 1 年後）、ホワイト・スター定期船キムリックを沈めるにはさらに 3 隻が必要でしたが、沈没後さらに 28 時間漂流しました。3 隻ともルシタニアの数分の一の大きさでした。

シュヴィーガーは船の速度を過大評価していた。実際には 18 ノットでしか動いていなかったにもかかわらず、彼は 22 ノットと見積もっていました。もし彼がこれを正しく判断し、それに応じて射撃のタイミングを計っていれば、魚雷はさらに後方の船の中央に命中し、おそらく悲惨な影響は少なく、荷物室で即死した人々の多くは救命ボートの進水に協力して生き残っていたであろう。さらに、蒸気ラインが故障していない可能性もあります。もしターナーが権力を維持できていたら、クイーンズタウンに進出するか、船を着岸させることに成功するか、あるいはU-20相手にその俊敏性を活かすことさえできたかもしれない。

しかし、もしルシタニアがそれほど目に見えてダメージを受けていなかったら、シュヴィーガーはもう一度トライするために戻ってきた可能性があるようだ。

その運命の金曜日、天気が本当に唯一の救いでした。水はほとんど不自然に穏やかでした。晴れて暖かい日。穏やかな海でさえ過積載の救命ボートを圧倒し、生存者をオールや箱、あるいは木の板から引きずり落とし、75人が乗ったオグデン・ハモンドのボートを圧倒した可能性が高く、砲塔は水面からわずか6インチしか上にありませんでした。その金曜日のこうした好条件のおかげで、数百人ではないにしても、数十人の命が救われました。

ワシントン;ベルリンとロンドンが最後のボリンジャラー

沈没後、ウィルソンは公の場で数日間沈黙を保った。

ルシタニア攻撃後、ウィルソンはすぐに日常生活に戻った。事件が起こった後の土曜日の朝、彼はゴルフをし、その日の午後には車でドライブし、日曜日の朝には教会に出席しました。その日遅くに書斎でジョー・タマルティと話したウィルソンは、彼の比較的無関心な反応に不快感を抱く人もいるかもしれないと懸念を表明した。ルシタニアに関する新聞に定期的に掲載されるこれらの悲劇的な事柄についてくよくよ考えていると、私は動揺し、自分の行動が誰にとっても公平ではないと気づくかもしれません。私は不当な行動をしたり、自分の強い感情を許すつもりはありません。」

ウィルソンはタマルティが納得していないのがわかった。タマルティの反対を察知したウィルソンはこう答えた、「あなたは私が冷淡で無関心で人間以下だと思っているかもしれませんが、親愛なる皆さん、私はこの悲劇について考えて眠れない時間を何時間も費やしてきましたから、誤解されるでしょう。それはまるで夢のように私の夢に悩まされてきました。」邪悪な悪夢であり、文明を主張する国家がどのようにしてそのような邪悪な行為を引き起こすことができるのか理解できません。」

ウィルソン氏は、今議会に宣戦布告を打診すれば、可決される可能性が高いと信じていた。しかし、彼は国がそのような取り組みをする準備ができているとは感じておらず、「私が今過激な行動を主張したとしても、我々は後悔と悲痛な思いに直面するだけだろう」とタマルティに語った。

ウィルソンはほとんどのアメリカ人から多くの支持を受けていました。テディ・ルーズベルト元大統領率いる率直な戦争推進派だけが、ためらうどころか戦争を主張している。ルイビル・クーリエ・ジャーナルのような歴史的に率直な新聞からも怒りはあったが、明確な武器の呼びかけはなかった。
インディアナ州の対応に関するある歴史家の研究によると、クーリエ・ジャーナルとシカゴ・トリビューンはインディアナ州の対応について報じたが、小規模コミュニティ向けの新聞は自制を奨励し、クリントン大統領への支持を示した。州の6ページと8ページの日刊紙や週刊誌も平和を求める同様の感情を共有しており、ホワイトハウスには警戒を勧告する嘆願書が届いた。テネシー州議会議員らはウィルソン氏への信頼を表明する決議案に賛成票を投じ、同時にすべての住民に対し「いかなる不謹慎な行為や発言も避けるよう」呼び掛けた。ルイジアナ州の議員らもエドワーズ知事の支持に投票し、この危機には「行政権限を委ねられた人々の冷静さ、思慮深さ、安定性、正確さが求められる」と警告した。シカゴのラッシュ医科大学の学生らも参加し、オバマ大統領の知恵と忍耐に信頼を表明し、中立政策を維持するよう激励する請願書に署名した。イリノイ大学の歯学部の学生も同様の行動をとるために時間を割いた。

ルシタニア号沈没に対するドイツ国民の反応は熱狂的でした。ベルリンの新聞は5月7日を「英国の海洋覇権の終焉を告げる日」と発表し、「彼ら（英国人）はもはや沿岸水域の貿易と輸送を守ることができない。その最大で最も美しく最速の定期船が、沈んでしまった！」ワシントン駐在のドイツ武官は、米国は最終的に状況がどうなるかを見ることになるだろうと述べた。何千人もの（ロシア人やドイツ人が）実際の深刻さを知らずに殺されたという話を読んだことがある。乗船中のアメリカ人の死亡は、彼ら全員にそれを思い出させるだろう。

ウィルソンは、5月10日月曜日の夜、新たに4,000人の国民を前に予定されていた演説のためにフィラデルフィアに向かうまで、口を閉ざすことになるだろう。その日の午後、彼はイーディスに会ったが、フィラデルフィアに到着したとき、彼はまだその感情的な余波と向き合っていた。演説の中で彼は世界平和の手段としてのアメリカを強調した。
ルシタニアの悲劇に対する怒りが彼女の国を活気づけた。聴衆に語りかけ、それに応じて国家の誇りを維持するために、彼は事前に作成されたテキストの代わりに概要を使用し、進行中に即興で演奏しましたが、彼女の精神状態を考慮すると最善のアプローチではありませんでした。「誇りを持って声を上げられないということもあり得る。国家が非常に正義なので、そのメッセージを力ずくで説得する必要がないということさえあり得る。」

これらは崇高な感情だったが、ウィルソンの「戦うには誇りが高すぎる」というフレーズはアメリカ世論に奇妙な印象を与えた。誰も戦争を望んでいませんでしたが、誇り高すぎることは戦争とは何の関係もありませんでした。フロリダ州のヘンリー・カボット・ロッジ上院議員（戦争推進派の共和党員）は、これをウィルソンのより不幸な発明の一つ、「おそらく彼の最悪の言葉の一つ」だと指摘した。

ウィルソンさんは火曜日の朝に書いた手紙の中で、イーディスさんへの愛ゆえに感極まって話したことをイーディスさんに伝えた。その中で彼は次のように書いている。「フィラデルフィアで何が言われたのか、もはや正確に思い出せない（暗くなってから車で道を走っていると、それが正確にどこで行われていたのか、やや混乱してしまった）、私の心は昨日の素晴らしいインタビューとインタビューのことで気を紛らわせていた。それ以来、あなたの小さなメモの心に訴える訴えと優しさ、さらに他の多くの側面が私の心の中で明らかになりました。」

火曜日と水曜日の午後、ウィルソンはドイツに送るつもりだったルシタニアの抗議文を書き始めた。ハモンドポータブルを入力しながら、彼は適切な音色、つまり、厳しくも直接的でありながら、好戦性のない音色を探しました。ようやく水曜の夕方までに彼は手紙を書き上げ、イーディスに「ドイツへの手紙を書き上げたばかりで大変うれしく思います。今では沈没に関する私たちの気持ちを自由に話すことができます。私は一晩中愛の存在を感じました。」と書きました。「私が働いていたとき、あなたは間違いなくそこにいました。ありがとう。」「今夜、携帯電話でタイプしている私の周りには、平和と愛のようなものがありました。水曜日の夕方までには完了し、ハモンド携帯電話から送信されたメモについてイーディスと自由に話すことができるようになりました。」

ウィルソンはブライアン国務長官の反対を押し切ってこのメモを送った。ブライアンは、真の公平性と中立性を保つためには、米国も貿易干渉に対して英国に正式に抗議すべきだと考えた。ウィルソンはこれをやらないことに決めた。その代わりに、ルシタニアだけでなく、ファラバとレオン・スラッシャーの死、クッシング爆撃、ガルサイト攻撃、そして商船に対する潜水艦攻撃が「神聖な自由」を侵害した「海の神聖な自由」にも言及している。同氏は、商船に対する潜水艦攻撃が定義上、いかに「神聖な自由」の侵害であるかを説明した。ウィルソン氏はこれらすべての事件を「神聖な自由」と呼んだものに関して言及し、商船に対する潜水艦攻撃がいかに彼の「神聖な自由」と呼ばれるものに侵害されたかを説明した。
彼の主な要求は、ドイツがこれらの攻撃を否認し、必要な賠償金を支払い、将来同様の出来事を防ぐための措置を講じることでした。彼らの特別な友情にも注目しながら。

ウィルソンの抗議——いわゆる第一次ルシタニア・ノート——は、後にアメリカとドイツの間の2年に及ぶ紙戦争の先駆けとなり、抗議と返答、中立艦船に対する新たな攻撃、そしてドイツ工作員による暴露が特徴となった。アメリカ国内で活動していた。ウィルソンはアメリカを物理的にも精神的にも中立に保とうと全力を尽くしたが、ブライアン長官は自分の努力が十分に功を奏したとは信じず、1915年6月8日に辞任を決意し、編集者からは普遍的な非難とイスカリオテのユダやベネディクト・アーノルドとの比較を招いた。 。インディアナ州ゴシェンのニューズ・タイムズ紙は、「皇帝は、より少ない功績でブライアン氏に鉄十字勲章を授与した」とウィルソン自身がエディス・ゴールトに宛てた書簡の中で、ウィルソンはブライアンを工作員の挑発者だと述べ、ウィルソンはブライアンをロバート・ランシング次官に置き換えた。、この時点で、戦争をもっと望んでいた。

1915年6月29日にイーディスがついに手紙で結婚に同意したとき、ウィルソンは祝うべき理由があり、2か月後の1915年12月18日にホワイトハウスでの簡素な式典で結婚した。その夜遅く、彼らは一晩中走る専用鉄道で新婚旅行に出発した。ワシントンD.C.からバージニア州ホットスプリングスまで、後でチキンサラダを食べながらチキンサラダを楽しみました。ウィルソンのシークレットサービスのエドモンド・スターリングは、翌朝、彼らの列車が早朝にバージニア州ホット・スプリングス駅に到着した際に、彼らが楽しそうに踊っているのを目撃しており、そこでウィルソンは「シルクハット、燕尾服、灰色のモーニングパンツを着た人物が立っているのを見た」私に背を向けて、ポケットに手を入れて楽しそうにジグを踊っていました。」スターリングは後にこの出会いについて次のように書いている。「シルクハット、燕尾服、灰色のモーニングパンツを着て私に背を向けた人が、鉄道車両の座席を後ろ向きに見ながら楽しそうに踊っているのを見た」。

スターリングは、ウィルソンがスターリングの存在に気付かずに歌いながら興奮してかかとを鳴らしているのを見ながら、「ああ！美しいお人形さん！大きくて美しいお人形さん！」と歌いました。
ドイツのU-BOAT運動は、政治的知名度の高まりと政治的な風向きの変化に応じて、栄枯盛衰を迎えた。

彼の政府内の影響力は、商船に対する潜水艦戦争を支持する派閥と反対する派閥の間で変動した。カイザー・ヴィルヘルム自身も旅客船に対する攻撃に不支持を表明した。1916年2月、アルフレッド・フォン・ティルピッツは艦隊司令官シェーア提督に「もし私が U ボートの船長だったら、女性や子供が乗っている船には決して魚雷を撃たないだろう」と語った。アルフレッド・フォン・ティルピッツ長官は失意のあまり辞任し、英国の元第一海卿ジャッキー・フィッシャーは友人としてティルピッツに手紙を書き、「親愛なるティルプス爺さん」と元気づけるように言い、「君を殺せ」と激励した。自分自身を殺さずに敵を攻撃する。私はあなたが潜水艦ビジネスに参入したことを責めません。もしそれが私次第だったら、私も同じことをしただろう。残念なことにイギリスの愚か者たちは私がそのことを話しても信じないだろう。良い！さよなら！"

彼は「地獄が凍るまではあなたのものだ、フィッシャー」と書いて署名した。

1916年6月、皇帝ヴィルヘルムは、すべての大型客船（明らかに英国船であっても）に対する攻撃を禁止する命令を出し、Uボートの司令官でさえも攻撃を制限された。このような制限に対する抗議措置として、また英国海域の商船をドイツのUボート司令官からの攻撃の可能性から守るためである。

しかし、ルシタニア号は依然として論争の的となっていた。ウィルソン大統領の抗議は適切な反応をもたらさなかったが、運命解決の遅れは連合国の目的を前進させるのに役立つだけだったので、ブリンカー・ホールは大いに喜んだ。

シュヴィーガー大尉はアメリカとドイツの関係を悪化させる役割を果たした。　1915年9月4日、哨戒中に蒸気船11隻と4本マストのバーク1隻を雷撃中、客船ヘスペリアンを魚雷攻撃し、乗客乗員32名を殺害した。
ヘスペリアンは西、ニューヨークに向かっていたため、武器やその他の密輸品を運んでいる可能性は低かった。そのような積荷の一つにフランシス・スティーブンスというエリートカナダ人がいた。彼女はルシタニア号で死亡し、最終的に英国の埋葬地からモントリオールへの輸送を受けた。

ウィルソンは1916年に再選を果たし、シークレットサービスのスターリングが視認性を高めるためにゴルフボールを赤く塗った雪の降る中でも、新しいウィルソン夫人としてイーディスと毎日のゴルフを続けた。結婚の誓いの一環として、ウィルソンが大好きだった田舎をドライブすることさえあった。イーディスは彼の信頼できる顧問となり、スピーチの草稿を聞いたり、ドイツへのメモを書くのを聞いたりしました。彼女は時々アドバイスをくれた。

ドイツからのウィルソンの手紙とその返答はホワイトハウスの外で嘲笑の対象となり、ある編集者は次のように書いた:「親愛なるカイザー:この問題について以前のやり取りにも関わらず、アメリカ国民を乗せた別の船が沈没した。したがって我々は知らせる義務を感じている」陛下の最も尊敬に値する、平和を愛する政府に対し、事件が繰り返されると、これに応じて別の書簡を送る必要があるだろう。

少なくとも1916年12月までは、ウィルソンはまだアメリカを中立に保ち、イギリスとドイツの間の和平協定を仲介する仲介役を務めることができると信じていた。その冬、ドイツが一定の条件の下で和平を模索することを検討するかもしれないと申し出たとき、ウィルソンは希望を見出した。イギリスはこの申し入れを完全に却下した。ウィルソンにとって、それは少なくとも将来の交渉が行われるかもしれないという希望を与えた。駐米ドイツ大使のヨハン＝ハインリヒ・フォン・ベルンスター伯爵はこの楽観的な見方を強め、ドイツが和平交渉に応じる用意があると保証した。

しかし、バーンスター氏は自らの楽観主義を過大評価することが多く、ドイツ国内の指導者が政策転換が進行中であることを示す公式声明を出していたにもかかわらず、ドイツ国内の重大な変化についての洞察力は限られていた。指導者たちが以前にも増して反抗的に経済の安定を推進しようとしたため、ドイツ自体が異常かつ逆説的な変革を経験していました。

ドイツが和平に向かうかに見えたとき、全面的な潜水艦戦争を主張する政府内の反対派が政府内で影響力を増した。軍人たちは今や中立かそれ以外の戦争地帯に進入する商船を、たとえアメリカの船であっても撃沈する権限を求め、これにより全面潜水艦戦への移行を推進した。この変化の一部は、塹壕戦による大虐殺に失望し、Uボートを英国をすぐに崩壊させる魔法の兵器とみなしたドイツ国民の感情によってもたらされた。これと同時にドイツ海軍の考え方に根本的な変化が起こり、シュヴィーガーとU-20が重要な役割を果たした。戦争がドイツの指導部によって積極的に推進されたため、両艦は海軍戦略に関するドイツの考え方の中で重要な役割を果たした。

シュヴィーガーは 1916 年の秋を通じて、数多くの潜水艦を沈没させることに成功し、その並外れた潜水艦指揮官のスキルを実証しました。しかし、11月の初め頃、彼は問題に遭遇しました。ボートは3週間にわたるウェスタン・アプローチの哨戒から戻る途中、霧の中、デンマークの海岸から約20フィートの地点で座礁した。彼は無線で助けを求めた。反応は抜群でした。シェア提督はU-20を解放するために駆逐艦を派遣し、さらに巡洋艦と戦艦からなる戦闘戦隊全体（巡洋艦と戦艦）を保護するために派遣した。まだ泥沼にはまっていたシュヴィーガーは、敵の占有を防ぐためにそれを破壊するよう指示された。彼が艦首に発射した魚雷2本は失敗した。その代わり、船首を折っただけで、海岸近くの砂の中に埋もれた地下15フィートで無傷のままで、海岸から見ることができた。

ロンドンに本拠を置くルーム 40 は、何か異常なことが起こっていることを示唆する無線傍受を受信し、ログに「大きな興奮と活動」を記録するよう促しました。海軍本部は潜水艦を派遣し、その艦長は戦艦 4 隻を発見し、一隻も沈めずに 2 回魚雷を発射することに成功した。

このエピソードはドイツの海軍戦略に大きな影響を与えました。当初、皇帝ヴィルヘルムは、一隻の潜水艦を支援するために非常に多くの艦船を危険にさらしているとしてシェーア提督を批判した。それでもシェアーは毅然とした態度をとり、それでも危険な任務を遂行し続けた。
シェアーは、Uボート部隊がドイツ海軍の主な攻撃兵器となり、大洋艦隊に代わって主な攻撃兵器となったと反論した。一方、彼らのイートは重要な戦いが起こるまで基地で待つこと以外何もせず、何の成果も得られなかった。シェーアはウィルヘルムに、今後の任務はU-20を安全に海に送り出し、その後安全に帰国させることだけでなければならないと伝えた。シェーア氏は、U-20の破壊や拿捕はイギリス当局にとって歓迎すべきニュースだったはずで、イギリス海軍による破壊や拿捕も許可されていたであろうし、イギリス海軍が拿捕したのであれば、安堵を与える朗報をもたらしただろう、と主張した。英国政府関係者にとって、彼らが持つかもしれないあらゆる希望を打ち砕くのです。

彼はウィルヘルムに対し、潜水艦乗組員がその大胆さ、つまり「熱意」を維持するには、いかなる困難が生じても見捨てられないという完全な保証が必要だと語った。私たちにとって」とシェーア氏は述べ、「各Uボートは非常に重要であるため、艦隊全体を危険にさらして支援と支援を保証する価値がある。」

この時点で、ドイツの　U　ボートは真に恐るべきレベルの強さに達していました。1915 年 5 月には海軍の U ボートは 30 隻しかありませんでしたが、1917 年には 100　隻以上になり、その多くはシュヴィーガーの　U-20　よりも大型で強力で、シュヴィーガー自身が搭載した魚雷よりも多くの魚雷を搭載していました。このような効果的な兵器が彼らに利用可能となった今、その可能性を最大限に活用するというプレッシャーは着実に高まっていました。

ドイツのヘニング・フォン・ホルツェンドールは、超限戦の支持者と反対者を一つの一貫した陣営に団結させることに成功した魅力的な計画を考案した。ホルツェンドールの計画には、ドイツのUボートを解き放ち、「交戦地帯」に入ったすべての船舶を艦長に沈没させることが含まれており、最終的には5か月や7か月ではなく、6か月で戦争を終わらせることを提案していた。ちょうど6つ！彼の計画がうまく機能するには、それは 1917 年 2 月 1 日に開始される必要があると彼は見積もっていました。同氏は、この作戦がアメリカを戦争に引き込んだか否かに関わらず、アメリカ軍が動員され貢献する前にその結末は終わる可能性が高いと主張した。この計画は、領土に相当するシュリー・アン・プランと同様に、ドイツの体系的な思考の一例であった。しかし、その中に大きな自己欺瞞の要素が含まれていることには誰も気づいていないようでした。ホルツェンドールは「海軍士官としての言葉で、アメリカ人は誰もこの大陸に足を踏み入れないことを保証します！」と豪語した。
1917 年 1 月 8 日、ドイツの文民および軍のトップ指導者がプレスにある皇帝ヴィルヘルムの城に集まり、計画を検討しました。翌日の夕方、ヴィルヘルムは最高軍司令官として、この戦争の極めて重要な決定の一つを証明する命令を発効させた。　1月16日、ドイツ外務省はワシントンのバーンスター大使にこの新たなキャンペーンに関する発表を送り、1月31日にランシング長官に連絡するよう指示した。ちょうどバーンスターがドイツを推進する和平構想を提唱していた時期に来日したため、抗議や交渉の機会は与えられなかった。平和を望んでいます！

ウィルソンはドイツの宣戦布告に衝撃を受けたが、それを戦争の正当化として利用しないことを決意した。その時点でウィルソンが知らなかったのは、バーンスターの電報に付加された第二の極秘メッセージであり、このメッセージは傍受され、ロンドンの旧海軍本部ビルにあるブリンカー・ホールの諜報部門に渡され、ブリンカーはルーム40の作戦のますます重要な要素である外交傍受を監督していた。ドイツ人とアメリカ人両方のコミュニケーション。

ナイジェル・デ・グレイは、ホールのオフィスで他の同僚とともに日常業務に取り組んでいたとき、1917年1月17日にホールが打った2回目の電報の重要性を認識した最初のホール職員の1人であった。デ・グレイが予期せず入ってきて、デ・グレイが到着して彼らに気づいたとき、日常的な事柄を処理していた職場のホールと同僚の邪魔をしました。

「D.I.D」と彼は情報部長の頭字語を使って話し始めた、「アメリカをこの戦争に巻き込みたいですか？」

ホール氏は肯定的に答えた。その理由について質問されると、彼女は肯定的に答えた。「はい」と彼女は答えてから、「なぜ」と尋ねました。

デ・グレイは、火星から届いた「かなり驚くべき」メッセージについてクライアントに伝えた。デ・グレイは前日にそれを傍受しており、まだすべてを読んでいないが、それでも彼が解読した内容は信じられないほど幻想的であるようだ。
ホール氏は部分的な解読文を 3 ～ 4 回静かに読み、読んだ内容に目に見えて感動しました。「これ以上興奮したことは思い出せない」と彼は日記に記している。

彼はメッセージを受け取るとすぐに、その異常な性質が対処するには独特の困難をもたらしていることに気づきました。それを直ちに明らかにすると、40　号室の秘密が危険にさらされるだけでなく、その中で提案されている内容を考慮すると、その正当性にも疑問が生じることになります。

ルームは、ドイツの外務大臣アーサー・ツィンマーマンからの未知のコードで書かれたこの見慣れないメッセージに、ルームは混乱したままになった。

40.　英語のテキストを翻訳するのは遅くて困難でしたが、暗室のお風呂から出てくる画像のように、そのメッセージの本質的な要素が徐々に完全に浮かび上がってきました。ドイツは、アメリカが潜水艦作戦を通じて戦争に参戦した場合に備えて、メキシコ大統領ベヌスティアーノ・カランサに同盟を申し出るようメキシコ大使に指示した。「一緒に戦争をしましょう」とツィマーマンは提案した。その見返りとして、ドイツはメキシコがテキサス、ニューメキシコ、アリゾナで以前に保持していた領土、つまり「失われた領土」を奪取するのを支援することになる。

ホールはデ・グレイのメッセージの重要性を確信していた。「これは非常に大きなことかもしれない、おそらく戦争最大の出来事だ！今のところ、この部屋の外にいる誰も何も知らされるべきではない。」これには海軍本部のホールの上官も含まれていた。

ホールは電報を一切公開しないことでトラブルを避けられることを望んでいた。ドイツのUボート無制限交戦宣言は、ウィルソン大統領に戦争が来たと説得するかもしれない。 1917年2月3日、ウィルソンはドイツとの国交を断絶し、宣戦布告した。ウィルソンが国交を断絶し、対ドイツ戦争計画を開始したとき、ホールの希望は劇的に高まった。

ウィルソンはバーンスター大使に退去を命じたが、戦争を呼びかけるまでには至らなかった。その日の演説でウィルソンは、ドイツが交戦地帯に入った各艦船を攻撃する意図があるとは信じられないと述べた。彼らのあからさまな行為だけが彼にこれを信じさせることができた。

ホールは、行動を起こす時が来たことをすぐに理解した。彼は、40号室の秘密を守りながら、同時に電報をアメリカ人の手に渡さなければならなかった。いくつかの慎重な操作により、ホールはまさにこれを実行することができました。
英国は、メキシコ電信局の職員からメキシコで受け取った電報のコピーにアクセスでき、英国が従来のスパイ手法でこの電報を入手したと主張する根拠となった。1917 年 2 月 24 日、イギリスの外務大臣は、この完全に翻訳されたコピーをペイジ米国大使に正式に提出し、審査と署名を求めました。

ウィルソン氏は当初、文書を直ちに公開しようとしたが、ランシング長官は、それが本物であることを自らの目で確認するまで公開しないよう勧告した。ウィルソンも同意し、待ち始めた。

同じ日、ラコニアと呼ばれるキュナードの客船がアイルランド沖で魚雷2本を受けて沈没し、両者を個人的に知るエディス・ゴールト・ウィルソンを含む多数の乗客が死亡したというニュースが流れた。イーディスは二人が亡くなる前から個人的に二人のことを知っていた。

ウィルソンとランシングはAP通信を通じて電報を配布する計画を立てた。 1917 年3 月 1 日、アメリカの新聞はそれを一面ニュースにしました。懐疑論者たちはすぐに、これはイギリスの工作員によって作成された偽造であると主張した。ランシングがそうなると予想していた通り、批評家たちはジマーマンが自分で捏造したと非難し、彼のメッセージを完全に否定した。したがって、情報源を明らかにするか、情報源としてウィルソン大統領のみに信頼が置かれることを受け入れるかのいずれかを強いられる。

ジマーマンはランシングを驚かせた。　　3月2日金曜日、記者会見で彼は電報を送ったことを自ら認めた。ランシングは、「この真実を認めるということは、国際的な陰謀に携わっている人物としては驚くべき失言をした…メッセージを送ること自体が愚かなことだったかもしれないが、その真実を認めることはさらに悪いことだ！」と書いている。

メキシコを同盟に参加させ、見返りとして米国の領土を約束するというドイツの計画は驚くべき啓示だったが、翌日にはさらに衝撃的なニュースが届いた。ドイツの潜水艦が警告も正当化もなしにさらに3隻のアメリカ艦船を攻撃することに成功し、すべてを撃沈することに成功した。三つ。
3月15日に皇帝ニコライの退位を引き起こし、翌日にはペトログラード中の暴力的な街頭の様子の報道が新聞を賑わせた、二月革命として知られるロシア全土を席巻した民衆の反乱によって、さらに警告が加えられた。国民感情に劇的な変化が起きた。歴史家バーバラ・タッチマンは、「ジマーマンが空中に矢を放ち、中立国がアヒルの死骸のように崩壊するまで、これらの新聞はみな、以前は断固として中立を保っていた」と述べたように、マスコミは戦争を呼びかけた。

ランシング長官は大喜びした。ランシングはウィルソン大統領に宛てた覚書で、「アメリカ国民は今、ついにドイツに対して戦争をする用意ができた！」と大興奮と殺気を込めて書いた。彼は熱狂的な口調で大喜びした。ランシング氏は、それが2～3年、あるいは5年続くかもしれないと示唆した。アメリカ人100万人、あるいはおそらく6人が犠牲になった。どんなに時間がかかっても、費用がかかっても、私たちは前に進まなければなりません。私はウィルソン大統領がこの見解を理解することを願っており、信じています。」

ウィルソンは1917年3月20日に内閣を招集し、各メンバーに意見を求めました。彼らは次々と話した。戦争の時が来たということで全員が同意した。ほとんどの人が、アメリカとドイツの間には継続的な紛争状態が存在すると感じていた。ランシング氏によると、ウィルソン大統領が廊下にいる誰にも聞こえないように声を下げるよう私に要求したため、「私の言葉が強く伝わりすぎたのだろう」と語った。

ウィルソン氏は一人ひとりに感謝の意を表したが、次のステップについては明確な指示は示さなかった。

4月2日、ウィルソンは議会に特別議会召集の正式な要請を送った。ホワイトハウスの案内係アイク・フーバーは、携帯用ハモンドを使ってスピーチを入力しながら、別のスタッフに、ドイツは「彼の議会演説は地獄だろう。彼がこれほど不機嫌で、常軌を逸しており、頭痛に苦しんでいます。」

ウィルソン氏はフーバーに対し、4月2日にこの演説を印刷局に直接届けるよう依頼した。その日は、別のアメリカ船アステカ号がドイツの潜水艦によって沈没し、28人のアメリカ人が死亡したというニュースと、ドイツの潜水艦がさらに別の潜水艦を攻撃したというニュースとが重なっていた。アメリカの船はビスマルク号を呼び出し、同様に破壊しました。ウィルソンはすぐに彼のために計画を立て、その後フーバーの出産が知られることになりました - 彼らは2つの別々の列車に乗りました。彼はその日の午後に講演する予定だった。しかし、議会のさまざまな手続きのため、彼はその夜まで呼ばれず、午後8時20分にホワイトハウスを出発した。一方、イーディスは10分前に国会議事堂に向けて出発した。

春の雨がペンシルバニア通りにそっと降り注いだ。ペンシルバニア・アベニュー沿いの街路は華やかなランプで輝いていました。国会議事堂のドームが史上初めてライトアップされた。ウィルソンの財務長官で義理の息子のウィリアム・マカドゥは、後にそのイルミネーションがどのように「暗く湿った空を背景に荘厳な輝きで立っていた」かを語っている。その夜、何百人もの男女がペンシルベニア通りに並びました。ウィルソン大統領が馬に乗った兵士たちに囲まれて車でゆっくりと通り過ぎると、彼らは顔を伏せた。ひづめが舗道を着実に打ち鳴らし、行列に国葬のような雰囲気を与えた。

ウィルソン氏は午前8時30分頃に国会議事堂に到着したが、そこは追加の騎兵隊、シークレットサービス、郵便局の査察官、市警察によって厳重に警備されていた。ロイド・ベンセン議長が「ウィルソン大統領が到着しました！」と発表してから3分後。小さなアメリカのアグが響き渡ると、広大な会場は歓声と拍手で圧倒されました。2分間の混沌とした混乱が続き、それが静まりウィルソンが試合を開始した。

彼は彼の特徴的な直接的で学術的な口調で聴衆に語りかけ、それが彼の話し方の特徴となり、聴衆からはしばしば教授的だと評されました。彼の声には、議会が今彼に何を求めるかについてのヒントはまったくなかった。最初は彼の目は読んでいる文章に釘付けになっていたが、最終的には要点を強調するために必要に応じて時折目をさまよった。

彼はドイツの行為が政府とアメリカ国民の両方に対する戦争行為に等しいと描写し、ツィンマーマン電報などに関するドイツの過去のスパイ活動を概説した。アメリカの将来の展望が非常に重要であると描きながら。彼によると、進歩を可能にするためには民主主義が世界中に普及しなければなりません。
この時点で、一人の人の拍手の音が聞こえました。ミシシッピ州民主党のジョン・シャープ・ウィリアムズ上院議員は手を挙げて起立した。
ニューヨーク・タイムズ紙の記者によると、ウィルソン氏は「厳粛かつ力強い態度で」手を合わせたという。彼の言葉が周囲の人々の心に響くとすぐに、彼らはこれがウィルソンの演説の核心であり、アメリカが達成したいと望むすべてを象徴していることを理解した。それに応じて聞こえる轟音が部屋中に響き渡った。

ウィルソン氏の発言は勢いを増した。「これから何ヶ月にもわたる試練と犠牲」を予想しながら、米国の戦いはすべての国を代表する戦いであると主張した。
「私たちは、そのような任務に誇りを持って自らの命と財産を捧げることができる。今こそ、アメリカが国境内の幸福と平和を目指して努力する中で、建国の原則を守るためにその血と力を行使する時であることを知っているからだ。神の助けなしに彼女は失敗するわけにはいかない！」

今度は大混乱が起こった。全員が一斉に立ち上がった。旗が狂ったように振られていた。男たちは歓声を上げ、口笛を吹き、叫び、激しく泣いた。ウィルソンはルシタニアの名前を一度も口にすることなく36分間話し続け、すぐに議場を後にした。

上下両院が対ドイツ宣戦布告決議案を承認するまで4日が経過した。その後、Uボートが2隻のアメリカ商船を攻撃し、この間に少なくとも11人のアメリカ国民が死亡した。議会にこれほどの時間がかかったのは、上院議員や議員の誰もが自分たちの決議案が可決されるかどうか疑問を抱いたからではなく、この重大な出来事が自分の発言が歴史の一部として永遠に記憶されるに値すると各議員が理解していたからである。ウィルソン氏は午後1時18分にこの決議案に署名した。 1917年4月6日。

ウィンストン・チャーチルはそれが待ち遠しいと考えていました。回想録のような『世界危機の歴史』(1916年から1918年)の中で、チャーチルはウィルソンを嘆いた：「（ウィルソンの）行動はもっと早くに実行できたかもしれない、例えば1917年4月ではなく1915年5月に実施できたかもしれない！これでどんな違いが生じただろう：虐殺があれば、苦痛は大幅に軽減され、破滅や大惨事は回避され、今日ではさらに何百万もの家に空の椅子があり、勝者も敗者も同じように暮らさなければならないことになるだろう。」

ちょうどいいタイミングでアメリカも戦争に参戦した。ドイツの無制限潜水艦戦作戦は非常に効果的であることが証明されていたが、このことはイギリス当局によって秘密にされていた。ウィリアム・S・シムズは、海戦へのアメリカの参加を計画するためにイギリスの海軍指導者たちと会うためにイギリスを訪れた際に見つけた事実に衝撃を受けた。シムズはそこで学んだことに動揺しました。海軍省当局者は、ドイツのUボート攻撃によりイギリスは1917年11月1日までに降伏すると予測した。1917年4月に船がイギリスを出港したとき、沈没する確率は4分の1でした。クイーンズタウンはフロスト米国領事に対し、新たな作戦の有効性を示す顕著な証拠を提供した。24時間以内に魚雷攻撃を受けた6隻の船が乗組員とともに上陸したというものだ。シムズ提督はワシントンに「ブリーは、現時点では我々がこの戦争に負けていると信じていると述べた」と報告した。

わずか10日後の4月24日、アメリカ海軍はボストンから駆逐艦戦隊を派遣しました。全部で6隻しかありませんでしたが、その重要性を過小評価することはできません。

1917年5月4日、キンセールのオールドヘッドの頂上に止まった人は誰でも、驚くべきものを見たでしょう。6つの黒い煙の噴煙が地平線の遥か彼方に現れ、現れるとすぐに虚無の中に消えていきました。その日は非常に明るくて美しかった。海は深い青、丘は緑。それは彼に二年前のある日のことを思い出させた。船はますます明白になってきました。細長い船体を持つスズメバチのような船は、この海域ではこれまで見たことがありませんでした。彼らは大きなアメリカ産の農業を積んだ海岸の地点に整列し、行列を作って近づいてきた。そこにいた何百人もの見物人たち(その多くは自分たちもアメリカ産の農産物を運んでいる者たち)にとって、それは永遠に記憶に残る光景となり、その中に大きな意味を見出すことになるだろう。英国が必要なときに、彼らの子孫は植民地から一斉に帰還した。この出来事は、バーナード・グリブルの直接の象徴的な絵画「メイダワーの帰還」で不滅のものとなっています。アメリカの国旗が家々や公共の建物に誇らしげに掲げられ、イギリスの駆逐艦メアリー・ローズが帆を張って「アメリカ色へようこそ!」と合図しながら来航する軍艦艦隊でアメリカ人を出迎えた。このフレーズには、アメリカから船で戻ってきた船員からの歓声が上がりました。これは、イギリスの船がその偉大さに匹敵するものではありませんでした。
アメリカ軍司令官は、あなたの存在に感謝の意を表して次のように答えました。

ルシタニア号沈没からちょうど1日で2年が経ち、5月8日、駆逐艦が初の哨戒を開始しました。

エピローグ - 個人的な影響

1916 年のうだるような 7 月の午後、停泊地のパイロットがノーフォークの船舶報道局に入った。

マンハッタンのバッテリー・パークに記者団を招待し、タグボートでハドソン川を遡ってマンハッタン北のヨンカーズに向かう探検航海に招待し、安全な停泊のために下流のニューヨーク港に向けて船を「取り出し」(誘導)した。通常であれば、記者はそのような取材を避けるかもしれない。しかし、この特に快適な午後、パイロットは新鮮な空気を吸うことがすべてに良いだろうと言いました。　『イブニング・メール』紙のジャック・ローレンスは、大量のアルコール、あるいはローレンスが言うところの「液体栄養」を持ってきた。彼らのタグボートがヨンカーズ埠頭に近づくと、記者たちはウルトニアという名前の古いキュナードの遠洋定期船が戦争用の馬を集めるためにそこに停泊しているのを目撃した。ローレンスさんは、漏斗が1つある小さいサイズだったが、彼女の外見について「汚れていて汚くて、とても認識できないので、彼女であることをほとんど認識できなかった」と書いている。黒い船体は時間の経過とともに無計画に灰色に塗装され、その塗装の多くが剥がれ落ち、独特のまだら模様の外観になっており、乗船していた全員を驚かせました。

ローレンスさんはこれまでこのような奇妙な左右の動きを目撃したことがなく、「ほとんど不気味だ」と感じたという。ローレンスのパイロットによると、この横揺れは船内の数百頭の馬によって引き起こされたという。動きを感知すると、馬は警戒して突然後ずさりし、わずかな横揺れを引き起こし、片側の馬を驚かせて警戒して後ずさりし、その後反対側の馬を驚かせた。左右のロールが大きくなります。ローレンスさんはこれに魅力を感じました。時が経つにつれて、ロレンスの魅力も増してきました。馬が警戒して立ち上がるたびに、ローレンスがますます方向感覚を失い、内側からの左右の回転がますます激しくなるにつれて、この左右の回転はますます大きくなりました。
サイクルごとにそれはさらに顕著になり、ついには船が荒波にもまれているかのように見えました。操縦士によると、このような状況はホースストームとして知られており、船が埠頭にぶつかったり、デッキレールやボートが損傷したりする可能性もあるという。

タグボートがウルトニアに横付けされるとすぐに、貨物ドアが開いて水先案内人が入場しました。太陽の光が差し込み、暗い船倉の中に頭上のドアで日陰になった人が一人いました。彼らはパイロットと記者を見下していましたが、笑顔はありませんでした。ローレンスはすぐにこの人物を認識しました。キュナード・ラインで有名なウィリアム・トーマス・ターナー大尉です。制服は時間が経つにつれて汚れ、しわが寄ってしまったが、その帽子にはまだ彼らの紋章があり、その姿はまだ直立して堂々とした存在感を保っていた、とローレンスは記した：　ウィリアム・トーマス・ターナー大尉：制服は汚れていたが、帽子は汚れていたキュナード・ラインの記章を掲げたそのおなじみの軽快な角度は依然として維持され、彼の帽子には記章が表示され、彼の姿は依然として威厳のある存在感を保っていましたが、彼の存在は、この男の中に完全な等身大の姿で生きていたにもかかわらず、依然として直立した威厳のある存在感を保っていました！

パイロットは彼の船に乗り込みました。

ターナーは「君を乗せてくれて嬉しいよ」と温かく答えてから、「すぐに出発するよ。馬のせいで大変だよ！」と続けた。

ターナー氏は、正規の船長がフランス寄港中に体調を崩し、欠航が宣告された後、代わりに船長として就任できる唯一の船長であったため、船の指揮を執っていた。リヴァプールを出港して指揮を執る前、キュナードのアルフレッド・ブース会長はターナーをオフィスに呼んで、このような取るに足らない船を任命する前に最後の会話をした。ターナーはブースに、この任務に後悔はなく、たとえバージに乗ってでも出かけるつもりだとブースに語った。みんなが船出している間、海岸で何もせずに座っているのに飽きたから、海に戻りましょう！

その後キュナードは、戦争任務のために再就役し、馬の代わりに軍隊を運ぶ別の客船であるイバーニア号の船長にターナーを任命した。残念なことに、1917　年　1月　1　日、地中海のクレタ島付近で魚雷を受けて沈没し、153　人の兵士と乗組員が死亡しましたが、ターナーは生き残りました。攻撃時、彼女はジグザグに動いていた。

キュナードはターナーを救援艦長に任命し、マウレタニア号の指揮に復帰させたが、現在乾渠中だったのでこれは単に彼らの信頼を示しただけだった。
ターナー氏は、1918年にニューヨークの連邦判事がキュナード氏が損失の責任を負うべきかどうかを確認する裁判を開いた際、ルシタニア号事故で二度目のリコールを余儀なくされた。生存者と近親者が起こした70件の訴訟がこの訴訟に統合され、シュヴィーガーがこの大惨事に直接つながった2本の魚雷を発射したことが改めて判明した。

ターナーは後に、反対の証拠にもかかわらず、ターナーが災害の責任があると主張したウィンストン・チャーチルの著書でさらなる当惑に直面することになる。

チャーチルは、現実には明らかなように責任をターナーに移すのではなく、2本の魚雷が彼の船に命中したと繰り返し主張した。

ターナーはキュナード船（友人のジョージ・ボールの言葉を借りれば「この偉大な小男」）の沈没を2回とも誇りを持って生き延びたが、この新型アドロントは大きな打撃を受けた。　64歳のとき、キュナードが船長に引退を要求すると、ターナーは疎遠になっていた家族との関係を修復するためにキュナードを去り、オーストラリアに旅行した。しかし、そこでの生活も彼には合わず、故郷に戻り、長年のパートナーであるメイベル・エブリイがリバプール郊外のグレート・クロスビーで世話をし、そこで彼は収穫した蜂蜜を生み出す6つの巣箱を保管していた。会話中に、彼はしばしば自分自身や他の人の腕や足に刺された針をほじくりながら、ぼんやりと刺していました。

ミス・エブリイによれば、ターナーは概して満足しており、時折パイプを楽しみ、海の生活についての話をするが、大多数が聞きたがるような話は決して語らなかったという。「ターナー船長はルシタニア号の喪失を非常に深く感じていたが、それを誰にも話すことはめったになかった」とエブリ嬢は語った。この沈黙は、それが彼にどれほど大きな影響を与えたかを明らかにしました。ボストン出身の同情的な女性友人への彼の返信は、災害が彼個人にどれほど深刻な影響を与えたかを明らかにしました。この主題に関するボストンからの別の質問に答える際、彼は「命を落とした哀れで無実の人々、そして大切な人を失って悲しんでいる人々のことを悲しんでいますが、『考えることも話すことも嫌い』なのでそれ以上は言わないでください」と返信した。それの」。

しかし同時に、一般の認識が示唆しているように、彼の過去が彼を悩ませたり、憂鬱にしたりすることはありませんでした。ジョージ・ボールは彼について、「彼はそのような出来事に負けるにはあまりにも強い性格だった」と書いている。
ターナーは、自分ではどうすることもできない問題で深く悩み、憂鬱を引き起こすほど深く影響を与えてしまったが、これまで彼が経験したことのないことだった。
ニューヨーク・タイムズ紙とのインタビューによると、ターナー氏は、必要な予防策はすべて講じられ、運命の日に人命を救った可能性のあるやり残したことは何もなかったことに満足していたという。

ジョージ・ボールはターナーについて、癌が結腸に浸潤し、人生最後の年に大きな苦しみをもたらしたにもかかわらず、彼のユーモアの良さは明らかであったと書いている。ジョージ・ボールによれば、仲間の間では笑い声や陽気な雰囲気がよく見られたという。ボール氏はこれについて、「会社にいるときは常に陽気さとユーモアがはっきりと存在し、同僚全員を常に楽しませ、熱心にさせることができた。残

念なことに、癌が浸潤してからはこれがさらに困難になり、この人生最後の年に
ターナーは大きな苦しみを味わった」と述べた。　　」。ジョージ・ボール氏の説明で
は、このことについてさらに詳しく説明されています。

ボールが述べたように、ターナーは1933年6月24日に76歳で安らかに、そして文句
も言わずに死去した。彼は文句一つ言わず勇気と精神に満ち、昔ながらの厳しい
セーリングをやっていた屈強な船員の一人で、「生きてきたように死んだ」。学校は
永遠に続くのです。

ターナー大尉の姪であるメルセデス・デスモアが葬儀に参列した。船長はリバ
プール埠頭からマージー川を渡ったバーケンヘッドの墓地に埋葬され、家族の墓
石には彼の名前とルシタニアへの簡単な言及が刻まれている。

1941 年 9 月 16 日、第二次世界大戦が再開されました。ナチスのUボートがアウ
ター・ヘブリディーズ諸島沖でイギリスの船「ジェドムーア」を魚雷で撃沈し、ター
ナー船長の息子であるパーシー・ウィルフレッド・ターナー45歳を含む乗組員31名
全員が死亡した。

ヴァルター　シュヴィーガー伍長は、1917 年 4 月 21 日に、U-20 よりも大型で魚雷
の数が 2 倍の大型潜水艦 U-88 の指揮を引き継ぎました。7 月 30 日、彼はドイツ
海軍から最高の勲章であるプール　ル　メリット賞またはブルー賞を受賞しました。
マックス賞　-　これまでに19万総トン以上の輸送船を破壊した功績が認められてい
たUボートの指揮官は他に8人だけで、ルシタニア号だけで16パーセントを占め
た。
ロンドンの旧海軍本部ビルの 40 号室では、4 回のクルーズでシュヴィーガーと彼
のボートを追跡しました。 1つは19日間続きました。しかし、1917 年 9 月 5 日、4 回
目の航海が始まり、その期間ははるかに短くなりました。北海に入って間もなく、
シュヴィーガーはイギリスの Q シップの 1 隻、HMS ストーンクロップ号と呼ばれる
船の一種に遭遇しました。HMS　ストーンクロップ号は、外見上は脆弱な貨物船の
ように見えますが、実際には強力な武器を積んでいた、いわゆるミステリー船の一
種でした。しかし、逃げようとしたとき、イギリスの地雷原に向かってボートを操縦し
ました。残念ながら彼も乗組員も生き残り、40号室はこの損失を「沈没」という赤い
注釈で記録した。

デンマーク沿岸の住民は、1925　　　年にデンマーク海軍が爆発で船を破壊するま
で、彼の前の船 U-20 が座礁した海岸を訪れ続け、時折その残骸によじ登った。し
かし、この時点では司令塔と甲板砲のみが回収されていた。これらは現在、荒涼
とした北海の海岸線沿いにあるトースミンデ海浜博物館に所蔵されています。そ

の司令塔は未だに基部から切り離されてそこにあり、錆びに覆われている。かつて海を狩った忘れられない船の、さりげない残骸——海を狩り、歴史を変えようとするかつての栄光の時代の忘れられない亡霊！

レジナルド・"ブリンカー"・ホール大尉は、1918年に40号室での功績によりナイトの称号を与えられたが（詳細は数十年間秘密のままであったが）、その後も保守党議員として下院議員選挙に当選し、1920年代から1920年代にかけての政治人生を通じて活動を続けた。　1926年、ゼネスト中に保守党が一時的にブリティッシュ・ガゼット紙を創刊し、ホールを人事責任者に据えた後、編集長をかつての上司ウィンストン・チャーチルに引き継いだ（発行部数は1日あたり100万部に劇的に増加）ついに　1929　年に政界から完全に引退し、自然に近づくようになった彼は、その環境、つまりイングランド南部のニュー　フォレスト地域にある牧草地と森林に安らぎを見出しました。

彼はルーム40と諜報部長としての功績についての本を出版する計画を立てていたが、1933年8月に海軍本部と外国政府機関はそのような取り組みに不快感を示し、暗雲が増大していると彼らが見ていたものに即座に介入したいという意向を明らかにした。世界情勢において。
ホールは自分の話の匿名性を守るために行動を起こし、原稿を取り下げた。しかし、彼のメモと完成した章は現在、ケンブリッジのチャーチルアーカイブで見つけることができます。ホール氏は、そのシンプルさについて、「なんとシンプルな知性だろう!」という１つの表記でコメントしました。

ホール氏は、ヨーロッパは間もなく新たな問題に直面するだろうと信じていた。彼は1934年に情報源としてドイツとオーストリアを訪れ、国家社会主義運動に関する観察を両国政府に報告するとともに本国にも伝えた。彼らが参加するまで嫌がらせをするのは、ここにしか存在しない、集団的残虐行為の極端な形態である。」さらに彼は、「最終的には狂犬に対処しなければならないのは人類の身に降りかかるだろう。そうなったとき、国民はその分を貢献しなければならない。」と警告した。

ホール氏は第二次世界大戦中に英国の自宅警備隊に諜報部長として参加したが、その後病気のため急速に衰退したことに気づいた。彼の元暗号解読者の一人、クロード・セロコールド（当時クラリッジズ・ホテルのディレクター）は、ホールが最後の日を迎えるまで彼らのスイートの一つに住めるよう手配した。ある時点で、クラリッジの威厳にふさわしい服装をした配管工が出てきたとき、黒いスーツを着た配管工が現れた。その時、ホールは配管工に「もしあなたが葬儀屋なら、早すぎるよ」と言った。彼は　1943　年　10　月　22　日に亡くなりましたキュナードはすべての生存者に25パーセントの生涯割引を提供し、沈没から生き残った乗客の間で結婚、生涯にわたる友情、そして2人の自殺を目撃した。リタ・ジョリベットの妹で有名なヴァイオリニストのイネスさんは、自分自身は乗船していなかったが、災害中に夫を亡くした。彼なしでは圧倒されたと感じた彼女は、もう一人では対処できないと判断し、その直後の 1915 年 7 月下旬に銃で自殺しました。後に生き残った少なくとも 2 人の生存者が第一次世界大戦中に命を落としました。

マーガレット・マックワースは、その試練によってさまざまな予期せぬ影響を受けました。皮肉なことに、彼女のトラウマは、長年の水に対する恐怖から、特にセヴァーン川の下にあるセヴァーン・トンネルを通る電車に乗っているとき、水中に閉じ込められることへの誇張された恐怖へと変化した。マーガレットはこの旅を繰り返すたびに、トンネルが道を失い、水に飲み込まれ、乗客たちが馬車の小さな箱に閉じ込められたネズミのように閉じ込められ、窒息し、溺死する様子を想像しました。

全体として、彼女は災害が彼女を個人として変えたと信じていました。それは彼女に新たな自信を与えた。「もし難破船の中で私が期待通りに行動するかどうか誰かが尋ねたら、私は重大な疑問を抱いただろう」と彼女は書いた。彼女にとって大きな驚きと喜びだったのは、この経験により、彼女が幼い頃から抱えていた死への深い恐怖が消え去ったということです。一つの説明としては、自分が死に近づいていることを知りながら、太陽の光が当たる水の中に仰向けになって横たわり（後で横になってもその理解は払拭されなかった）、むしろ死は良いものであるかのような保護的な感覚を与えているのかもしれない。「むしろ、死が近づいてくることがもう怖くないかのように、守られていると感じられるほどでした！」

ドロシー・コナーはドロシーのフランス旅行に同行し、二人とも前線近くの食堂で奉仕した。感謝の気持ちを表し、彼女の努力と勇気を称えるために、フランス人はドロシーにクロワ・ド・ゲール賞を授与しました。

若きドワイト・ハリスは、1915年7月2日にロンドンで幼いパーシー・リチャーズを救った際に出会ったミス・アイリーン・キャベンディッシュ・フォスターに婚約指輪を贈り、二人は同年7月に結婚した。パーシー・リチャーズは40歳まで生きましたが、1949年6月24日に自殺しました。

シャンパン王として知られるジョージ・ケスラーは、もし生き残ったら戦争犠牲者の世話に専念するという海中での約束を果たした。彼は戦闘中に失明した兵士や船員を支援するための財団を設立しました。ヘレン・ケラーは後にその理事を務めました。現在はヘレン・ケラー・インターナショナルとして彼女の名前で運営されている。

チャールズ・ローリアは、沈没から 5 か月後にルシタニア号最後の航海での体験を書き、すぐにベストセラーになりました。彼は書籍、原稿、芸術作品の販売を続けた後、盗まれたサッカレーの素描と紛失したディケンズ・キャロルの原稿の価値をドイツに対して米国混合請求委員会に請求した。彼は利息を含めて51,399.31ドルを要求した。しかし、彼に与えられたのは1万ドルだけでした。彼は 1937 年 12 月 28 日に 63 歳で亡くなり、ボストン・グローブ紙の死亡記事では、生涯にロンドンやヨーロッパを何度も旅行したことが記されています。 Lauriat は時間をかけて数人の新しいオーナーに買収され、急速に拡大し、全国チェーンやオンライン販売業者からの圧力により拡大が速すぎて費用がかかりすぎる前に、120 の「Lauriat's」書店をオープンしました。 1998年に破産保護が申請され、翌年最終的に永久閉鎖となった。

カンザスシティの災害で夫を亡くしたベル・ナイッシュさんは、災害が起きてからかなり経ってから、晴れた青空を見るたびに不安を感じることに気づきました。セオデート・ポープは、ネイシュさんが救助船ジュリア号でセオデートさんがまだ生きていることを認識し、援助を求めたときの感謝の気持ちを表すため、遺言書にナイッシュさんの名前を含めた。

セオデートの回復には時間がかかりました。彼女のスピリチュアリストの友人たちが結集し、彼女がコークの民家に滞在できるよう手配した。彼女が到着したとき、顔はまだボロボロで色も鮮やかで、クイーンズタウンの住民から寄付されたさまざまなコレクションから集めた服を着ていました。白壁にチューリップのウィンドウボックスと賑やかなコールリが特徴の客室。その時点まで、彼女は感情的にトランス状態にありました。しかし今は安全だと感じました。メアリー・カサットからの手紙を受け取り、初めて彼女は釈放を求めて泣き始めた。「あなたが救われたということは、あなたがこの世界で貢献できるものがまだ残っているということだ」。

回復を続けるため、セオデイトさんはロンドンのハイドパーク・ホテルに移り、そこでヘンリー・ジェームスが彼女の常連客の一人となった。毎晩彼の前で彼女は眠りに落ちましたが、深い眠りにつく前に自分で目を覚ますことがよくありました - 毎回ではありませんが、それほど長くはありませんでした。
戻ってきた後、彼女は彼がじっと座っており、動かないメゾチントのように杖の上に組んだ手を置いているのを見た。彼女は以前の訪問ではイギリスを楽しんでいたが、今回は全く違っていた。「ここの戦争の雰囲気は想像できないでしょう。それはとても——憂鬱ではなく——常に人々の口や思考に現れています。」ヒルステッドの家に到着すると、彼女は重度の不眠症と、エドウィン・フレンドが夢の中に現れる悪夢を経験しました。あまりにもひどい夜で、就寝時間になる前に再び安全に眠れるようになるまで、いとこが彼女の周りを歩き回っていました。

彼女は後に「金の首輪」を付け、元駐ロシア米国大使のジョン・ウォレス・リドルと結婚した。最終的に、彼女は亡くなった父親の記念として教育機関を設立するという目標を達成しました。エイボン オールド ファームズ スクールは今でもコネチカット州エイボンにあります。

エドウィン・フレンドは確かに行方不明だったが、新しく組織されたアメリカ心霊研究協会の会員らは、エドウィン・フレンドが頻繁に訪れるのを目撃したと報告した。

高校生だった私が世界の出来事の頭の中で年表を作成したとき、ルシタニア航空は南北戦争と真珠湾のちょうど中間に位置する最も小さなエントリの　1　つを作成しました。多くの人と同じように、私もこの船の沈没が即座にウッドロー・ウィルソン大統領をドイツに宣戦布告させたと常々信じていた——実際にはその2年後にアメリカは第一次世界大戦の途中から参戦したのだが——。その点だけでも私は驚きましたが、そのストーリーを深く読み、アメリカとイギリス両国のアーカイブを探索し始めるとすぐに、私は魅了され、魅了され、感動するようになりました。

私が最も惹かれたのは、可能な限り生き生きとした物語を生み出すために利用できる幅広い資料だった。電報、傍受された無線メッセージ、生存者の証言録取書、生存者の証言録取書、秘密諜報台帳、シュヴィーガー中尉の実際の戦争記録、イーディス・ガルトのラブレターなどのアーカイブの宝物である。そして、ニューヨークからの最終出発を映したフィルム映像さえも、これらの豊かな色彩の例として利用可能でした。これらを効果的に活用できれば幸いです。

これらのことを発見するのが楽しみの半分でした。どの本も、物理的および知的探求の両方を伴う未知の海への冒険です。知的研究は、1　つのトピックについての深い理解につながります。物理的な探索は、あなたを未踏の地へ連れて行きます。一方、知的な旅は、専門家の地位に到達するまで、別の主題分野にさらに深く入り込みます（ただし、すべての問題に取り組むわけではありません。焦点を絞っただけです）。第一次世界大戦自体や潜水艦戦争時代の　U　ボートに関する本は二度と書くことはないかもしれませんが、それでも、それらは魅力的な読み物になります。- 役に立つかもしれません。
物理的な旅は、私が予想していなかった方法で非常に充実したものでした。ある時点で、冬のニューヨークからサウサンプトンへの横断中、フォース　10　の強風に見舞われている間、私はキュナードのクイーン　メリー　2　号に乗っていたことに気づきました。ハンブルクのある時点で、ドイツ語を話す　GPS　システムがまったく別の都市用に設定されていたため、どうしようもなく道に迷ってしまったのですが、それにもかかわらず、ゲーム的に私をホテルに誘導しようとしました。時には、『ボーン・アイデンティティー』のジェイソン・ボーンになったような気分になり、予期せぬ路地での曲がり角や袋小路に入り込み、一方通行の道路でドライバーを予期せぬ方向に導く　GPS　システムは存在しないことに気づきました。私の旅行では、北はデンマークのトースミンデまで行きました（2　月も同じでした！）。南はバージニア州ニューポートニューズにあるクリストファー・ニューポート大学まで。西にはスタンフォード大学のフーバー図書館があり、東には議会図書館や米国国立公文書館、さらにはロンドン・リバプール・ケンブリッジの魅力的なアーカイブが含まれるさまざまな場所があります。イングランドが永遠に存在することを知るのは良いことです!

途中、過去と現在が瞬時につながり、歴史が具体的なものになった静かな啓示の瞬間を経験しました。私はこれらの経験のために生きています。スタンフォード大学のフーバー図書館での仕事に落ち着いてすぐに、あるアーキビストが私に予期せぬ贈り物をくれました。それは元々、遺体が岸に打ち上げられた無防備な乗客の近くで発見された、ルシタニアの名前が記された救命ボートの刻印のない破片でした。デンマークのトールスミンデにあるセント・ジョージ・ストランディングス博物館で、私はアール・オブ・レイサムを撃墜したU-20の甲板銃の前に立って触る特権に恵まれました。妻が絶対におかしいと断言するポーズを取りました。白鳥に守られているキューの英国国立公文書館で、私はオリジナルのコードブック「SKM」または「Signalbuch der Kaiserlichen Marine」が入ったアーカイブボックスを発見した。これはロシアのエージェントによって発見され、英国の40号室に返還されたものだった。1914年。最も深い瞬間の一つは、キュナード・アーカイブの管理者であるリバプール大学から、ルシタニア犠牲者の遺体安置所の写真を閲覧する許可を得たときだった。そのような瞬間は、軽く充電されたコンセントに指を突っ込んでいるような気分でした。何かにどれほど深く没頭していても、常に慰められていました。
ノンフィクション作品を書くときでも、自分が書いたことを裏付ける物理的証拠があるとありがたいと思います。

奇妙なことに、私が編集者に原稿を提出する数日前に、韓国のフェリー「セウォル号」が黄海で沈没し、数百人の学童がルシタニア号で起こったのと同じような経験をしました。ある朝、私がその厳重リストと救命ボート進水作業への影響に関する文章の改訂を終えたとき、CNNはまさにセウォル号の乗客に起きているこの現象についての報道を発表した。

クイーン メリー 2 号 (壮大で優雅な船) での航海は、大洋横断旅行についての貴重な洞察を私に提供してくれました。今日でも、大西洋の真ん中にいると、何か大惨事が起こった場合に、人は孤独を感じ、救助が遠いと感じることがあります。しかし、ニューヨークを出発する前に救命胴衣を着用しなければならなかったルシタニアの乗客とは異なり、ニューヨークを出発する前にすべての乗客は救命胴衣を試着しなければならなかった。以前の航海の経験に関係なく、例外は認められませんでした。これを着用すると、予期せぬ可能性を考慮する必要があり、恐ろしい場合があります。

ルシタニアについて書く場合、この主題に関する出版された作品をレビューする際には細心の注意が必要です。虚偽や誤謬が繰り返し学術の流れに入り、脚注は常にその出典に遡ります。あらゆる場面で、私の研究を指導してくれる人がそこにいました。ロードアイランド州ポータケット在住のマイク・ポイリエはアマチュア歴史家で、おそらく生きている誰よりもルシタニアとその乗客について詳しいでしょう。マイクは私の原稿を注意深く読み、乗客を大笑いさせそうな箇所がないか注意深く読みました。マイクが彼らを甥や姪だと思っているのがわかります。彼の援助は非常に貴重であることが判明し、GeoHrey Whitfield も現代のリバプールのツアーを提供してくれました。どちらも私の研究の旅において非常に貴重な助っ人でした。

ただし、この本で見つかった誤りはすべて私の責任であることを強く言わなければなりません。

しかし、彼らはまだアクションの一部を望んでいたのです。そこで彼らは別の情報源を見つけました。この場合、それは芸術によるものでした。ペースと物語の完全性に関する限り、私は信頼できる先行読者のグループ、偉大な友人のキャリー・ドーランとペニー・サイモン、エージェントのデヴィッド・ブラック、そしてスマイリーフェイスなどの欄外表記を担当したクリスティン・グリーソンに大きく依存していました。涙を流す目、下向きの矢印、または長い列の zzzzzz は、私の努力がどこで足りなかったのか、ストーリーテリングの点で何がうまくいったのかを示す優れた指標を提供します。クラウン・パブリッシングの私の編集者であるアマンダ・クックは、私の物語を改善するための素晴らしいロードマップを示した 11 ページの手紙を私にくれました。彼女は賞賛の達人であることを証明しながら、同時に私の爪の下に小さなナイフを差し込みました。私は、1 か月間集中的に物語を修正することを強いられましたが、それは今でも私の人生で最も集中的な執筆経験の 1 つです。また、編集者のエリザベス・マグナスにも、「アレ」のついた服装をするという非常に危険な習慣から私を救ってくれたこと、また、船上で「大騒ぎ」する乗客たちから救ってくれたことにも感謝します。クラウンでは、まず 3 人のスーパーヒーロー（私の用語では）、マヤ・マヴジー、モリー・スターン、デヴィッド・ドレイクに感謝しなければなりません。彼らは私よりもマティーニの扱い方がはるかに上手だと私は認めています。さらに、素晴らしいカバーアクトを提供してくれた Chris Brand と Darren Haggar、そして真のヒーロー、Emma Berry と Sarah Smith に感謝します。旅行中に個人の歴史に光を当てた回想録、自伝、日記を発見するのはとても楽しかったですが、薄れていく記憶や隠された議題があるため、これらには注意して取り組む必要があります。彼らの最大の価値は、過去世について明らかにする詳細にあります。マーク・ボナム・カーターとマーク・ポトルが編集した『ランタン・スライド：ヴァイオレット・ボナム・カーターの日記と手紙 1904-1914』も、戦前のイギリスの上流社会についての洞察を私に提供する上で非常に貴重でした。私はバイオ

レット・アスキス・アスキス自身が魅力的であると感じました。実際、私は彼女に少し
恋をしたとさえ思います！

このリストは決して包括的なものではありません。すべての事実を引用するには、
関連書籍全体が必要であり、その簡潔さは退屈です。私はすべての引用資料と、
注目したり強調したりする価値のあるもの（ルシタニア号を停泊させたり、芝生の上
で救命ボートを燃やしたりする可能性のあるものなど）をすべてメモしました。さら
に、この説明全体には、メインの物語に含めるにはあまりにも重要ではないか、曖
昧すぎたが、それでも独自の洞察により、または単にその理由により含める価値の
ある小さな物語が含まれています。

終わり